Principes et méthodes
du commentaire de cartes
aux concours

COLLECTION MAJOR

DIRIGÉE PAR

PASCAL GAUCHON

Principes et méthodes du commentaire de cartes aux concours

par

Jacques Defossé

Agrégé de géographie,
Professeur de première supérieure
à l'externat Sainte-Marie,
Chargé de cours à l'Université de Lyon II

Presses Universitaires de France

ISBN 2 13 047684 8

Dépôt légal — 1re édition : 1996, mars

108, boulevard Saint-Germain, 75006 Paris

à Flavienne et Laure

Mes remerciements vont à Isabelle Lefort, Gilles Fumey, Fabien Hoblea, Christan Montès et Daniel Ricard qui ont accepté de relire le manuscrit.

Sommaire

Avant-propos

Les étudiants n'apprécient guère l'épreuve de commentaire de cartes des concours de recrutement de l'Éducation nationale. Cette épreuve concerne aujourd'hui surtout des non-spécialistes qui ont bien du mal à en cerner les finalités. Étape obligatoire sur la route des futurs enseignants, l'exercice est vécu comme une « manie de géographe » à laquelle il faut bien se plier. Cette attitude traduit le désarroi de néophytes placés devant une épreuve dont les codes sont en pleine évolution. Après une longue période de glaciation, les cadres anciens cèdent et de nouvelles pratiques s'imposent.

En 1872, la géographie devient une matière à part entière dans les écoles secondaires françaises. Le commentaire de cartes d'état-major au 1/80 000 s'impose comme l'exercice de travaux pratiques par excellence. Dans les universités, la géographie acquiert son autonomie par la création de maîtrises de conférence et de chaires d'Université à Paris et dans les grandes villes de province entre 1870 et 1890. La carte devient un support pour les travaux pratiques puis un substitut aux études sur le terrain durant l'entre-deux-guerres. L'accent est mis sur l'étude des formes du relief, l'étude des paysages ruraux et l'analyse régionale qui sont alors les branches dominantes de la discipline. Deux grands maîtres publient une méthode de commentaire qui fixe les règles de l'exercice : *La France, interprétation géographique de la carte d'état-major au 1:80 000* par E. De Martonne et A. Cholley chez Colin en 1934 et 1935. Lorsque l'agrégation de géographie est créée en 1942, l'épreuve de commentaire de carte est considérée comme l'épreuve reine permettant de juger des aptitudes géographiques des candidats.

Les critères de jugement de l'agrégation de géographie servent d'étalon pour les autres concours.

A partir des années 1960, l'école de géographie française classique entre en crise : de nouveaux courants contestent sa position dominante et l'unité de la discipline semble remise en cause. Les querelles entre les Anciens et les Modernes bloquent toute évolution des épreuves des concours durant plusieurs années.

En 1985, la reprise des recrutements dans l'enseignement secondaire et supérieur redonne plus d'actualité au problème de la modernisation des épreuves des concours et, notamment, la modernisation des épreuves de commentaire de cartes. Par petites touches successives, des innovations ont été introduites et aujourd'hui ces épreuves semblent avoir atteint un nouveau point d'équilibre.

Cet ouvrage est un outil de travail destiné aux étudiants non géographes appelés à pratiquer cette nouvelle version du commentaire de carte.

— Pour faire de bons exposés, il faut posséder un noyau initial de culture géographique et un minimum de savoir-faire technique permettant d'identifier un phénomène sur une carte. Les deux premières parties de ce livre, tout en rappelant la méthode classique de recherche d'information, répondent à ces objectifs. Elles sont accompagnées d'un fascicule couleur d'extraits de cartes commentées. Les différents chapitres sont organisés autour de thèmes généraux. A l'intérieur des chapitres de géographie humaine, le choix a été fait d'identifier très clairement des modèles types d'organisation de l'espace et d'en détailler les caractéristiques et les dynamiques pour permettre aux étudiants de se repérer plus facilement.

— Des exemples de sujets corrigés des différents concours, regroupés dans une troisième partie, donneront une image aussi précise que possible du niveau attendu par les jurys.

Les index détaillés offrent la possibilité de transformer l'ensemble en un **dictionnaire thématique du commentaire de cartes.**

1

La donne

RECONNAITRE LE MILIEU NATUREL

Dans la géographie classique, l'étude du milieu naturel est un élément important du commentaire de carte. Avec le temps, l'usage a déformé cette étude et la géomorphologie a acquis un poids primordial. Le plan traditionnel de recherche d'information s'organise autour d'elle.

La **description topographique** se réduit à une identification des différentes unités du relief. Elle se termine par une série de questions auxquelles l'étude géomorphologique apportera des réponses : nature des surfaces, nature des escarpements, nature des relations existant entre le relief et le réseau hydrographique, son orientation, sa densité.

L'**étude géomorphologique** s'appuie sur la carte géologique. Elle comprend trois volets :

— le **volet stratigraphique** analyse la mise en place des roches ; on recherche les **discordances** – c'est-à-dire des ruptures dans la série de sédimentation – qui sont des preuves d'une période d'émersion durant laquelle la tectonique a pu mettre en place des reliefs que l'érosion a pu sculpter ou réduire à l'état de surfaces d'érosion ;
— l'**étude lithologique** consiste en une analyse du faciès des roches. L'objectif est de repérer des contrastes de résistances utilisables par l'érosion entre des roches cohérentes et des roches meubles ;
— enfin, la **partie tectonique** vise à reconstituer les mouvements qui ont affecté l'écorce terrestre et à analyser les déformations qui en résultent.

L'ensemble permet de définir une structure géologique et de présenter son évolution. Il ne reste plus qu'à nommer les formes identifiées dans la description topographique à l'aide de termes géomorphologiques qui éclairent leur genèse.

La transition entre la géographie physique et la géographie humaine permettait d'évoquer les autres aspects du milieu naturel par l'intermédiaire du rôle de l'altitude, des sols, du climat sur le développement de l'agriculture.

Une telle approche n'est plus souhaitée par les jurys. Lors de l'analyse d'un territoire, le milieu naturel est considéré comme un élément explicatif parmi d'autres. La hiérarchie entre ses composantes s'est modifiée. Le rôle du climat et de la végétation a été valorisé, ce qui permet de comprendre la multiplication des sujets comportant des cartes climatiques ou de végétation. **La carte géologique tend à redevenir un document annexe comme un autre.** L'étude géomorphologique a été allégée. La coupe est fournie par le jury lorsqu'il la juge nécessaire. Un étudiant doit alors reconnaître les grandes structures et donner des définitions géomorphologiques pour les éléments les plus marquants du relief. L'étude géomorphologique peut être intégrée comme complément du commentaire humain : le relief glaciaire être abordé au sujet de l'alpinisme, le relief karstique analysé dans le cadre du développement du tourisme vert...

I. La description topographique

1. La place de la description topographique dans l'exposé

La description topographique reste le point de départ de tout commentaire. Elle peut porter sur l'ensemble de la carte, sur une partie ou n'être que la simple description d'un site urbain.

Son but est toujours de faire apparaître les grandes unités du relief, ces **unités** étant des parties de la carte dotées d'un relief homogène : une plaine, une dépression, un plateau, un talus, un massif de collines ou une montagne.

La description type d'une unité évoque sa taille et sa localisation, son orientation, son altitude, son réseau hydrographique – importance et direction –, les accidents en creux ou en bosse qui la caractérisent. Cette description doit être rapide : quelques phrases utilisant un vocabulaire précis. Le degré d'analyse dépend de l'utilisation ultérieure qui est faite des informations : décrire d'une manière détaillée le tracé et le profil en travers d'un talus peut être nécessaire lorsque celui-ci porte un vignoble de qualité où les microclimats sont à la base des classifications en AOC comme en Bourgogne. C'est inutile lorsqu'il est couvert de broussailles et perdu au milieu d'autres talus. Une évocation plus sensible des formes du relief est la bienvenue quand celles-ci constituent un des attraits touristiques d'une région. Cela ne dispense pas de la description classique.

2. Le vocabulaire de la description topographique

Toute utilisation d'un terme topographique doit être justifiée. L'usage a codifié l'emploi des qualificatifs.

• Une **plaine** est une surface plane (les courbes de niveau en bistre sont très éloignées les unes des autres) où les rivières ne s'encaissent pas. Elle peut être légèrement ondulée, inclinée.

• Une **dépression** est une surface plane où les rivières ne s'encaissent pas, dominée par des reliefs plus élevés. Elle peut être ondulée et/ou inclinée. Sa description topographique s'étend à l'étude de la forme des versants qui la bordent. Elle peut être dissymétrique.

• Un **plateau** est une surface plane au sein de laquelle les rivières s'encaissent. Il peut être tabulaire, massif, incliné, ondulé, disséqué, découpé.

Ces différentes unités où le paysage est dominé par des lignes horizontales possèdent des accidents en creux, les **cuvettes** ou **dépressions fermées**, et en bosse, les **buttes** – des collines isolées – ou des talus secondaires.

• Un **talus** est une dénivellation entre deux éléments de relief plan. Son tracé peut être rectiligne, sinueux, festonné, présenter des indentations. Son **profil** est **concave** (les courbes de niveaux sont plus proches les unes des autres en bas de l'escarpement), **rectiligne, convexe** (les courbes de niveau sont plus proches les unes des autres en haut de l'escarpement). Le **replat** (une série de courbes de niveau moins rapprochées les unes des autres) est un accident. La dénivellation entre le haut et le bas d'un talus s'appelle le **commandement.**

• Les **collines** sont des reliefs de faible énergie : moins de 600 m d'altitude et quelques centaines de mètres de dénivellation. Les sommets peuvent être plats, arrondis, en lanière ; les versants concaves, rectilignes, convexes, dissymétriques. En coupe, les vides sont plus importants que les pleins, sinon c'est un plateau disséqué.

- Les **montagnes** sont caractérisées par l'altitude, l'importance des dénivellations et des pentes. Les sommets sont des **croupes** lorsque des surfaces planes les occupent et que les versants sont convexes. Ce sont des **crêtes** lorsque le haut de l'un des versants est constitué par une **corniche** ou un **abrupt.** Un sommet rocheux doté de versants abrupts se nomme un pic, une aiguille, une dent. Une montagne est aérée lorsqu'en coupe il y a plus de vide que de plein.
- Une vallée se compose d'un **talweg** – ligne des points les plus bas –, d'un fond, de versants. La **vallée** est **en V** quand le fond se réduit au talweg. Dans le cas contraire c'est une vallée à fond plat. La vallée peut être drainée par un cours d'eau permanent – **pérenne** – ou temporaire (en pointillés bleus sur les cartes). En l'absence d'écoulement, c'est une **vallée sèche.** Le relief qui se situe entre deux vallées s'appelle un **interfluve.**

II. Le relief des bassins sédimentaires

Un bassin sédimentaire est une cuvette de grande taille où se sont déposées des couches géologiques successives. Les conditions de sédimentation ont varié au cours du temps, ce qui permet l'existence de dépôts faisant alterner les couches cohérentes et les couches meubles.

- Les **roches cohérentes** sont résistantes vis-à-vis de l'érosion fluviatile. Les calcaires sont globalement résistants. Les grès, les conglomérats de type brèche ou poudingues, sont composés respectivement de sables siliceux et de galets rendus cohérents par la présence de ciments siliceux ou calciques. Ce sont des roches résistantes avec des variations de faciès importantes dans la même couche.
- Les argiles, les marnes, les sables sont des **roches meubles** peu résistantes vis-à-vis du même agent érosif.

L'érosion différentielle va profiter de la présence de binôme roche cohérente/roche meuble pour dégager des formes mettant en valeur la structure géologique du bassin : ce sont les **formes structurales.**

1. La structure sub-horizontale (planche n° 3)

Structures aclinales mises en valeur par l'érosion différentielle

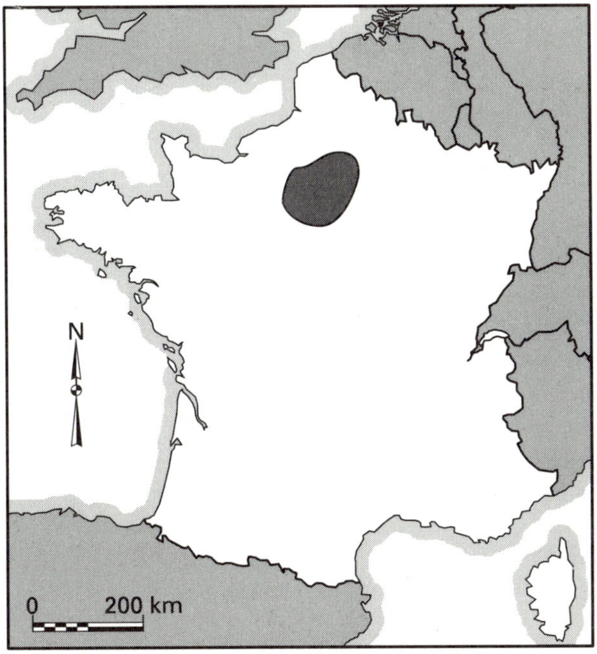

Dans le centre des bassins sédimentaires, les couches géologiques présentent un pendage nul ou très faible. L'enfoncement des cours d'eau provoque une érosion différentielle qui dégage des plaines et des plateaux étagés.

• Les talus qui séparent les éléments horizontaux du relief sont des **coteaux**

• Les plateaux sont **structuraux** lorsqu'ils sont tabulaires et armés dans une seule couche. Sur une carte géologique, la présence de quelques lambeaux de la couche meuble immédiatement postérieure dans la série stratigraphique authentifie leur dégagement par le travail de l'éro-

Schéma n° 1

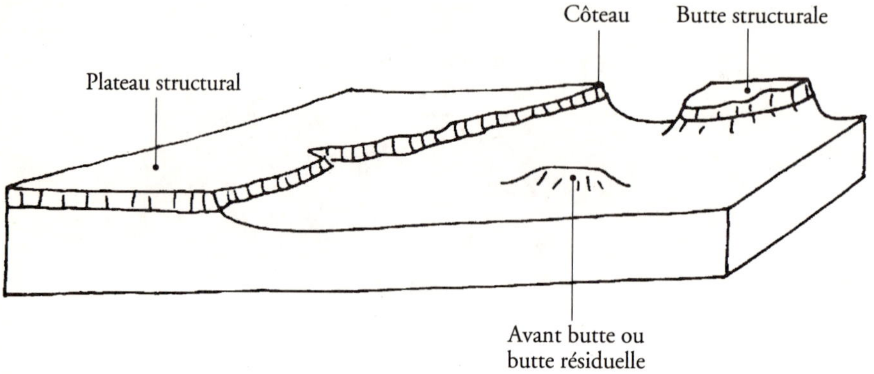

sion différentielle. Un plateau déjà très disséqué dont la surface n'est plus tabulaire est dit **substructural.**

• La **butte structurale** est un témoin de l'ancienne extension du plateau : la couche résistante qui arme le plateau est aussi celle qui couronne la butte.

2. La structure monoclinale (planche n° 2)

A la périphérie du bassin sédimentaire, les couches les plus anciennes affleurent avec un **pendage** encore assez faible orienté vers l'intérieur du bassin. L'enfoncement du réseau hydrographique dans une structure sédimentaire faisant alterner les couches « dures » et les couches « tendres » donne naissance au relief de cuesta.

• **La cuesta comprend un front qui correspond au talus, un revers constitué d'un plateau dont il faut définir la surface :** structurale, substructurale, surface d'érosion. Au pied de la cuesta, la **dépression orthoclinale** est dissymétrique ; son ampleur dépend de l'épaisseur de la couche meuble et du pendage. Elle est encombrée de **buttes témoins** et de **buttes résiduelles** lorsque la couche résistante a disparu.

Principales structures monoclinales mises en valeur par l'érosion différentielle

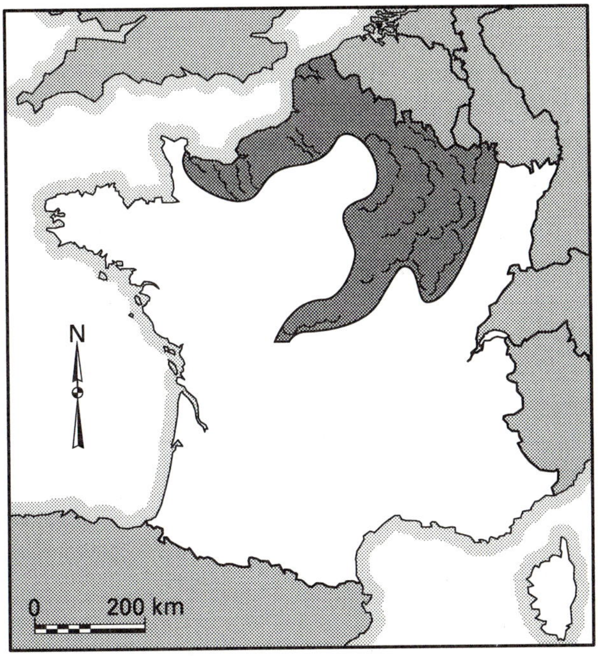

Schéma n° 2

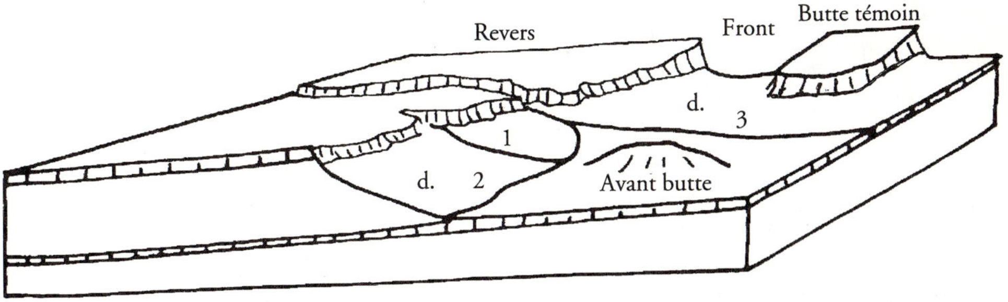

1 : rivière anaclinale
2 : rivière orthoclinale
3 : rivière cataclinale
d. dépression orthoclinale

• Quand le réseau hydrographique est adapté à la structure, l'artère principale traverse la cuesta grâce à un **entonnoir de percée cataclinale.** Les petits cours d'eau **anaclinaux** attaquent le front de la cuesta et le font reculer. Les rivières **orthoclinales** drainent la dépression du même nom en suivant l'axe de cette dernière.

▸ **A partir de ce canevas commun, de multiples variations existent dans l'est du Bassin parisien.** Pour mémoire, lorsque la part de la couche résistante est forte dans le binôme et le pendage des couches important, le tracé de la cuesta est rectiligne, son profil est convexe, elle recule lentement. Le profil de la cuesta peut présenter un replat dû à la présence d'un binôme secondaire. Dans ce cas, la **cuesta** est **double.** Elle est **dédoublée** quand le même binôme arme deux cuestas suite à l'inadaptation des cours d'eau.

Des accidents tectoniques secondaires – ondulation synclinale et anticlinale, structure faillée en touche de piano – expliquent parfois le détail du tracé en long, les rentrants et les saillants, le **festonnement.** Il ne faut pas oublier que des surfaces d'érosion ont pu provoquer une inversion du relief.

La **boutonnière** est une ondulation anticlinale plus vaste et plus marquée évidée par l'érosion : deux cuestas se font face (pays de Bray, Boulonnais).

III. Le relief plissé

Ce relief se développe dans des structures sédimentaires soumises à des compressions.

1. Les formes simples (planche n° 9)

▸ Le pli est une ondulation des couches sédimentaires. La partie convexe vers le ciel se nomme l'**anticlinal,** avec une charnière anticlinale au niveau du changement de pendage. La partie concave, le **synclinal,** possède une charnière du même type.

• Lorsque l'ondulation est conservée telle quelle dans le relief, c'est-à-dire que sur une carte géologique elle se développe dans une seule couche, l'anticlinal s'appelle le **mont,** le synclinal le **val.** La carte géolo-

Formes plissées simples

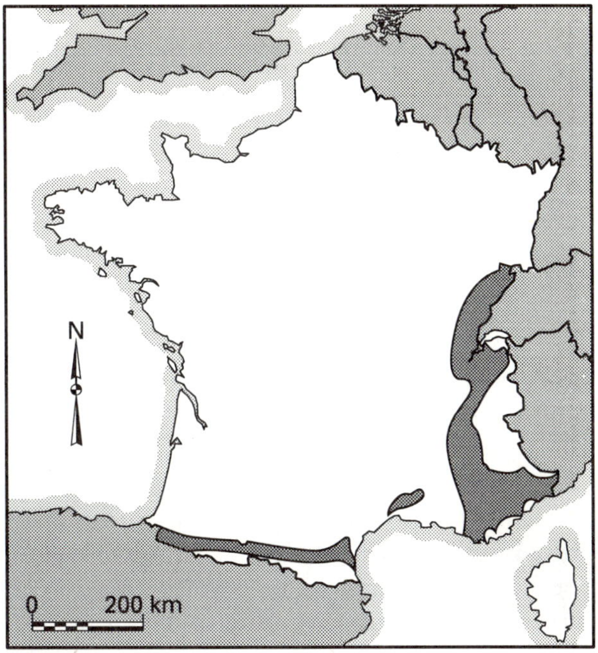

Schéma n° 3

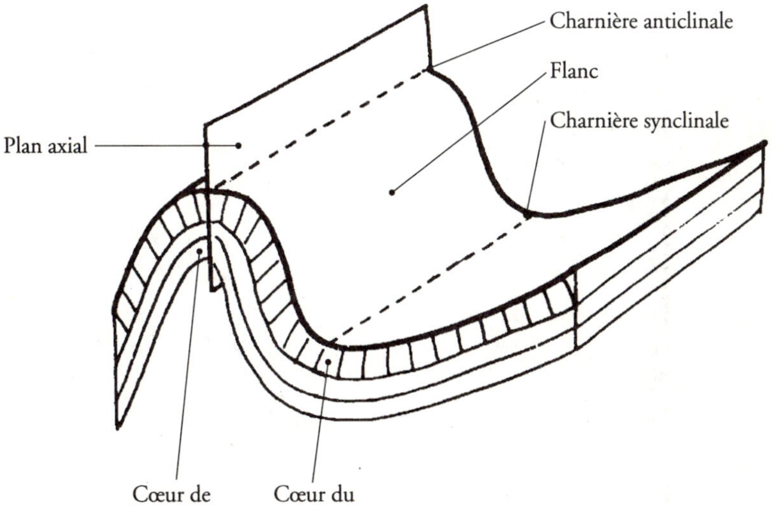

gique indique dans un carton annexe la localisation des charnières anticlinales et synclinales.

• Plus fréquemment, l'érosion a démantelé la structure initiale. Il faut reconstituer sur la carte géologique les séries d'auréoles concentriques correspondant aux plis éventrés. Lorsque le centre d'une série est occupé par la couche la plus récente, il s'agit d'un synclinal. Si le centre est occupé par la couche la plus ancienne, c'est un anticlinal. Les indications de pendages locaux notées sur les cartes ne constituent qu'un supplément d'information : un pendage local peut être contraire à la structure d'ensemble.

► **En fonction de la topographie, une dépression dégagée dans des roches meubles qui occupent une charnière anticlinale s'appelle une combe**. Elle est dominée par des crêtes dont les versants abrupts se font face. Ce sont des **crêts.** Lorsqu'un second binôme apparaît, la nouvelle couche résistante va être dégagée et former un **mont dérivé** – une butte dans la topographie –, entouré d'une **combe annulaire.** Si le phénomène se reproduit une troisième fois, les formes nées du premier binôme s'appellent des **crêts** et des **combes monoclinales de flanc.**

L'érosion peut abaisser le fond des combes au-dessous du fond des synclinaux : c'est l'**inversion du relief.** Elle est locale ou générale. Le synclinal devient un **val perché :** les versants abrupts des crêts sont tournés vers l'extérieur.

Schéma n° 4

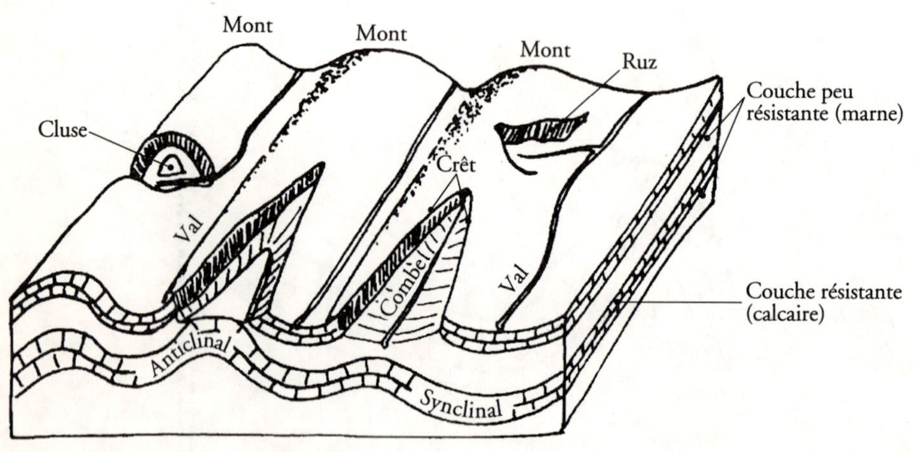

▸ Quand les mouvements tectoniques ont été violents, les plis se chevauchent. Sur la carte géologique, il ne reste plus que des auréoles incomplètes bordées de failles dont le tracé sinueux suit les limites du contact entre deux couches ou deux séries de couches. Le même phénomène se produit souvent au contact d'une structure plissée et d'une structure d'une autre nature. L'escarpement qui accompagne généralement le chevauchement est un **crêt de chevauchement** (planche n° 10). Comme le pli est éventré, plusieurs binômes peuvent être exploités par l'érosion. Ce crêt est souvent double ou triple.

▸ **Une cluse est une dépression qui traverse de part en part un anticlinal.** Elle est vive lorsqu'un cours d'eau l'emprunte.

2. Les nappes de charriages

Régions constituées de nappes de chariage

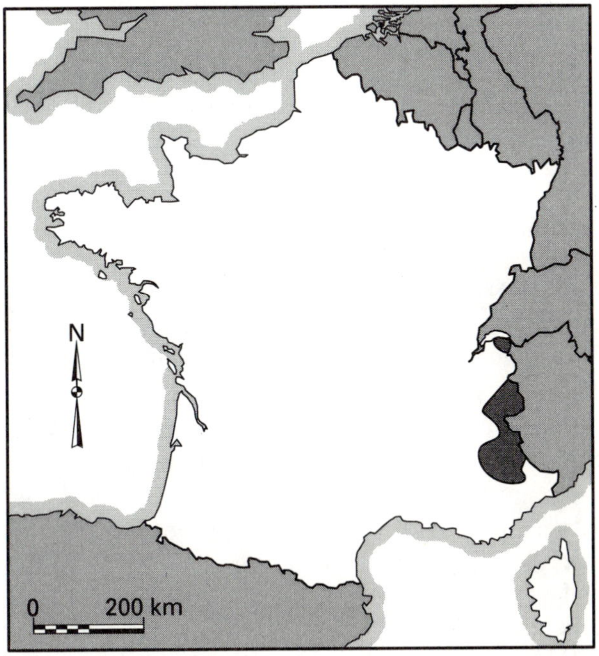

Lors de mouvements tectoniques de très forte intensité, des séries sédimentaires entières ont pu se détacher du substratum et se déplacer sur des dizaines de kilomètres : ce sont des **nappes de charriages.** Ces nappes peuvent posséder leur propre structure plissée interne.

Sur les cartes géologiques, **la présence de nappes se repère facilement à partir de plusieurs éléments :**

— La légende de la carte place les roches les plus anciennes en bas et gauche du document ; les couches les plus récentes en haut et à droite. Lorsqu'il y a des nappes, la légende est compartimentée en plusieurs sous-parties correspondant aux différentes nappes et au substratum.

— Les cartes comportent des documents annexes sur lesquels les nappes sont indiquées : le schéma structural, la coupe. Sur ce dernier document, les limites entre différentes séries de terrain apparaissent sous la forme de traits noirs sub-horizontaux.

Les plissements internes de la nappe appellent des définition classiques quand des formes structurales apparaissent. **Trois définitions plus spécifiques aux nappes sont à connaître :**

— L'**escarpement de front de charriage** marque le passage du substratum à la nappe ou d'une nappe à une autre lorsque la lithologie est favorable.

— Un lambeau de nappe isolée s'appelle un **klippe.**

— Des affleurements de roches autochtones au milieu de nappes forment une **fenêtre.**

3. Le relief appalachien (planche n° 12)

Une structure plissée arasée par l'érosion peut être remise en altitude par des mouvements tectoniques ultérieurs. L'érosion différentielle va reprendre et dégager progressivement un relief appalachien. Sur les cartes, **ce relief se repère aux éléments suivants :**

— les sommets sont d'altitude subégale et constituent des alignements parallèles séparés par des dépressions respectant la même orientation ;

— sur la carte géologique, les sommets portent les traces d'une surface d'érosion avec des failles nivelées et/ou des couches biseautées.

Le relief doit être nommé, les sommets portent le nom de **barre,** les dépressions celui de **sillons.** Les définitions classiques peuvent être utilisées, accompagnées du qualificatif « en relief appalachien ».

Peu répandu en France, ce relief existe dans le Plantaurel et les petites

Relief appalachien

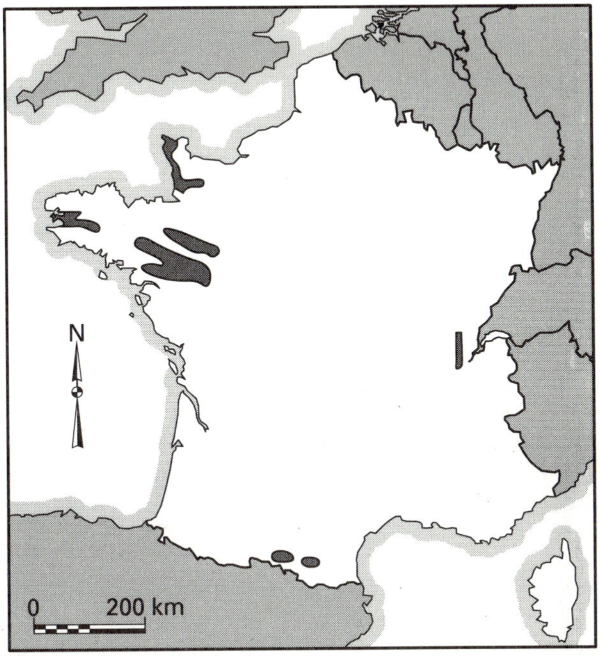

Pyrénées, dans certaines couvertures sédimentaires des massifs anciens, notamment dans le Massif armoricain, parfois le long du chevauchement du Jura sur le fossé bressan.

4. Répartition des formes plissées dans les grandes chaînes de montagnes françaises

La France possède trois grandes chaînes plissées correspondant à trois types différents.

▸ **Le Jura est une chaîne de couverture uniquement sédimentaire.** Elle se divise en trois sous-ensembles :

— le chevauchement bordier sur le fossé bressan, souvent très complexe ;

— le Jura tabulaire composé de plateaux étagés accidentés de **failles-plis** : la faille nivelée a donné un pli lors d'une seconde phase tectonique ;
— le Jura plissé, suite de plis élémentaires ayant donné naissance à toute la gamme des formes simples dans un relief conforme.

Les orientations dominantes sont liées à l'orogenèse alpine. Le Jura est un contrecoup du plissement alpin.

▸ **Les Alpes sont une chaîne née d'un géosynclinal.** Il faut distinguer les Alpes du Nord des Alpes du Sud.

• Dans les Alpes du Nord, le relief s'organise en grands sous-ensembles bien définis :

— les Préalpes sédimentaires chevauchent l'avant-pays. Elles proposent une collection de formes simples très lisibles. La roche cohérente qui arme les corniches dominantes est le calcaire à faciès urgonien. Le Chablais est constitué de nappes de charriage. La Chartreuse présente une inversion du relief généralisé ;
— le sillon alpin est une dépression issue du décrochement de la couverture sédimentaire des massifs centraux externes, calibrée par les glaciers du quaternaire ;
— les massifs centraux externes, cristallins, doivent l'essentiel de leurs formes actuelles aux glaciers ;
— à l'est des massifs centraux, les séries sédimentaires se prêtent assez peu à la mise en place de belles formes structurales. La lithologie propose des alternances trop rapides entre roches dures/roches tendres, avec des contrastes limités. La complexité des mouvements tectonique joue dans le même sens. Le relief est plus marqué par l'influence des glaciers.

• **Les Alpes du Sud ne répondent pas à un schéma aussi rigoureux :**

— les Préalpes sont des régions de contact entre l'orogenèse alpine qui donne des directions nord-sud, et l'orogenèse pyrénéo-provençale avec des directions ouest-est. L'inversion du relief est généralisée avec d'immenses dômes évidés en combe. Le calcaire à faciès tithonique arme les corniches rocheuses. Le climat méditerranéen très agressif modèle les versants et les fonds de vallées (planche n° 10) ;
— à l'est des Préalpes, la lithologie ne permet pas le développement de belles formes structurales. Les glaciers ont laissé une empreinte plus

faible. Ces régions sont soumises à l'érosion la plus active que l'on puisse observer en France en raison des dénivellations, de la lithologie et du climat méditerranéen.

▸ **Les Pyrénées sont une chaîne intracontinentale.** La zone axiale, près de la frontière espagnole, est constituée de roches cristallines marquées par d'anciennes planations et l'héritage des périodes glaciaires. En dehors du Plantaurel et des petites Pyrénées, les structures plissées sont complexes avec notamment la présence de plis pincés. Les définitions sont à adapter au coup par coup.

IV. Le relief lié aux failles

Les failles peuvent être un élément secondaire au sein de structures sédimentaires monoclinales ou plissées, de structures volcaniques... Au contraire, elles peuvent constituer la base de l'explication du relief.

1. La faille, le regard, le rejet

Une **faille** est une fracture séparant deux blocs ayant subi un déplacement relatif vertical et/ou horizontal. Le plan le long duquel s'est effec-

Schéma n° 5

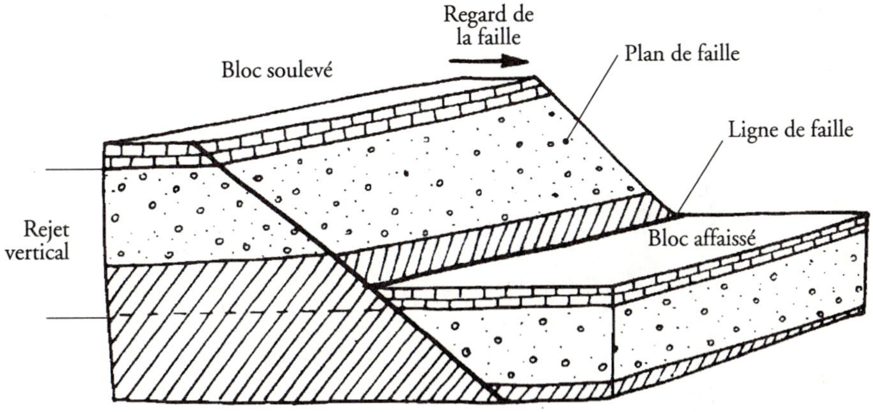

tué le déplacement s'appelle le **plan de faille.** Les surfaces engendrées par la cassure deviennent les lèvres de la faille. Lorsque le mouvement des deux blocs polit leur surface, elles visualisent le plan de faille dans le paysage : c'est le **miroir de faille** (planche n° 7).

Le **regard** de la faille est le côté vers lequel est tourné la lèvre du compartiment soulevé. Le **rejet** correspond à la valeur du déplacement vertical des deux blocs, le **décrochement** au coulissage horizontal. Sur une carte géologique, l'approche des failles dépend de la structure géologique.

• **Dans une structure sédimentaire,** il est possible de calculer le rejet de la faille et de déterminer son regard. Le résultat est direct lorsque l'on compare l'altitude du même contact entre deux couches sédimentaires de part et d'autre de la faille. Le plus élevé correspond au bloc soulevé et la différence altitudinale donne le rejet. Il faut éviter de trop s'éloigner de la faille pour ne pas fausser les mesures avec un pendage toujours possible. Si cette mesure n'est pas réalisable, il faut prendre deux contacts différents de part et d'autre de la faille et rajouter à l'altitude du contact entre les roches les plus anciennes, l'épaisseur moyenne des couches sédimentaires qui le sépare du second.

• **Lorsque la faille sert de contact entre des couches sédimentaires et un socle,** ce dernier est toujours le compartiment soulevé. Le rejet, dont on ne peut pas calculer la hauteur avec précision, correspond au talus éventuel plus l'épaisseur de l'ensemble des couches sédimentaires. Lorsque la série sédimentaire domine le socle par le biais d'un

Schéma n° 6

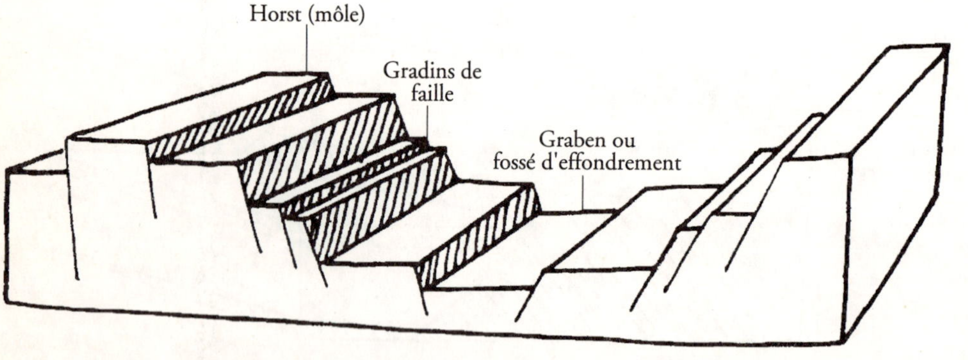

talus dans la topographie, il peut s'agir d'un escarpement de faille lié à un rejet tardif en sens contraire des premiers mouvements.

Lorsque plusieurs failles sont visibles sur une carte, il faut définir les structures qu'elles mettent en place. Un compartiment limité par des failles dominant des compartiments abaissés s'appelle un **horst.** Un **graben** est un compartiment limité par des failles et dominé par des compartiments soulevés.

Un faisceau est constitué de failles parallèles. Lorsque le regard de ces failles est orienté dans la même direction, il s'agit d'un **escalier de faille.** Un **champ de faille** est un réseau de failles d'orientation multiples.

2. Les escarpements liés aux failles

Le vocabulaire concernant les escarpements liés aux failles varie selon les auteurs. Nous utiliserons ici le plus communément admis.

▸ **Un escarpement, dans le vocabulaire topographique, désigne un talus en pente raide :** c'est généralement le cas des talus liés aux failles. La définition géomorphologique de ce type d'escarpement s'obtient en comparant la situation structurale à celle présente dans la topographie.

• L'**escarpement de faille** correspond à une dénivellation d'origine tectonique (planche n° 7). Lorsque le talus prend naissance sur le trait de faille et que son commandement correspond au rejet de la faille, l'**escarpement de faille** est **primitif.** La plupart du temps, le commandement est inférieur au rejet : l'escarpement de faille est **atténué.** Si le talus a reculé par rapport au trait de faille, c'est un **escarpement de faille hérité.** Dans un ensemble de roches de socle, lorsqu'une faille se situe au pied d'un talus, sans qu'il y ait de contraste lithologique de part et d'autre de son tracé, il s'agit pratiquement toujours d'un escarpement de faille.

• L'**escarpement de ligne de faille** doit son existence au travail de l'érosion (planche n° 4). Plusieurs situations sont envisageables :

— la faille a été nivelée par une surface d'érosion aujourd'hui portée en altitude ; l'érosion reprend et dégage un escarpement. Lorsque son regard est conforme à celui de la faille, l'**escarpement** est dit de **ligne de faille conforme**. Si les regards sont opposés, c'est un **escarpement de ligne de faille inversé** ;

— l'escarpement n'a jamais existé dans la topographie : le creux créé par l'effondrement a été comblé au fur et à mesure par des sédiments.

Lorsque l'érosion attaque ensuite ces déblais, elle dégage un **escarpement de ligne de faille révélé** (planche n° 6). Son commandement est inférieur au rejet de la faille: il est atténué;

— l'escarpement a existé avant le remplissage du creux. L'érosion le fait apparaître pour la seconde fois; c'est un **escarpement de ligne de faille exhumé**.

Dans les cas délicats, il faut présenter les différentes solutions ou en rester à la définition générale d'escarpement de ligne de faille.

La présence à une distance plus ou moins importante de reliefs plans d'altitude voisine de part et d'autre de la faille est un indice majeur à rechercher lorsqu'on soupçonne l'existence d'escarpements de ligne de faille.

• L'**escarpement de faille composite** relève à la fois de la tectonique et du travail de l'érosion. C'est une situation très fréquente.

— Lorsqu'une surface d'érosion est portée en altitude, des accidents cassants peuvent rejouer. Si l'érosion dégage une dépression de ligne de faille en utilisant la zone de faiblesse créé par la faille, deux escarpements se font face. Celui qui a le commandement le plus faible est un escarpement de ligne de faille inversé, l'autre un escarpement composite.

— Dans le cas d'un fossé tectonique, le remplissage sédimentaire peut ne concerner qu'une partie du rejet de la faille. Lorsque l'érosion reprend et que les rivières s'encaissent par rapport au toit de la sédimentation, la partie de la dénivellation qui se situe au-dessus du toit de la sédimentation constitue un escarpement de faille atténué, au-dessous de cette limite il s'agit d'un escarpement de ligne de faille révélé ou exhumé. Le tout forme un escarpement composite (planche n° 6).

V. Le relief volcanique

Les formes volcaniques constituent des reliefs postiches qui se surajoutent à un canevas déjà en place.

1. Les types de volcanisme

Un volcan est le plus souvent le produit de plusieurs éruptions qui peuvent être de style différent suivant la nature du magma.

Formes liées au volcanisme

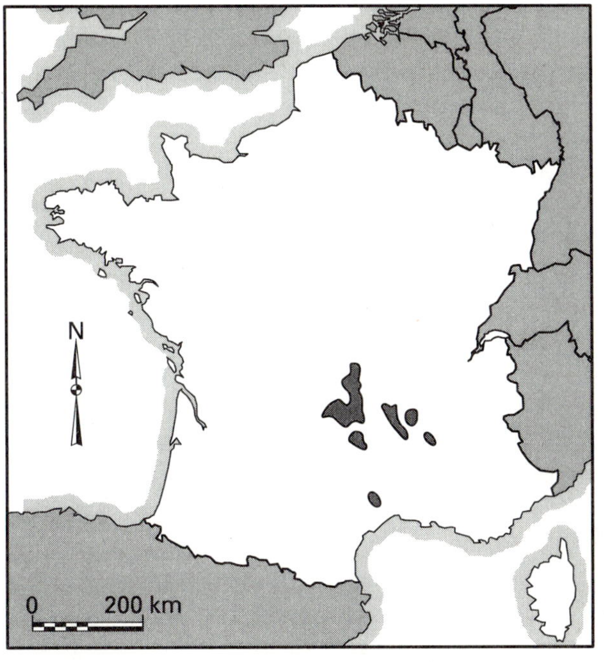

• La lave basique donne des coulées très fluides dominées par les roches basaltiques.

• La lave acide est très visqueuse. Elle ne donne pas de coulées mais des explosions ou des accumulations aux formes très massives qui peinent à parvenir jusqu'à la surface.

• Les laves intermédiaires donnent des coulées de taille limitées et des accumulations.

2. Les reliefs volcaniques

Nous regrouperons ici ces reliefs en fonction de leurs traits topographiques dominants.

▸ **Les plateaux volcaniques relèvent de trois définitions géomorphologiques.**

• Le **plateau structural** est le produit d'une coulée. Une coulée basaltique donne un plateau tabulaire ; les sols issus du basalte sont très fertiles, ces plateaux sont bien mis en valeur par l'agriculture. Les coulées d'andésites ou de trachytes sont plus épaisses et moins étendues. Leur surface est constituée d'un chaos de blocs. Les sols sont peu fertiles. Elles restent boisées ou sont utilisées comme terrains de parcours comme les cheires en Auvergne.

• Les **mesas** résultent d'une inversion de relief. La coulée se situe en altitude par rapport aux roches encadrantes (planche n° 6).

• La **planèze** est issue du démantèlement d'un strato-volcan par l'érosion fluviatile. De forme triangulaire, elle est bordée par des vallées profondément encaissées. La pointe du triangle est dirigée vers le centre de l'ancien volcan. En France, ces reliefs existent dans le Cantal et les monts Dore.

Schéma n° 7

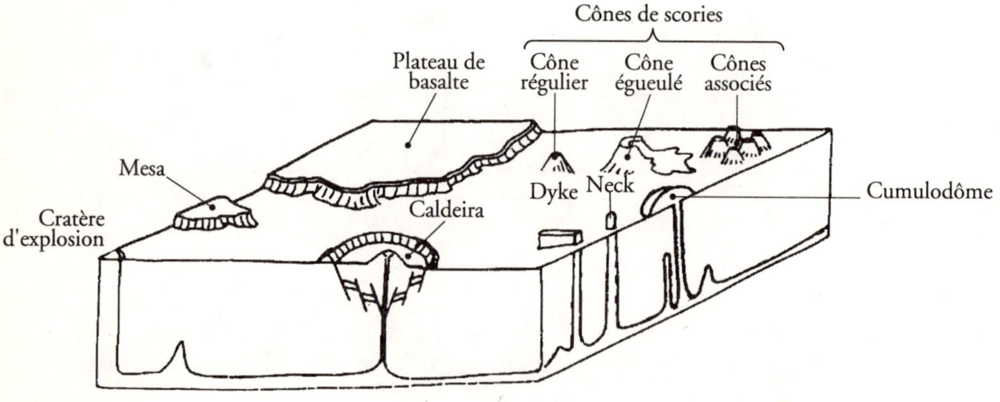

▸ **Les buttes d'origine volcanique se regroupent en deux familles.**

• Les **cônes** volcaniques simples composent la première. On distingue les cônes avec cratère régulier et les cône égueulés par des coulées. Les **cumulodômes** sont un cas particulier d'accumulation de lave acide, ils ne portent pas de cratère. La chaîne des Puys à l'ouest de Clermont constitue le plus bel ensemble français de cônes simples.

• Les aiguilles de laves acides portent le nom de **culot**. Ce sont des **necks** lorsqu'elles sont composées de brèches et de conglomérats volcaniques. Il est souvent difficile d'établir la distinction et les deux termes peuvent être utilisés comme étant équivalents dans le cadre du commentaire de carte. Elles sont dégagées grâce au travail de l'érosion différentielle qui les débarrasse de leur gangue de cendre si elles se trouvaient dans la cheminée d'un ancien volcan, ou de sédiments s'il s'agit d'intrusion de lave acides n'ayant jamais atteint la surface. En France, ces formes se trouvent en grand nombre dans le centre des anciens stratovolcans (Cantal, Mont-Dore) et dans le Velay et le Devès. Leurs sols peu fertiles et les pentes en font des espaces répulsifs pour l'agriculture.

• Le **dyke** est un cas particulier : une fissure a été utilisée par de la lave acide pour remonter vers la surface. L'érosion différentielle dégage alors une crête allongée composée de roches volcaniques.

▸ Les dépressions fermées d'origine volcanique relèvent de processus variés.

• Le **maar** est un cratère d'explosion généralement occupé par un lac sans terrain volcanique lié (lac du Bouchet dans le Devès).

• La **caldeira** est un cratère géant résultant de l'effondrement de la partie centrale du volcan. Le plus bel exemple français se trouve à la Réunion avec les cirques de l'intérieur de l'île.

• Dans certains cas, une coulée peut obstruer une vallée et provoquer la formation d'une dépression fermée occupée par un lac.

VI. Les surfaces d'érosion

Une **surface d'érosion** est une vaste surface relativement plane résultant de l'arasement des reliefs par l'érosion, avec parfois quelques reliefs résiduels de faible ampleur.

1. Repérer et dater une surface d'érosion

▸ **Une surface d'érosion se repère** sur une carte géologique grâce à la présence de failles nivelées, de couches biseautées, de dépôts corrélatifs (planche n° 8).

• Une **faille** est **nivelée** lorsque l'on n'observe pas de talus ou d'escarpement lié à son tracé : les courbes de niveau recoupent le tracé de la faille de manière aléatoire.

• Les **couches** géologiques sont **biseautées** ou **tronquées** lorsque plusieurs d'entre elles affleurent dans un secteur relativement plan sur la carte : les courbes de niveau recoupent alors le contact entre les couches de manière aléatoire.

• Les **dépôts corrélatifs,** présents à l'état de placages superficiels, sont constitués de roches détritiques laissées par l'érosion lors de la mise en place de la surface. Il en est ainsi des altérites telles les **argiles à silex** des plateaux crayeux du Bassin parisien occidental, des **meulières** de la région parisienne et du Poitou, des **poudingues** et **grès silicifiés** du sud-est du Bassin parisien et du Massif armoricain. Cela peut être aussi des formations d'épandage comme les dépôts **« sidérolitiques »** du Périgord, du Poitou, du Berry. Dans le domaine méditerranéen, les ***terra rossa*** et les **argiles bauxitiques** ont le même rôle.

▸ **Trois éléments permettent de dater une surface d'érosion.**

— Un dépôt corrélatif daté est présent sur la carte géologique : la surface s'est mise en place durant la même période.

— La dernière couche tronquée permet de dire que le début de la formation de la surface est postérieur à celle-ci : on parle ainsi de surface **post**-Jurassique lorsque la dernière couche biseautée appartient au Jurassique.

— Dernière solution, une couche géologique plus récente et discordante n'est pas affectée par le biseautage des couches : elle est donc postérieure à la mise en place de la surface. On parle ainsi de **surface d'érosion pré-** ou **infra-**triasique **« fossilisée »** par une couche triasique. La surface est **« exhumée »** par l'érosion lorsque la couche de trias est réduite à l'état de placage superficiel.

2. Le rôle des surfaces d'érosion dans le relief actuel

Les surfaces d'érosion sont des héritages plus ou moins bien conservés. Il s'agit d'anciennes plaines d'érosion aujourd'hui soumises à une reprise d'érosion avec encaissement progressif des cours d'eau. Leur démantèlement donne naissance :

— à des **plateaux d'érosion** dont la surface est composée d'une surface d'érosion dégradée (planche n° 5) ;
— au **« modelé en creux »** dans les massifs anciens portés en altitude par les orogenèses alpine et pyrénéenne. Les principaux accidents du relief sont en creux par rapport aux sommets plus ou moins subégaux. Avec les progrès de l'érosion, les versants se recoupent, on parle alors de **relief de serres** (planche n° 5) ;
— au **relief appalachien** lorsque l'érosion différentielle met en valeur les différences de dureté des roches sédimentaires d'une structure plissée sous-jacente (planche n° 12).

Souvent, lors de mouvements tectoniques, les surfaces d'érosion ont été déformées, des failles se sont créées ou ont rejoué. Ailleurs, il ne reste plus que quelques traces de ces surfaces sur les parties les plus élevées du relief.

VII. Les contacts entre les grandes unités morphostructurales

Les cartes représentant des contacts entre grandes unités morphostructurales constituaient des sujets de choix pour les épreuves des concours dans l'optique traditionnelle. Elles permettent de vérifier les connaissances géomorphologiques des candidats. Ces contacts ont souvent fixé les villes marchés qui bénéficiaient des échanges entre régions rurales complémentaires. Cette trame ancienne a guidé l'évolution ultérieure, et aujourd'hui, ces cartes sont toujours données aux concours avec des objectifs recentrés sur la géographie humaine.

1. Les contacts entre un socle et un bassin sédimentaire

Le passage d'une unité morphostructurale à une autre ne s'accompagne pas forcément de grands changements dans la topographie. En l'absence de mouvements tectoniques et de différence de résistance marquées dans la lithologie, une même topographie de plateau peut se développer de part et d'autre du contact. Ce cas est fréquent dans l'ouest de la France entre le Bassin parisien et le Massif armoricain. Les contacts visibles dans la topographie sont plus appréciés des jurys.

Le cas le plus fréquent dans la topographie est la présence d'une dépression entre les deux unités. Son explication relève de deux cas de figure.

• **Aucune faille importante n'est visible sur la carte géologique** en bordure de la dépression. Celle-ci est le produit d'une simple érosion différentielle.

— Si la dépression se situe dans les couches sédimentaires meubles, il s'agit d'une **dépression périphérique.** Elle est dissymétrique. Sa limite du côté du bassin sédimentaire est une cuesta. Le versant en pente douce qui la raccorde au massif ancien correspond à une surface d'érosion exhumée : il faut penser à dater cette surface à partir des lambeaux de la couche sédimentaire directement au contact du socle (planche n° 5).

— Lorsque la dépression se situe dans des roches appartenant au socle, c'est une **dépression bordière.** Cela se produit plutôt dans le domaine méditerranéen où l'érosion chimique liée aux climats chauds a pu s'attaquer en priorité aux roches du socle.

• **Une ou des failles importantes bordent la dépression sur la carte géologique.**

— Lorsqu'il n'y a qu'une faille – ou qu'un faisceau de failles – située précisément au contact du socle et des couches sédimentaires, la dépression correspond à une **dépression de ligne de faille.** Si les deux espaces plans de chaque côté sont à la même altitude, les escarpements peuvent être définis comme des escarpements de ligne de faille conforme du côté du socle et inversé du côté du bassin sédimentaire.

— Deux séries de failles de part et d'autre de la dépression délimitent un compartiment intermédiaire entre le socle et le bassin sédimentaire. Ce compartiment est occupé par des séries sédimentaires permiennes et des couches plus récentes transgressives : il s'agit d'un **bassin permien**. Lorsque des reliefs plans de même altitude se situent de part et d'autre, l'escarpement qui limite le bassin du côté du socle est un escarpement de ligne de faille exhumé, celui qui se trouve du côté du bassin sédimentaire une cuesta.

2. Les bordures des grands fossés d'effondrement

L'existence de grands fossés d'effondrement actuels est liée aux orogenèses tertiaires.

▸ **Le contact entre ces fossés et les socles s'effectue par l'intermédiaire de grands escaliers de faille.** Le regard des failles est tourné vers le fossé. Le rejet n'apparaît jamais entièrement dans la topographie. La définition de l'escarpement bordier est souvent difficile.

• **L'escarpement qui sépare les Vosges du fossé rhénan** est un escarpement de faille atténué avec un miroir de faille très visible. On trouve jusqu'au pied de l'escarpement des sédiments quaternaires qui ne sont pas encore fortement érodés par les cours d'eau de la plaine d'Alsace (planche n° 7).

• **L'escarpement qui sépare la Limagne du bloc cristallin** qui sert de piédestal à la chaîne des Puys est un escarpement composite. La présence de coulées volcaniques sur le toit de la sédimentation tertiaire permet d'affirmer que la composante supérieure de la dénivellation est due à la tectonique alors que sa composante inférieure est à mettre en relation avec l'érosion différentielle qui a transformé la coulée en mesa (planche n° 6).

• **L'escarpement qui domine la vallée du Rhône à l'ouest de Valence** est un escarpement de ligne de faille exhumé. La présence d'un défilé épigénique du Rhône prouve que l'escarpement n'a pas existé de manière permanente. Le fleuve est inadapté par surimposition car il reste quelques traces de couverture détritique sur le cristallin à l'ouest du Rhône. L'escarpement a déjà existé car la présence d'une vallée fossile affluente noyée sous les sédiments actuels démontre qu'il est déjà apparu dans le paysage.

▸ Les chaînes plissées entrent en contact avec leurs avant-pays détritiques – leur **piémont** – par l'intermédiaire de chevauchements souvent très complexes.

VIII. Les modelés particuliers

1. Le modelé des socles

Modelé de socle (hors haute montagne)

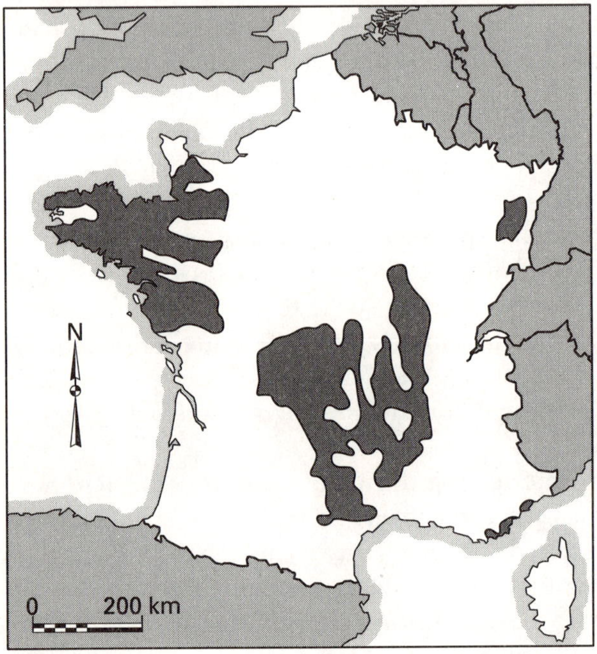

Un **socle** est un vaste ensemble de terrains granitiques et métamorphiques correspondant à une chaîne de montagne ancienne arasée par l'érosion. Lors de la constitution des surfaces d'érosion, des reliefs résiduels ont échappé à l'arasement. Le **relief résiduel de résistance** est lié à un processus d'érosion différentielle, ce qui le distingue du **relief résiduel de position.**

A l'exception des schistes et des micaschistes, les roches qui composent les socles sont plus sensibles à l'érosion chimique qu'à l'érosion fluviatile. L'érosion chimique décompose les roches par hydrolyse et ne laisse sur place que des sables appelés **arène.**

Au sein d'un socle, une portion de vallée à fond plat et à versants concaves est anormale. Elle correspond à un **alvéole**: l'érosion chimique a exploité une différence de résistance entre les roches et/ou une zone de faiblesse due aux failles, l'érosion fluviatile en emportant l'arène rend ce phénomène visible dans le paysage. La taille d'un alvéole est assez limitée. Les creux de grande ampleur dans un socle portent le nom de **cuvette d'érosion différentielle.**

2. Le modelé des roches calcaires

Une roche **calcaire** est formée d'au moins 50 % de carbonate de calcium. Ce type de roche est très sensible à l'érosion chimique. L'eau, char-

Causses et formes karstiques (majeures)

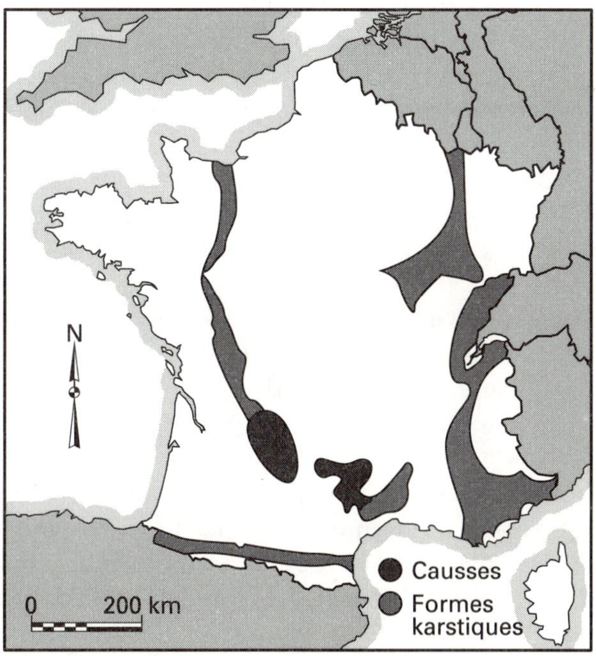

gée d'acides issus du monde végétal ou du gaz carbonique de l'air, dissout la roche en ne laissant sur place que des impuretés comme des argiles.

Des karsts se développent lorsque les couches calcaires sont très épaisses. Certaines formes karstiques sont très visibles sur les cartes (planche n° 5).

• La surface de la table calcaire est hachée par un réseau de rainures plus ou moins profondes et larges qui utilisent les **diaclases** ou fissures présentes dans la roche : c'est le **lapié** ou **lapiaz.** Les **dolomies** – les carbonates doubles de calcium et de magnésium composent plus de 25 % de la roche – donnent naissance à des ensembles ruiniformes avec des murailles, des arches, des pitons. Ils sont parfois notés sur les cartes comme Montpellier le Vieux sur le Causse noir.

• Les **dépressions fermées** d'origine karstique sont plus visibles.

— La **doline** est une dépression fermée de taille limitée.

— L'**ouvala** est le fruit de la coalescence de plusieurs dolines. Les dolines peuvent aussi s'emboîter.

— Le **poljé** est une dépression allongée de plus grande taille. Elle est dominée par des versants escarpés. Elle exploite généralement un accident tectonique. Les **hums** sont des collines calcaires résiduelles à l'intérieur de ces plaines karstiques qui peuvent être drainées par un réseau hydrographique qui rejoint le réseau souterrain par des puits nommés **ponors.** L'exemple français le plus célèbre se situe à Cuges-les-Pins au sud de la Sainte-Baume.

Le fond des dépressions fermées est occupé par des sols issus des argiles de décalcification. Elles constituent souvent les seules zones de terres arables du karst et fixent l'habitat traditionnel sur leurs bordures.

• Les **gouffres, avens, igues** selon les régions sont des puits qui relient la surface au réseau souterrain dans lequel circulent les eaux. La surface d'un karst ne comporte pas d'écoulement : les **vallées sèches** sont des héritages, les vallées aveugles qui se perdent vers l'aval sont à signaler.

• L'eau ressort du réseau souterrain par des sources nommées **exurgences.** Seuls les cours d'eau importants nés hors du karst le traversent en empruntant des vallées très encaissées nommées **canyons :** les gorges du Tarn dans les Causses, celles du Verdon dans les Alpes du Sud. Les massifs sont parfois disséqués par des vallées à fonds plats aux versants escarpés qui se terminent en cul-de-sac sur un amphithéâtre rocheux : ce

Schéma n° 8

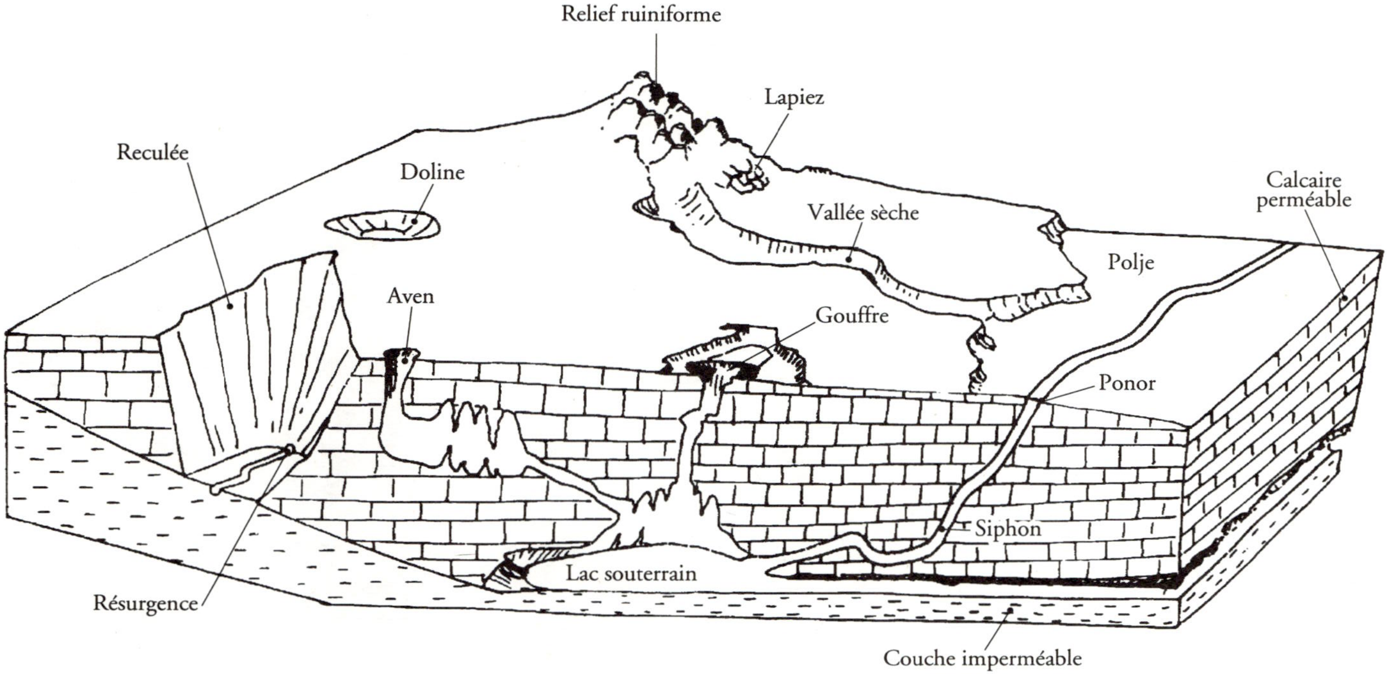
Relief ruiniforme
Lapiez
Reculée
Doline
Calcaire
perméable
Vallée sèche
Polje
Aven
Gouffre
Ponor
Siphon
Lac souterrain
Résurgence
Couche imperméable

sont des **reculées** (Baume-les-Messieurs dans le Jura) ou des **bouts du monde.**

Les karsts sont de très bons supports pour le développement du tourisme vert car ils offrent une gamme d'activités potentielles très variées.

3. Le modelé glaciaire

Modelé glaciaire

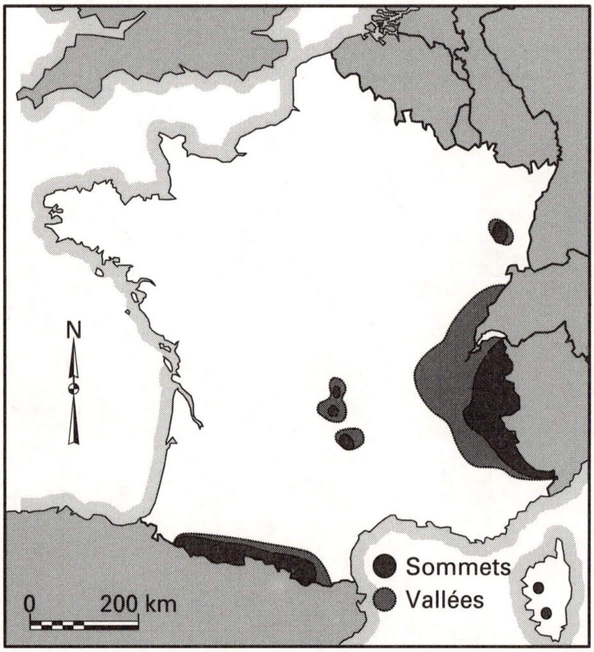

Les glaciations du quaternaire ont laissé de nombreuses traces dans les montagnes françaises (planche n° 11).

▸ **L'importance des formes héritées varie selon deux critères.**

— L'emprise des glaces n'a pas été la même dans tous les massifs. Seules les Alpes du Nord et certaines parties de la zone axiale pyrénéenne ont connu un véritable englacement régional.

— Les roches de socle et les calcaires massifs conservent mieux les formes héritées que les roches meubles plus sensibles aux processus érosifs ultérieurs.

▸ **Les glaciers se sont développés en utilisant les réseaux de vallées préexistants.** Un bassin versant entièrement englacé présente aujourd'hui divers héritages.

• Les **parties hautes** sont constituées de cirques glaciaires. Un **cirque** est une cavité semi-circulaire de taille variable, dominée par des versants très raides ou des corniches rocheuses. Lorsque le fond en pente assez raide est limité vers l'aval par un escarpement, le **cirque** est dit en **van.** Si le fond a été surcreusé au point de devenir une dépression fermée occupée par un lac ou une tourbière, le **cirque** est en **baquet** ou en **fauteuil.** En situation limite du point de vue climatique comme dans les Vosges, les cirques se développent d'abord sur les versants ubacs ou en position sous le vent où ils bénéficient d'une suralimentation neigeuse. Lorsque plusieurs bassins-versants voisins sont englacés, les sommets sont constitués de **crêtes de recoupements de cirque.** Parfois un **horn** non concerné par le recoupement domine l'ensemble de quelques centaines de mètres. Des cirques de tailles variables peuvent s'emboîter.

• L'exutoire d'un glacier de cirque est une langue glaciaire qui va calibrer la vallée qu'elle emprunte. Une fois déglacée, cette vallée présente un profil en travers en U : c'est une **auge glaciaire.** La vallée du collecteur principal est plus profonde que celle des langues glaciaires secondaires qui se « jettent » au-dessus du glacier principal. Dans le paysage actuel, cela se traduit par la présence de **vallées** secondaires **suspendues** au-dessus de la vallée principale. Le cours d'eau qui l'utilise rejoint le cours d'eau principal en empruntant des **gorges de raccordement.** L'**épaulement** est un replat qui se situe au-dessus des versants d'une vallée en auge. Le profil en long d'une vallée glaciaire se compose d'une succession d'ombilics et de verrous. L'**ombilic** est une portion de vallée dotée d'un fond plat important en faible pente. Il est dû à un surcreusement d'origine glaciaire comblé par la suite ; ce comblement peut être inachevé et l'ombilic est alors occupé par un lac comme c'est le cas pour le lac du Bourget. Le **verrou** correspond à une portion de vallée à fond étroit et en forte pente : il ferme l'ombilic.

Du point de vue de la mise en valeur par l'homme, les montagnes anciennement englacées présentent des avantages. La mise en place de voies de communication est facilitée par la présence de vallées à fond plat. La multiplication des ruptures de pentes offre un potentiel hydroélectrique important. Les épaulements sont utilisés pour implanter les bâtiments des stations de ski.

▸ **Il reste aujourd'hui des glaciers dans les hautes montagnes françaises.** Les glaciers blancs de cirques et les langues glaciaires sont connus. Il existe aussi des glaciers noirs et des glaciers rocheux.

- Les **glaciers noirs** sont couverts de moraines car ils se trouvent dans des régions où la production de matériaux est importante alors que les précipitations sont assez limitées et les températures plus élevées. En France, ces glaciers existent dans le massif des Écrins et dans le Mercantour.
- Les **glaciers rocheux** sont constitués d'éboulis mis en mouvement par la présence d'un cœur de glace; les plus importants se trouvent dans le Queyras.

IX. Cours d'eau et reliefs

1. La dynamique de la vallée alluviale

La vallée alluviale abrite un cours d'eau important. Elle se décompose en plusieurs parties (planche n° 12).

▸ **La plaine alluviale occupe le fond plat de la vallée.** Elle correspond aux alluvions notées FZ sur les cartes géologiques. Le **lit mineur** du cours d'eau est l'endroit où se produit l'écoulement normal. Le **lit majeur régulier** est le chenal emprunté par les hautes eaux annuelles. Le reste de la plaine forme le **lit majeur occasionnel** occupé lors des crues. A l'état naturel des liens forts unissent les diverses composantes de la plaine. Les aménagements, à partir du XIXe siècle surtout, ont cantonné le cours d'eau à son lit mineur ou à son lit majeur régulier. Le reste de la plaine alluviale a été colonisé par les activités humaines.

L'évolution récente montre que **cette nouvelle organisation ne va pas sans poser des problèmes importants.**

— Le cours d'eau surcreuse souvent son lit. En présence de roches résistantes, des seuils apparaissent et gênent la navigation comme sur le Rhin. Les nappes phréatiques suivent le niveau du cours d'eau et s'enfoncent à leur tour, ce qui peut entraîner la nécessité d'irriguer les cultures à partir d'une nappe dont la capacité de stockage a diminué du fait de l'abaissement.

— En période de forte pluie, la formation des crues est accélérée par l'imperméabilisation d'une partie importante du bassin-versant par les emprises urbaines et celles des voies de communication. La moindre capacité d'absorption des terres agricoles – plus de terres labourées avec semelle de labour et moins de STH –, l'accélération de l'écoulement dans les lits aménagés jouent dans le même sens. Or le lit majeur occasionnel est aujourd'hui occupé par des bâtiments, ce qui rend les crues coûteuses.

▸ **Les versants de la plaine alluviale peuvent comporter des replats qui correspondent à d'anciens niveaux de la plaine : ce sont les terrasses alluviales** notées **FY, FX, FW, FV** sur les cartes géologiques selon un ordre chronologique.

Schéma n° 9

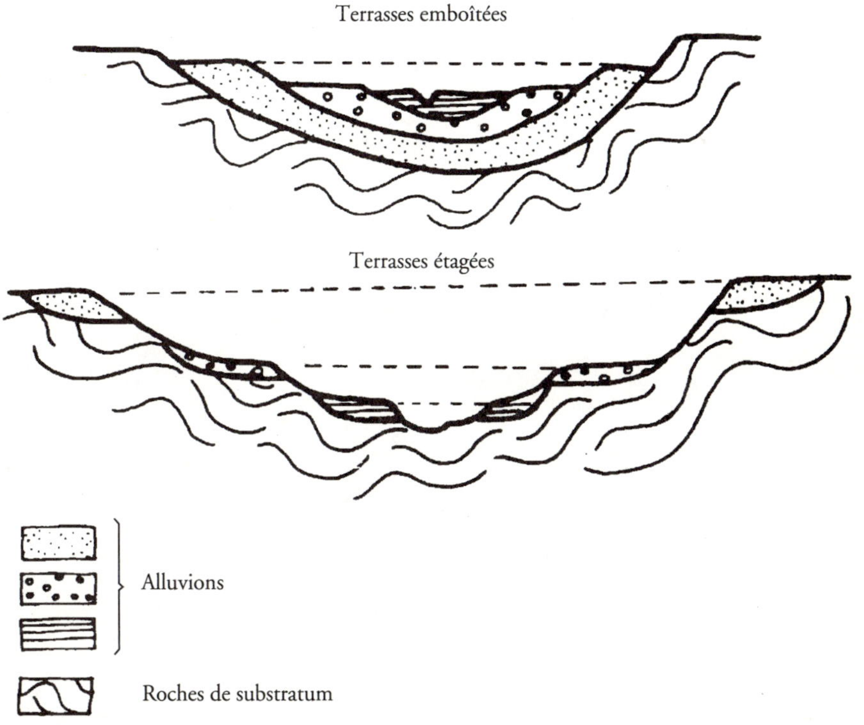

Lorsque les terrasses sont jointives, il s'agit de **terrasses emboîtées.** Lorsque le substratum apparaît entre deux terrasses, elles sont **étagées.** La vallée alluviale n'est pas forcément à l'origine de la dépression qui l'abrite et qu'elle peut n'occuper que partiellement comme c'est le cas dans les grands fossés tectoniques : Limagne, plaine du Forez, fossé rhénan, fossé de la Saône.

Les **glacis** sont des nappes alluviales en pente assez forte qui occupent les versants et les piémonts des montagnes ayant été soumises à des écoulements en nappes souvent sous un climat semi-aride. Ils peuvent être emboîtés ou étagés. En France, ils existent dans le Midi méditerranéen (planche n° 10).

2. Adaptation et inadaptation des cours d'eau

Le ruissellement concentré de l'eau de pluie donne naissance au cours d'eau. L'espace drainé par un cours d'eau et ses affluents cons-

Schéma n° 10

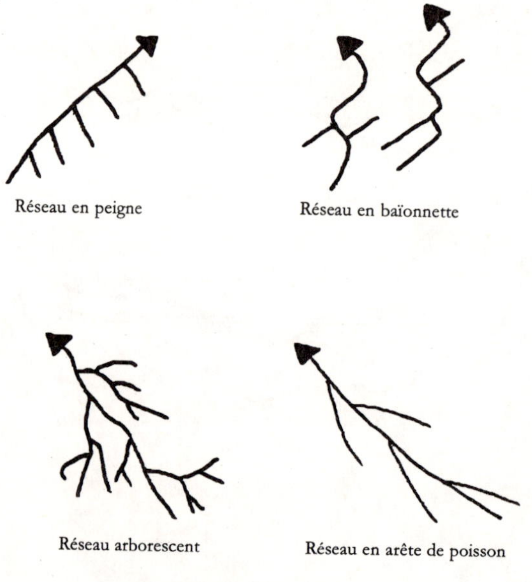

Types de réseaux hydrographiques

titue son **bassin versant.** Dans le cadre de la description topographique, l'étude du réseau hydrographique doit comporter une appréciation sur la présence d'un ou de plusieurs réseaux hydrographiques. Chaque réseau peut être caractérisé par la densité des éléments qui le composent et leur répartition dans l'espace. L'usage a fixé le vocabulaire : un réseau peut être arborescent ou dendritique, en peigne, en arête de poisson, en baïonnette (typique du relief appalachien).

▸ **Un cours d'eau est inadapté lorsque son tracé n'est pas influencé par la structure du relief qu'il traverse.** L'inadaptation peut être liée à deux situations, parfois confondues.

• Le tracé du cours d'eau est antérieur à l'événement tectonique qui donne naissance au relief. Il est possible de prouver l'**inadaptation par antécédence** à partir d'une carte géologique lorsque des terrains récents ont été affectés par le mouvement tectonique : des terrasses alluviales peuvent ainsi présenter un pendage opposé au sens de l'écoulement de la rivière.

Schéma n° 11

INADAPTATION PAR ANTECEDENCE

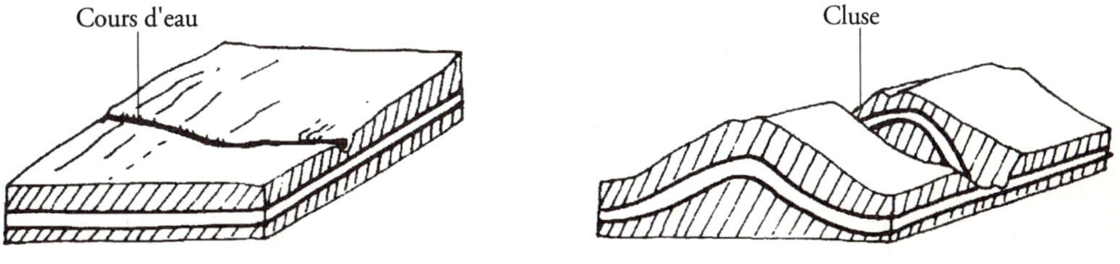

• Le cours d'eau a pu s'installer sur une surface plane et, en creusant, faire apparaître une structure à laquelle son tracé n'est pas adapté. Pour valider l'hypothèse d'une **inadaptation par surimposition** il faut que les sommets portent des traces de la situation initiale : une couche discordante fossilisant la structure doit être présente à l'état de placage. La **vallée** d'un cours d'eau inadapté est dite **épigénique.**

Schéma n° 12

INADAPTATION PAR SURIMPOSITION

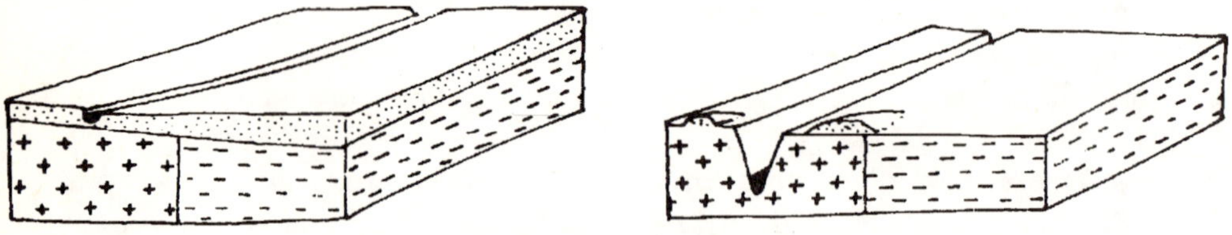

▸ **Un réseau hydrographique adapté va accroître son bassin-versant aux dépens d'un réseau inadapté voisin** en capturant certains de ses cours d'eau. Sur une carte une **capture** se repère à partir de deux éléments :

— le tracé de la rivière capturée forme un coude de capture ;

— au niveau du changement de direction, deux vallées prolongent vers l'aval la vallée du cours d'eau capturé. L'ancienne vallée conserve souvent des terrasses alluviales qui permettent de donner une preuve supplémentaire de la capture et livrent des éléments pour dater l'événement. L'exemple le plus célèbre de capture en France concerne la Moselle à la hauteur de Toul.

X. Les côtes

Le niveau de la mer a varié au cours du quaternaire au gré des pulsations climatiques. Le niveau actuel, postérieur à la dernière glaciation würmienne, est le résultat de la **transgression flandrienne.** Le trait de côte actuel est récent : au plus, quelques milliers d'années. La remontée du niveau de la mer a submergé la partie aval de nombreuses vallées. Ceci explique les phénomènes de vallées sous-marines, de rias, de calanques.

• Une **vallée sous-marine** est une vallée inscrite dans le plateau continental. Lorsqu'elle est profonde et étroite, c'est un **canyon sous-marin.**

Les types de côtes

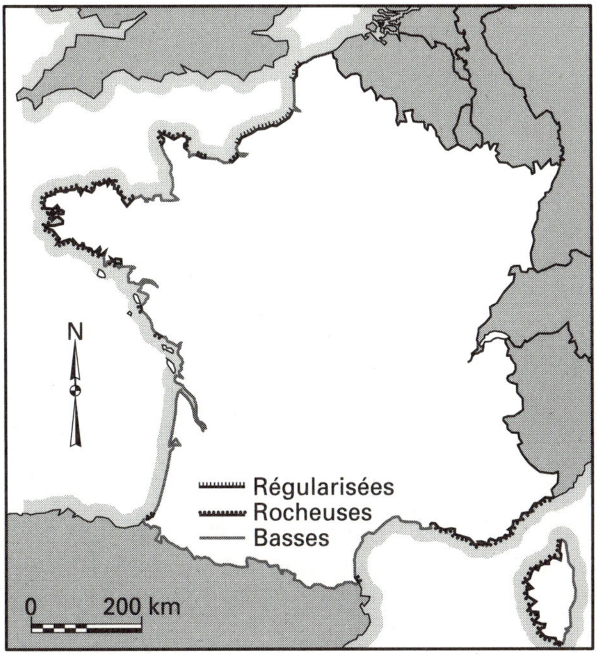

• Une **ria** est une baie très allongée, parfois ramifiée, qui correspond à l'aval d'une vallée taillée dans des roches résistantes vis-à-vis de l'érosion fluviatile. La Bretagne méridionale est un bel exemple de côte à rias avec notamment des **rias en bouteille** dont l'entrée se resserre en goulet.

• Une **calanque** est une baie profonde et étroite résultant de la submersion d'une vallée taillée dans un massif calcaire. Par extension, le terme de côte à calanques qui désignait le littoral à l'est de Marseille est appliqué à des situations voisines du point de vue topographique dans les Maures et en Corse alors qu'il s'agit de terrains schisteux ou granitiques.

Sur les cartes (planches n°s 19 et 20), le **zéro des courbes de niveau** – en bistre – correspond au zéro du nivellement général de la France, c'est-à-dire l'altitude moyenne de la mer dans le vieux port de Marseille.

Le **zéro des isobathes** – en bleu – correspond au zéro des cartes marines. Il s'agit d'espaces couverts par au moins 45 cm d'eau en période de grandes marées. L'**estran,** l'espace alternativement couvert et découvert par la marée, est indiqué par des figurés bleus clairs sur les cartes.

1. Les côtes basses

Ce sont des côtes d'accumulation. Les matériaux sont fournis par le continent : anciennes accumulations remobilisées lors de la transgression et repoussées par la mer devant elle, matériaux apportés par les fleuves et pour une faible part produits de l'érosion des côtes par la mer, surtout dans les régions de falaises crayeuses ou calcaires. Le tracé des côtes basses évolue rapidement. A l'aide de deux éditions d'une même coupure, il est parfois possible d'observer des changements.

▸ **Les marais littoraux (planche n° 20) sont des zones de sédimentation vaseuse situées dans des secteurs abrités de la côte qui ne sont pas soumises à la houle :** baie profonde, rentrant protégé par une flèche sableuse, berges des estuaires. La sédimentation se réalise sur l'estran.

Schéma n° 13

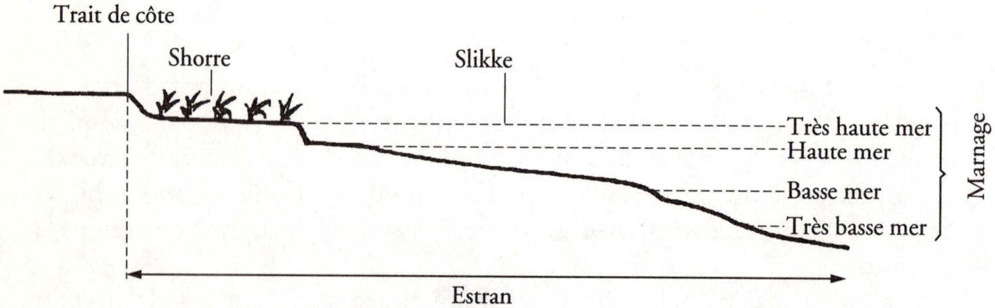

LE MARAIS LITTORAL

• La **partie basse** dans laquelle la sédimentation est maximale est recouverte par la marée haute toute l'année. Elle se nomme la **slikke** ou la **vasière.**

• La **partie haute,** recouverte seulement en période de vives eaux, porte une végétation basse halophile qui retient les sédiments. Elle s'exhausse progressivement. C'est le **schorre** ou **herbu.** La partie la plus proche de la terre ferme est souvent utilisée comme pâturage : le **pré salé.**

• Le **marais littoral** à proprement parler est une plaine d'accumulation héritée des processus décrits sur l'estran, souvent accélérés par des interventions humaines. Il présente fréquemment une contre-pente en direction du continent liée au tassement de la vase dans la partie la plus ancienne. Cela crée des difficultés pour évacuer les crues notées dans la toponymie : **marais mouillé** dans l'Ouest, **bas champs** en Picardie, **moeres** en Flandres.

La slikke et le schorre sont parcourus par des chenaux de marée dont la trace est parfois conservée, en bosse ou en creux, dans le marais lui-même.

▸ **Les secteurs soumis à la houle peuvent aussi être des côtes d'accumulation.** L'énergie libérée par le contact entre la houle et le continent donne naissance à des courants dont le plus important est la **dérive littorale.** Parallèlement à la côte, elle transporte du sable, des graviers, des galets.

• Une **flèche littorale** (planche n° 18) est une accumulation de forme allongée dans le sens de la houle dominante. Sa racine la rattache au continent et tend à être érodée par la dérive littorale. Sa pointe, courbée en forme de hameçon par la houle dominante, progresse rapidement. Le **fulcum** est le point d'équilibre entre l'ablation et les dépôts. Lorsqu'elle se construit en barrant un estuaire, le fleuve va creuser la berge qui lui fait face pour accéder à la mer : son tracé fait un coude, la flèche est alors appelée **poulier** et la berge érodée **musoir.** Ce phénomène est fréquent dans le nord-ouest de la France (planche n° 20).

• Lorsque la flèche rattache un îlot ou une île au continent elle porte le nom de **tombolo.** Il peut être double ou triple.

• Le **cordon littoral** (planche n° 22) est une accumulation sableuse linéaire enracinée au moins par ses deux bouts. Elle isole parfois une

Schéma n° 14

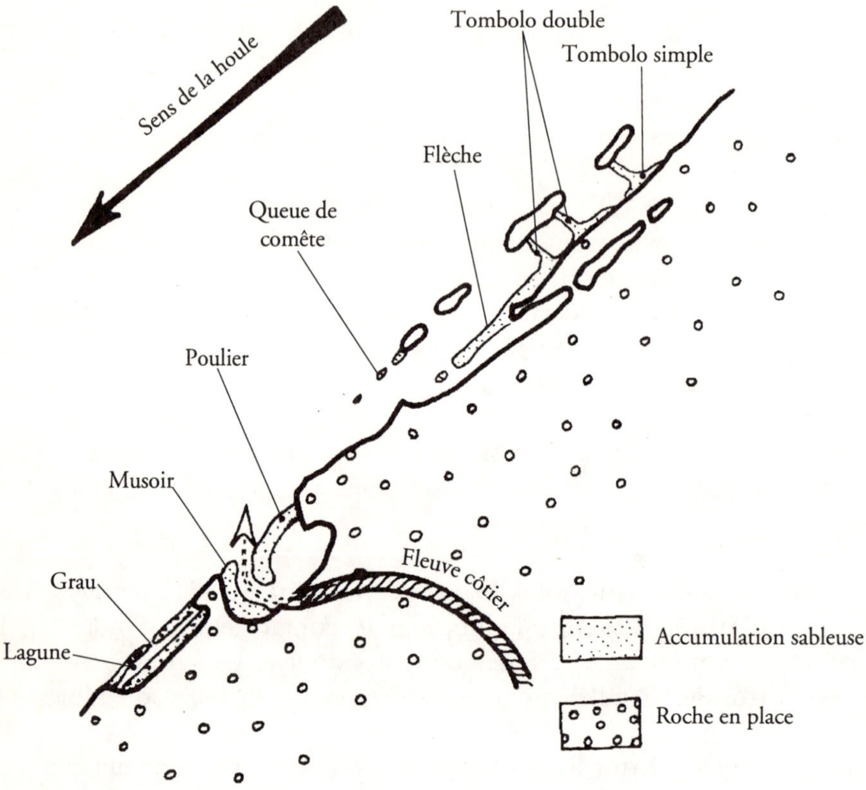

LES COTES DE CONSTRUCTION SABLEUSE

étendue d'eau salée nommée **lagune.** La **côte à lido** présente une succession de lagunes comme en Languedoc-Roussillon. Dans les Landes, les étangs d'eau douce traduisent la difficulté des eaux continentales à s'écouler en direction de la mer. C'est une **côte dunaire.** Les **dunes vives** restent soumises au vent qui les modèle: le versant abrupt se trouve « au vent », une dune ventrue en croissant avec des pointes tournées « au vent » est une barkhane, une dune en croissant plus effilée avec des pointes tournées « sous le vent » est une **dune en parabole** dont la progression est gênée par la végétation. Le vent tourbillonnant donne naissance à des dépressions fermées. Les **dunes mortes** ont été fixées par des pins dès le XIXe siècle grâce aux services de l'État.

2. Les côtes hautes

Ce sont des côtes d'ablation. L'évolution du rivage est plus lente. La **falaise** est un talus créé par l'érosion maritime. Elle est souvent précédée par une **plate-forme d'abrasion marine,** preuve de son recul (planche n° 19).

• Une houle forte, des matériaux cohérents et sensibles à l'érosion mécanique favorisent le développement de **falaises verticales au tracé régularisé** comme dans le Boulonnais et le pays de Caux.

• Les roches de socle sont très résistantes vis-à-vis de l'érosion maritime. L'évolution tectonique fixe les grandes lignes du tracé du trait de côte : ce sont des côtes structurales. Dans le détail, l'érosion utilise la présence de zones de broyage, de roches plus sensibles que les autres. Du point de vue topographique, un rentrant se nomme un **golfe** ou une **baie** selon sa taille. C'est une **anse** lorsqu'il est petit et de forme arrondie, une **crique** lorsqu'il est petit et étroit. Un saillant est une **péninsule,** un **cap,** une **pointe** selon sa taille.

Ces côtes ont été valorisées dès le XIXe siècle en raison des paysages qu'elles offrent.

Les falaises ne sont pas toutes fonctionnelles. Les talus qui dominent la mer ne doivent pas forcément l'essentiel de leur dénivellation à l'action de la mer dans le cas des roches cristallines ou des littoraux des chaînes récentes. Des talus liés à l'érosion marine peuvent ne plus être en contact avec elle. Ce sont des **falaises mortes.** Les talus qui se situent au contact entre les régions d'accumulation maritimes et le continent traditionnel sont toujours appelés falaises mortes même si leur commandement est très modeste.

Les dynamiques géomorphologiques doivent être prises en compte lors de l'aménagement des littoraux. Installer une station sur une racine de flèche littorale revient à s'exposer au **démaigrissement** de la plage suite à l'évolution naturelle du littoral. Une falaise recule au cours du temps : Biarritz en fait la coûteuse expérience. Avant de modifier un littoral, il faut comprendre son fonctionnement : le front de mer actuel de

Deauville ne date pas du XIXe siècle, il est le produit de l'aménagement des lais de mer qui se sont développés avec la mise en place de digues pour protéger l'entrée de l'estuaire de la Tourques (planche n° 21). En ralentissant la dérive littorale, l'aménagement favorise les dépôts de sable, l'**engraissement.**

XI. Les documents annexes de l'étude du milieu

Les sujets des agrégations et des ENS comportent souvent des cartes géologiques, des cartes de végétations ou des cartes climatiques. Rarement considérées comme les documents principaux, elles ont pour vocation de compléter la carte topographique. Il est nécessaire de prendre contact avec ces documents durant l'année de préparation. Certains points communs peuvent être dégagés.

• La notice jointe à ces documents est une source d'informations précieuses. Il faut toujours lire l'introduction, la conclusion et les chapitres généraux, ce qui ne représente que quelques pages. Par contre, les descriptions détaillées des couches géologiques ou des formations végétales ne sont à consulter qu'en cas de besoin, pour évaluer l'épaisseur d'une couche géologique ou la composition détaillée d'une formation végétale dégradée.

• Les cartons fournis en annexe de la carte générale dégagent des grands traits généraux qui permettent une meilleure compréhension du document principal.

• La méthode générale de recherche d'information s'articule autour des mêmes questionnements :

— l'espace représenté est-il homogène ? Lorsque plusieurs unités apparaissent, il faut les décrire puis expliquer les causes de leur spécificité ;

— puisqu'il s'agit de documents annexes, comment introduire dans la présentation finale les informations issues de leur analyse sans remettre en cause l'organisation de l'exposé autour de la carte topographique ?

1. La carte géologique

La carte géologique est le document annexe classique de la carte topographique au 1/50 000. Aujourd'hui les sujets ne comportent plus que des cartes géologiques au 1/50 000 : les cartes anciennes au 1/80 000 ne sont plus utilisées. L'étude de ce document répond à deux objectifs principaux.

— En accord avec la tradition, il faut replacer les reliefs présents sur la carte dans un contexte géomorphologique régional et donner les principales définitions géomorphologiques liées. La méthode d'analyse de la carte en vue de cet objectif est développée en introduction à cette première partie.

— La question traditionnelle de l'interface homme/nature a connu un regain d'attention ces dernières années. Il est nécessaire d'évaluer l'influence des sols nés des roches mères représentées sur la carte dans la répartition de la végétation et des cultures. Le relief a des conséquences sur le développement touristique. La présence de rivières et de gorges, d'un karst, de formes volcaniques ou glaciaires, la forme et le tracé d'une côte sont autant d'éléments explicables à partir d'une carte géologique qui servent de support et qui guident les flux touristiques.

2. La carte de la végétation

Il s'agit de cartes au 1/200 000. En documents annexes, le canevas d'analyse suivant peut être utilisé comme plan de recherche d'information.

• Le carton de localisation en haut à gauche fournit de précieux renseignements sur les « pays » traditionnels utilisables pour l'introduction de l'exposé.

• Le carton E donne des indications succinctes sur les grands traits du climat. Il doit être analysé en vue de mettre en valeur les phénomènes d'abris et d'étagement montagnard.

• Sur le document général, le fond blanc représente les terres cultivées et les prés. La proportion de blanc est une première évaluation de la part de la SAU dans la superficie totale.

— Dans les zones colorées, en comparant le carton A et la carte générale il faut évaluer le niveau de dégradation des formations naturelles et souligner la présence d'associations végétales récessives comme les pelouses et les landes vis-à-vis des forêts. Elles sont les traces d'une activité pastorale ancienne ou, sur le littoral méditerranéen, des formations liées aux feux répétitifs. Les reboisements artificiels font l'objet d'une légende commune composée de hachures horizontales de couleur sur un fond blanc (en haut de la colonne de droite dans la légende). Ils sont les indicateurs d'une déprise agricole. L'introduction d'essences nouvelles est souvent liée à l'existence de forêts publiques soumises (carton C) qui ont servi de terrain d'expérimentation.

— Les domaines indiqués en blanc sur la carte générale doivent être recoupés avec les indications pédologiques du carton B. Le carton D fournit des données sur l'utilisation des terres agricoles qui doivent être rapprochées des indications basées sur les statistiques du RGA à échelle cantonale figurées sur la carte générale (la légende se situe en bas de la colonne de droite). Dans ce cas, il ne faut pas oublier de regarder la date de publication du document.

3. La carte climatique

La carte climatique au 1/250 000 est un document très technique assez difficile d'accès. Il faut absolument lire la notice générale en cours d'année pour éviter de perdre une demi-heure ou une heure de temps de préparation à essayer de comprendre la mise en forme statistique et cartographique des données le jours du concours.

Dans tous les cas, ce document est donné par le jury pour une raison précise qu'il faut identifier.

• L'intérêt géomorphologique de ces cartes est limité. Cependant, le carton C intitulé « Nombre de jours et intensité des précipitations » peut être utilisé pour identifier les pluies violentes méditerranéennes à forte efficacité érosive. Il peut être complété par le carton sur les calamités d'origine atmosphérique (certains cartons spécifiques ne se retrouvent pas sur toutes les cartes, il n'existe pas de numérotation générale).

• Les renseignements utiles pour une étude des filières agro-alimentaires sont plus nombreux. En lecture rapide, la carte principale visualise plusieurs informations.

— Les régions à fortes contraintes apparaissent lorsque les hachures du « treillis » masquent la couleur du « fond thermique ».

— Les climats côtiers se repèrent grâce au « fond thermique » de la carte générale et aux cartons sur les températures extrêmes. Ils jouent un rôle important pour les spécialisations maraîchère et florale des littoraux en Bretagne et dans le Cotentin.

— L'étagement climatique et les oppositions entre adret et ubac apparaissent assez nettement sur ces cartes.

• L'analyse du rôle du climat dans le développement des activités touristiques reste la raison la plus fréquente d'utilisation de cette carte climatique.

— Elle permet de mettre en valeur la position d'abri de la côte d'Azur, l'isolation et les températures plus élevées de la côte sud de la Bretagne et de la Vendée, la particularité climatique du Pays basque.

— En montagne, le carton sur le manteau neigeux doit être recoupé avec les sites d'implantation des stations de sports d'hiver. Le carton C fournit aussi des indications sur l'importance de la neige dans le total des précipitations.

Il ne faut jamais laisser de côté un document annexe. Les jurys sont toujours défavorablement impressionnés par une attitude qui s'apparente à une fuite devant l'obstacle.

Approfondir

• *Le nouvel atlas des formes du relief,* Nathan, 1985. Un excellent outil pour visualiser les formes du relief à l'aide de photos, de cartes et de coupes.

• *Initiation aux travaux pratiques de géographie : commentaires de cartes,* J. Tricart, M. Rochefort, S. Rimbert, SEDES, 258 p., 1994 (11e éd.). « La » méthode classique de commentaire de carte : à feuilleter en pensant que les membres du jury se sont formés à cette école. Le petit guide sur les toponymes des pages 82-85 reste d'actualité.

• *Documents et méthode pour le commentaire de cartes,* M. Archambault, R. Lhénaff, J.-R. Vanney, Masson, 2 fasc. Complément traditionnel de la méthode sus-citée, cet ouvrage propose des exercices centrés sur le commentaire physique de la carte à partir d'extraits de cartes géologiques simplifiées.

• *Géomorphologie,* R. Coque, Armand Colin, 452 p., 1988. Un précis de géomorphologie récent, très clair, complet, pour approfondir les notions abordées dans cet ouvrage.

• *Le relief de la France : coupes et croquis,* Y. Battiau-Queney, Masson géographie, 272 p., 1993. Un ouvrage précieux pour ses cartes régionales et ses coupes. Le texte est difficile d'accès pour des non-spécialistes.

2

Le jeu

ÉTUDIER LA MISE EN VALEUR
DU MILIEU NATUREL PAR L'HOMME

I. Les paysages ruraux

1. L'origine des paysages ruraux

▸ **Les sociétés rurales traditionnelles sont connues dans le domaine des sciences humaines sous le nom de sociétés paysannes. La société paysanne** est alors définie comme un sous-ensemble social autonome dominé par la société globale. Cet élément poursuit un but qui lui est propre : assurer le fonctionnement et la reproduction de sa cellule de base qui est le groupe familial (et non l'individu). L'autonomie du groupe paysan est d'ordre économique, social et culturel.

— L'autonomie économique est garantie par une agriculture de subsistance pratiquée dans le cadre de l'exploitation familiale. La vente de surplus, l'activité artisanale durant les mortes-saisons du calendrier agricole et le salariat saisonnier ne sont que des ressources secondaires utilisées pour le maintien du groupe familial.

— L'autonomie sociale est liée au fait que l'essentiel des relations se tisse au sein du groupe familial et de la communauté villageoise qui l'englobe. Les contacts avec les collectivités villageoises voisines sont plus limités. Ils se produisent à l'occasion d'« événements » : marchés et foires, mariages. Les liens avec la société englobante se limitent au payement des impôts, de la rente foncière, à l'achat de quelques produits industriels et de services. Tous les faits marquants sont interprétés en fonction d'un étalon familial et villageois.

— L'autonomie culturelle se traduit par l'existence d'un imaginaire collectif spécifique, transmis oralement, fruit d'influences émanant de la société englobante et de la réinterprétation, au cours du temps, de ces apports.

De telles sociétés vivent sur un espace qu'elles se sont approprié et qu'elles ont aménagé en fonction de leurs besoins. Ce faisant, cet espace est devenu leur territoire.

▸ **L'étude de ces territoires a longuement retenu l'attention de la géographie classique.** La géographie est la science des lieux selon Vidal de La Blache, fondateur de l'école classique au début du siècle. Les géographes décrivent le genre de vie des paysans, observent les paysages ruraux, cherchent à expliquer leur organisation à partir des données issues du milieu naturel – le relief, le climat, les sols – et de faits humains : les structures de propriété et d'exploitation, le niveau technique et l'histoire. **La démarche « possibiliste »** décrite par Lucien Fèbvre dès 1922 a mis au point un canevas d'analyse des paysages ruraux et, à partir des résultats, a dressé des classifications, des typologies, de ces paysages.

Un territoire est le produit d'une société. Les paysages ruraux traditionnels sont le produit de sociétés paysannes qui aujourd'hui ont disparu. Elles ont perdu progressivement tous leurs traits caractéristiques.

— L'autonomie économique a cessé suite à l'insertion de l'agriculture dans l'économie d'échange. Ce phénomène a été accéléré par les deux révolutions agricoles qui ont touché la plupart des régions françaises à partir du milieu du XIXe siècle pour la première et après 1950 pour la seconde. Ces révolutions techniques et économiques ont accentué l'intégration de l'agriculture dans des filières agro-alimentaires dont elle est le maillon faible.

— L'autonomie sociale, qui a duré plus longtemps, est fortement remise en cause depuis plus de trente ans par la progression du revenu mixte – agricole/autres activités – et le phénomène de développement périurbain.

— L'autonomie culturelle a été battue en brèche par la scolarité obligatoire et le service militaire dès la fin du XIXe siècle. Aujourd'hui les mass media sont un relais encore plus puissant des modèles urbains.

La destruction des sociétés paysannes est un phénomène général à l'échelle mondiale. Le cas français tire son originalité de la lenteur avec laquelle ce processus s'est généralisé. Engagé dès l'Ancien Régime dans les campagnes de Flandre et du centre du Bassin parisien, il ne gagne que très lentement les autres régions. A l'abri de barrières douanières, les sociétés paysannes perdurent. Elles se contentent de spécialiser un peu leurs systèmes de mise en valeur pour obtenir des surplus commercialisables sur un marché intérieur en cours d'unification. Dans les montagnes méditerranéennes, elles s'effondrent dès la seconde moitié du XIXe siècle. Ailleurs, elles attendront la fin de la Seconde Guerre mondiale et l'irruption de la révolution productiviste.

▸ **La trame de nos paysages ruraux constitue donc un héritage** que nous ont légué les sociétés paysannes. Les géographes ruralistes de l'école classique nous ont transmis une méthode d'analyse descriptive permettant de lire ces paysages que l'on peut utiliser pour le commentaire de cartes et des typologies des principaux paysages traditionnels. Ces éléments font partie du bagage culturel de tout géographe.

La **méthode d'analyse classique propose un plan** d'étude que l'usage a contribué à ossifier. Utile dans le cadre de la recherche d'information, ce plan doit être modifié en fonction des besoins lors de la présentation du commentaire.

— La recherche débute par une **analyse de la toponymie** visant à reconstituer les stades successifs d'appropriation du territoire. La toponynie est utilisée dans le cadre de la présentation du document lorsque les périodes successives d'implantation ont donné naissance à des paysages ruraux différents. Elle ne doit pas faire l'objet d'un développement particulier mais servir d'argument au sein d'un raisonnement plus global.

— L'étude se poursuit par **l'examen détaillé de l'habitat rural :** sa densité, sa situation par rapport aux unités du relief, sa position au sein des terres mises en valeur, sa forme avec la célèbre opposition entre habitat dispersé et habitat groupé. Ces remarques débouchent sur des conclusions relatives au peuplement traditionnel de l'espace considéré. Un niveau supplémentaire est franchi avec l'étude des maisons rurales. Certaines émergent des classifications traditionnelles : **la ferme à cour carrée** du centre du Bassin parisien, la maison-bloc de Lorraine (**la maison-bloc** réunit sous un même toit l'habitation et les bâtiments d'exploitation). La **« masure cauchoise »** du pays de Caux peut être citée pour son originalité : un enclos, limité par un talus couvert par une haie, contient une prairie complantée de pommiers à cidre. Les bâtiments d'habitation et d'exploitation se répartissent sans ordre apparent à l'intérieur de l'enclos.

— L'attention se porte ensuite sur **l'organisation du finage**, c'est-à-dire sur le territoire de la communauté villageoise qui correspond sur les cartes aux limites communales. Sa taille, sa forme, la présence ou l'absence de haie, la répartition des différentes spéculations en fonction de terroirs complémentaires font l'objet d'une analyse.

Les typologies classiques nous donnent une image des paysages ruraux français au début du XXe siècle. Or les paysages ne sont pas figés. Après l'effondrement des sociétés paysannes, ils ont continué à évoluer. Un versant aménagé en terrasses en milieu méditerranéen ne survit pas longtemps sans l'intervention de l'homme : les murets s'effondrent, la friche envahit les parcelles, prépare le retour de la forêt.

Dans de nombreux sujets, l'analyse du paysage rural constitue un point important du commentaire. Il est alors nécessaire d'identifier le paysage, de détailler son évolution en mettant en valeur les grandes périodes de modification. Pour ce faire, il faut connaître les grands paysages classiques et leur évolution pour pouvoir juger du caractère original ou banal de l'exemple proposé.

2. Les paysages traditionnels et leur évolution

Les paysages ruraux traditionnels en France sont très variés. Les géographes ruralistes ont établi des typologies très complexes pour rendre compte de cette réalité. Dans le cadre de cet ouvrage, nous nous limiterons aux trois grandes familles de paysages ruraux (l'openfield ou champ ouvert, le bocage et le paysage méditerranéen) complétées par des cas particuliers que les jurys affectionnent : le paysage des marais littoraux, les paysages des montagnes humides, les paysages aquitains et les paysages ruraux des DOM-TOM. Les cartes proposées aux concours posent souvent le problème des contacts entre les grandes familles de paysages ruraux.

▸ **Le paysage de champs ouverts.**

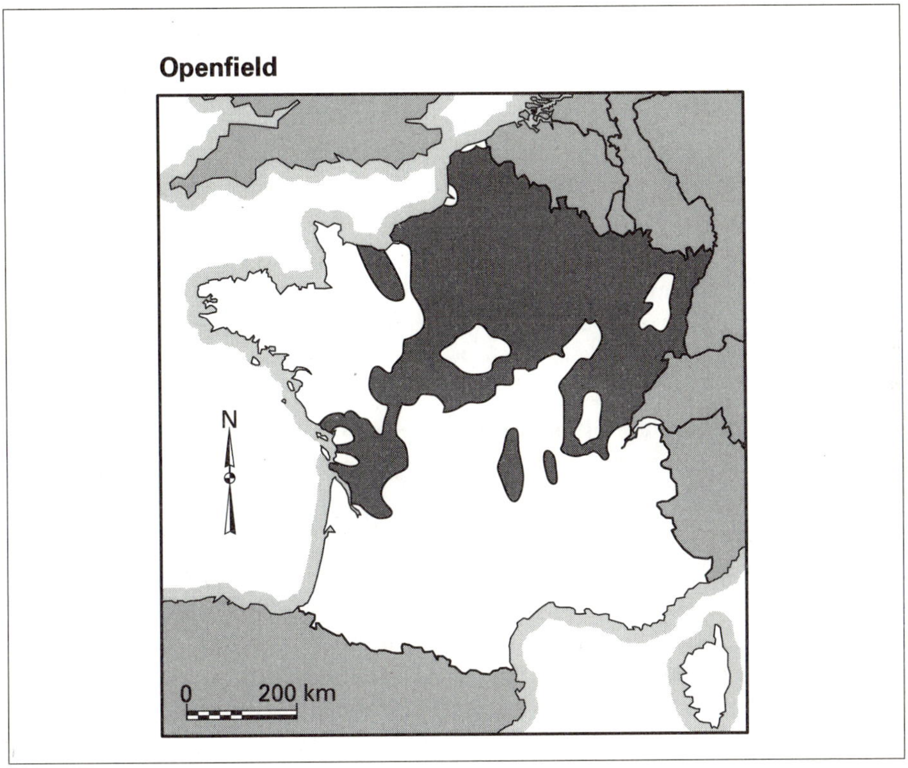

Il s'agit sans doute de l'exemple le plus célèbre. Ce paysage porte aussi les noms de campagne, champagne, champeigne ou encore d'**openfield.** Il est caractérisé par un habitat groupé – en **villages-rues,** en **villages tas** – et l'absence de clôtures. Des chemins ruraux en étoile permettent d'accéder aux différentes parcelles, la forêt est absente ou repoussée aux limites du finage. Ce paysage correspond généralement aux territoires d'anciennes sociétés paysannes pratiquant une exploitation communautaire de leur finage. Dans de nombreuses régions, les contraintes communautaires se sont affaiblies précocement dès le XVIe ou le XVIIe siècle, ce qui a permis la mise en place d'un **habitat intercalaire** de grosses fermes isolées en périphérie des finages.

Les cartes au 1/25 000 et au 1/50 000 ne permettent pas une étude détaillée de ce paysage. Les cultures annuelles et les prés apparaissent en blanc sur ces documents et les limites de parcelles ne sont pas figurées. **Pour approfondir l'étude, les jurys donnent des documents annexes.**

— La présence d'une **photographie aérienne** dénote la volonté d'orienter l'étudiant sur une analyse de la **morphologie agraire** : taille, forme et organisation des parcelles. La présence de parcelles massives de forme géométrique permet d'identifier un openfield-mosaïque, signature paysagère du système de grandes cultures céréalières. Ce paysage est souvent le résultat d'un remembrement. La présence de parcelles en lames de parquet regroupées en quartiers, plus proche du paysage traditionnel, se retrouve dans les régions de polyculture variée pratiquée dans le cadre d'exploitations de taille réduite comme dans la plaine d'Alsace (openfield en lanière). La photographie aérienne permet aussi d'étudier l'influence du parcellaire agricole sur la croissance urbaine lorsque le problème se pose.

— La présence de **fiches de statistiques** issues du RGA permet de préciser l'étude du système de production repérable sur la carte à la présence de quelques indicateurs : industries agro-alimentaires, bâtiments d'élevage industriel, silos, lacs collinaires.

A l'intérieur des régions de champs ouverts il est important d'accorder une place particulière aux côtes (planche n° 2). Le finage des anciennes communautés paysannes est généralement perpendiculaire à la pente, ce qui permet de regrouper dans la même commune plusieurs **terroirs** – ensemble de parcelles dotées des mêmes caractéristiques agronomiques – et donc de multiplier les activités complémentaires. Les côtes sont souvent soulignées par un semis plus dense de villages. Aujourd'hui la situation est inversée : la présence de pentes fortes gêne la mécanisation. En l'absence de spéculation particulière, comme un vignoble de qualité, il s'agit des espaces les plus touchés par les phénomènes de déprise agricole, ou les premiers touchés par l'invasion des pavillons en zone périurbaine.

▸ Le paysage de champs clos.

Le **bocage** (planche n° 13) est le pendant traditionnel de l'openfield. L'habitat dispersé et les haies sont les deux éléments caractéristiques de ce paysage. Les chemins ruraux sont plus nombreux. On attribue sa mise en place à des sociétés paysannes où domine l'individualisme agraire. Les cartes au 1/25 000 et au 1/50 000 permettent une étude plus approfondie que dans le cas de l'openfield.

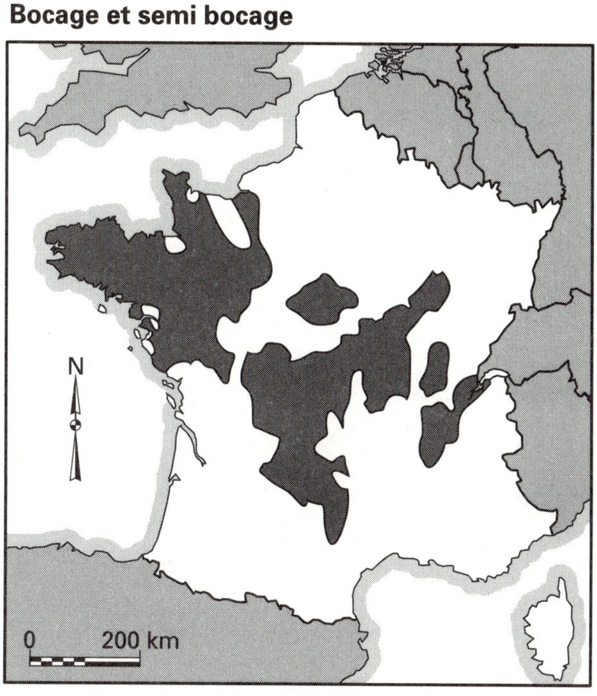

La dispersion de l'habitat peut être graduée : de la dispersion totale en fermes isolées aux formes de groupement intermédiaire en hameaux, en passant par l'évaluation du poids relatif du chef-lieu. Dans les cas extrêmes aucun village ne porte le nom de la commune. Le réseau de haies peut être plus ou moins dense. Les **haies vives** sont constituées d'arbres ou d'arbustes, les **haies mortes** de murets en pierres sèches. Il existe traditionnellement des domaines d'openfield au sein des bocages ; en Bretagne, ils s'appellent des **mejous.**

Des espaces boisés peuvent exister à l'intérieur des bocages soit de manière traditionnelle – ils sont présents dans la toponymie – soit comme le résultat d'une évolution plus récente comme le boisement des communaux en résineux au XIXe siècle. Le même phénomène se reproduit avec les étangs, souvent artificiels, lié à la consommation de poissons pendant les périodes de jeûne. Les étangs de la Dombes datent ainsi du Moyen Age. Il existe ainsi plusieurs familles de bocages, leur évolution actuelle est très contrastée.

L'irruption de l'agriculture productiviste a profondément modifié certains d'entre eux avec des opérations de **remembrement** menées durant les années 1950-1960 qui ont limité le nombre de haies et simplifié le tracé des réseaux de chemins ruraux. Le remembrement touche l'ensemble du territoire d'une commune. Les échanges à l'amiable entre propriétaires, plus ponctuels, aboutissent au même résultat sur une partie seulement du territoire communal. Cette évolution est souvent critiquée : l'absence de haies expose les sols aux effets du vent, ce qui les dessèche et favorise les gelées tardives. D'une manière générale, le rythme d'écoulement des eaux pluviales est plus rapide. Le développement du drainage et le bitumage des routes et des chemins jouent dans le même sens. Les bâtiments d'élevage industriel ont pu devenir un élément marquant du paysage.

Ces phénomènes touchent de nombreux bocages de l'ouest de la France, en Bretagne et en Vendée, mais pas tous (bocage normand).

D'autres constituent de véritables conservatoires du paysage traditionnel et connaissent une extensification de plus en plus marquée des pratiques agricoles : c'est le cas par exemple dans le nord du département de la Creuse.

▸ **Le paysage des marais littoraux aménagés.**

Les marais littoraux aménagés constituent des territoires dotés d'une forte personnalité. Ils se repèrent très facilement sur une carte (planche n° 18). Ces espaces sont nés du travail des hommes. Un principe commun régit leur aménagement. Il s'agit d'isoler par des digues une portion de schorre pour éviter son recouvrement lors des grandes marées. Parallèlement, un réseau de canaux de drainage est édifié pour évacuer les eaux de pluies. Chaque compartiment hydraulique est raccordé à un collecteur qui évacue les eaux en direction du littoral. Les canaux sont équipés de vannes qui permettent de gérer le niveau de l'eau pour chaque compartiment et pour l'ensemble. Le collecteur général peut être un canal artificiel ou un cours d'eau aménagé à cet effet. Les marais littoraux ont souvent connu plusieurs générations d'aménagements.

Les plus anciens datent du Moyen Age. Ils se situent à proximité de la terre ferme ou des « îles ». Ils se repèrent grâce au tracé peu organisé du réseau de canaux de drainage. L'habitat utilise de micro-reliefs parfois

Les marais littoraux

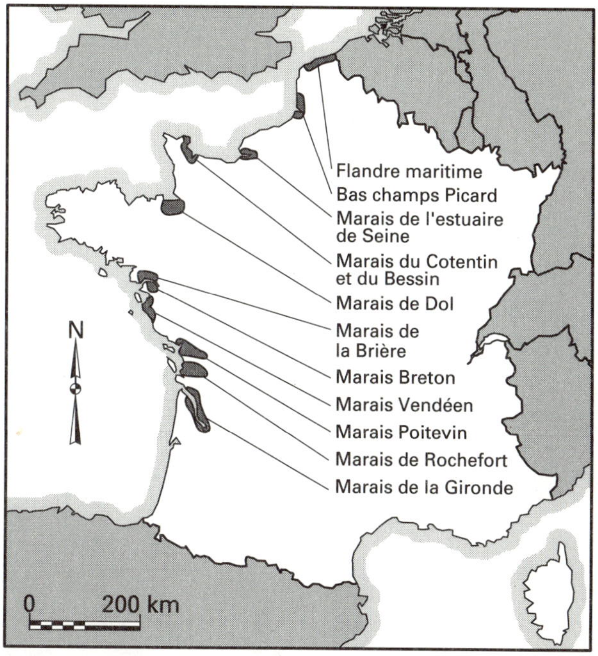

peu visibles sur les cartes et les « îles » présentes dans ces anciens marais. Les premiers travaux ont souvent été effectués sous le contrôle d'ordres monastiques. Les installations ont été gérées par des associations d'utilisateurs (les wateringues en Flandre dès 1184).

A l'époque moderne, des techniciens flamands sont intervenus dans les marais littoraux pour mettre en place une seconde génération d'aménagements. Leur présence est attestée par la toponymie (« digue des Hollandais ») et par l'existence de villages de conquête de type flamand, avec de longs villages rue aux maisons disjointes placés en tête de parcelle.

Enfin, les **aménagements récents** marquent le triomphe des réseaux de canaux aux formes géométriques isolant des parcelles de tailles souvent importantes. Lorsque l'habitat existe, il se compose de grosses fermes isolées.

L'utilisation agricole de ces espaces a été très variée selon les périodes et les régions avec une orientation herbagère dominante malgré une progression récente des céréales comme dans le Marais poitevin. Aujourd'hui, en dehors de la Flandre maritime, ils forment un ensemble en crise.

▸ **Les paysages des montagnes humides.**

Paysages des montagnes humides

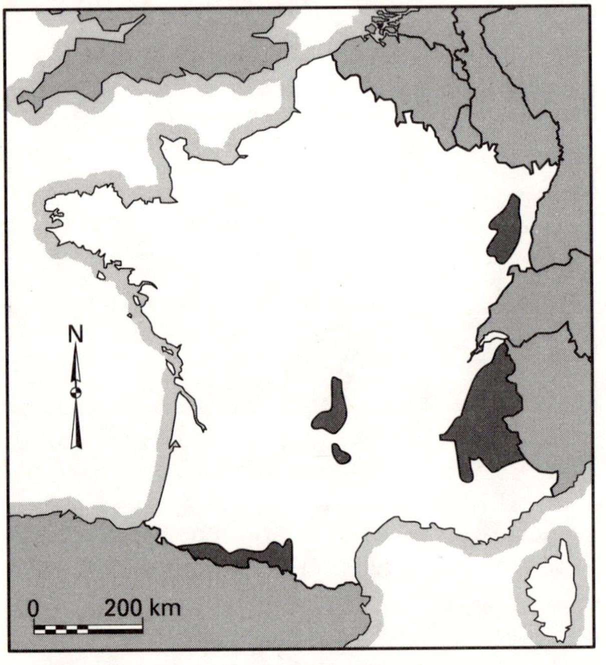

La spécificité des paysages ruraux montagnards réside dans l'utilisation par les sociétés paysannes de l'étagement montagnard. Le bas des versants et le fond des vallées sont consacrés aux champs et aux prairies. L'habitat se situe au centre de ce premier ensemble qui se développe principalement dans l'étage **collinéen** (c'est-à-dire le prolongement climatique de la zone basse). Le haut de l'étage collinéen et une fraction importante de l'étage montagnard gardent un couvert forestier malgré l'ouverture de clairières de cultures ou de pâturages. La forêt est modifiée : les feuillus progressent car ils peuvent être traités en taillis. La prairie de l'étage alpin est utilisée comme pâturage estival, elle est étendue aux dépens de la forêt. Ce schéma global est souvent modifié en fonction des données locales humaines ou physiques. Lorsque l'orientation des vallées est favorable, c'est-à-dire est/ouest, le versant exposé au soleil – l'**adret** dans les Alpes et la **soulane** dans les Pyrénées – est très aménagé alors que le versant dans l'ombre – l'**ubac** dans les Alpes, l'**ombré** dans les Pyrénées – reste largement boisé.

Les sociétés paysannes montagnardes se sont spécialisées précocement dans la fabrication de fromages « de garde » à affinage long de type gruyère à partir du lait produit dans les alpages. L'image d'Épinal d'un système collectif de production est une réalité traditionnelle dans la montagne alpine et dans le Jura (où il n'y a presque pas d'alpages). Elle ne doit pas être généralisée : une exploitation individuelle des alpages avec production de fromages de plus petite taille a existé. Le reblochon du massif des Bornes-Aravis en est un exemple. De grands domaines privés sous le contrôle de la bourgeoisie d'Aurillac constituaient la base de la mise en valeur des montagnes auvergnates pour la production du cantal dans les **burons**.

Aujourd'hui, le système traditionnel n'existe plus guère. Dès le XIXe siècle la production s'est développée sur le bas des versants avec la reconversion des anciens champs de culture (la planèze de Saint-Flour), et de là, elle a gagné l'avant-pays. Durant les années 1950, pour des raisons de coût de la main-d'œuvre et de conditions de vie trop difficiles, la production de fromages en alpage a été pratiquement abandonnée. La forêt reprend ses droits et seules des bêtes « sèches » – des génisses ou des vaches allaitantes – fréquentent encore les alpages en Auvergne et dans les Alpes où elles sont parfois utilisées pour éviter les avalanches déclenchées par les herbes hautes couchées par la neige. Sur les versants les clairières se referment, les résineux gagnent du terrain. La rétraction de la SAU est nette et touche inégalement les différents éléments de l'aménagement ancien. Les paysages des montagnes humides risquent d'évoluer rapidement selon le schéma mis en place dans les montagnes sèches méditerranéennes. Consciente de ce problème, la CEE a laissé accorder des aides directes à l'agriculture de montagne dès les années 1970 (l'ISM). La recherche de produits de qualité peut freiner le processus de démantèlement de ce paysage comme c'est le cas dans le Beaufortin et les Bornes.

▸ **Les paysages méditerranéens.**

Paysages méditerranéens

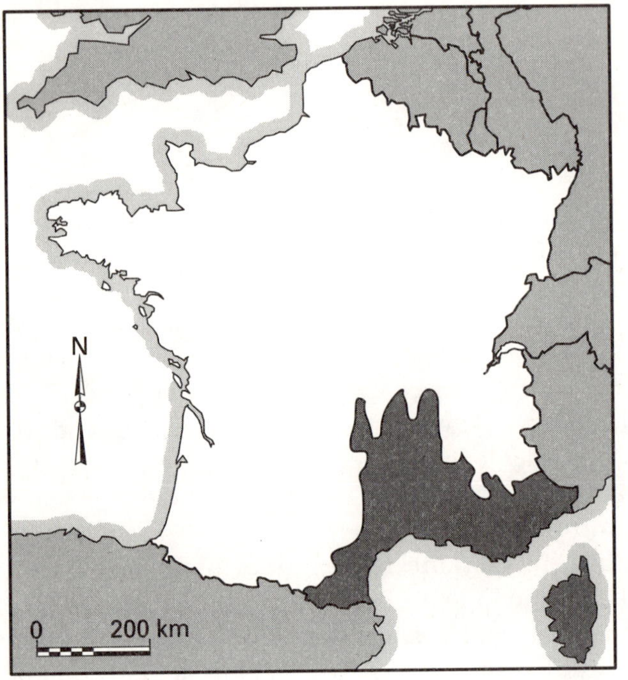

• **La marqueterie des paysages ruraux méditerranéens est sous-tendue par la disposition générale du relief :** l'organisation des finages traditionnels permet une utilisation rationnelle de ces milieux difficiles.

Dans le paysage méditerranéen traditionnel (planche n° 14), l'habitat est groupé et si possible perché car ces régions ont connu de longues périodes d'insécurité. Un habitat intercalaire plus récent existe sous le nom de mas pour les fermes et de bastides pour les résidences secondaires. Le finage se décompose en plusieurs sous-ensembles :

— l'**ager** regroupe les terres cultivées. La trilogie des plantes méditerranéennes (blé, olivier, vigne) occupe l'essentiel des surfaces en cultures sèches avec un aménagement fréquent des versants en terrasses ;

— le **saltus** correspond aux terrains de parcours. Il s'étend sur les ensembles calcaires dotés de sols peu épais et peu fertiles, dans les zones inondables des plaines et des vallées soigneusement évitées par l'habitat traditionnel par peur des crues automnales typiques du climat méditerranéen français.

A échelle régionale, des complémentarités existent dans le cadre des transhumances des troupeaux de moutons entre les plaines côtières – pâturages d'hiver – et les arrière-pays montagneux – pâturages d'été. Les routes de transhumances appelées **drailles** sont encore visibles sur les cartes des Cévennes ou du plateau de Valensole.

Quelques sous-ensembles se distinguent de ce modèle général comme celui de la châtaigneraie des moyennes montagnes siliceuses : le Rouergue, les Cévennes, le Vivarais, la Corse intérieure. Dans les Cévennes, l'habitat se disperse en petits hameaux accrochés à flanc de colline. Chaque hameau possède un finage autonome avec une première auréole de cultures, composée de champs en terrasse, les **faïsses,** une seconde étant consacrée aux châtaigniers.

• **Les sociétés paysannes méditerranéennes se sont effondrées durant la seconde moitié du XIXe siècle.** Les versants ont été abandonnés, les murets des terrasses s'effondrent. Les terres sont gagnées par la friche quand elles n'ont pas été transformées en forêts domaniales et reboisées sous la conduite des services de restauration des terrains en montagne (aujourd'hui rattachés à l'Office national de la forêt). Ces forêts domaniales, signalées sur les cartes, sont un élément clé du paysage des montagnes méditerranéennes (planche n° 10).

L'agriculture commerciale s'est repliée sur le bas des versants et dans les plaines. Elle s'est spécialisée dans deux types de production : la vigne qui devient dans de nombreux villages une véritable monoculture, et les fruits et légumes dans des périmètres irrigués. Le Comtat se transforme alors en huerta à l'image du Roussillon qui, lui, est une huerta historique.

Aujourd'hui cette agriculture connaît à nouveau une période de difficultés :

— le vignoble méditerranéen va de crise en crise depuis le début du siècle. Durant les années 1950 et 1960, les pouvoirs publics ont tenté de reconvertir la partie orientale du vignoble languedocien grâce à de grands aménagements hydrauliques gérés par la CNABRL – Compagnie nationale d'aménagement du bas Rhône-Languedoc – avec des résultats assez décevants. Aujourd'hui ces vignobles s'orientent vers la production de vins de qualité (vin de pays) en améliorant les cépages, en limitant la production par hectare. Plusieurs d'entre eux ont obtenu un classement en AOC ;

— la production de fruits et légumes des régions méditerranéennes françaises est concurrencée par le dynamisme des producteurs du sud de l'Espagne qui allient atout climatique et systèmes de commercialisation performants. Les producteurs français perdent le marché des **primeurs** – c'est-à-dire les premiers produits de début de saison, ceux qui se vendent le plus cher – et peinent à trouver un second souffle.

▸ **Le paysage aquitain.**

Le paysage aquitain est une catégorie présente dans toutes les typologies classiques. Pourtant, il ne se laisse pas facilement identi-

Paysages Aquitains

fier. L'habitat est semi-dispersé avec un chef-lieu non négligeable et un habitat intercalaire dense constitué de « bordes », des petites fermes anciennement tenues en métayage. Le finage se décompose en terroirs eux-mêmes aménagés en openfield ou en bocage. Les cultures permanentes comme la vigne ou les arbres fruitiers tiennent une place importante. Ces différents éléments varient selon des dosages savants. Ce qui donne son unité au paysage aquitain, c'est le système de production qu'il matérialise.

La **polyculture aquitaine** multiplie les spéculations : céréales, fèves, légumes, tabac, vignes, arbres fruitiers divers. Le maïs, introduit dès le XVIIe siècle, a longtemps assuré la prospérité des paysans. Cette gamme déjà variée se complète par un polyélevage bovin et ovin accompagné de nombreux petits élevages : porcs, canards, oies, pigeons (remarquer sur les cartes la fréquence des pigeonniers).

- **Ce système de production s'est maintenu malgré la modernisation des techniques.** Les exploitations familiales, de petites tailles, se sont à peine spécialisées : plus de fruits et légumes dans les grandes vallées alluviales, davantage de maïs dans le sud-ouest de l'Aquitaine – irrigué grâce aux **lacs collinaires** introduits à l'origine par la compagnie d'aménagement des coteaux de Gascogne, très visibles sur les cartes (planche n° 1) –, plus de blé à l'est de la Garonne.

Les finages communaux n'ont presque pas été remembrés, ce qui explique la permanence des petites parcelles. Sur une carte, à défaut d'une photographie aérienne, ce phénomène peut s'observer à partir de la forme des parcelles occupées par les cultures permanentes. Seuls des nouveaux venus comme les rapatriés d'Afrique du Nord ou des paysans de l'Ouest chassés par le manque de terres ont tenté de concentrer les terres et de se spécialiser. Ils ont été rejoints plus récemment par des céréaliers du Bassin parisien qui se sont installés dans le Gers.

Aujourd'hui, la crise est latente. La moyenne d'âge des exploitants est élevée et tous n'ont pas de repreneurs. Le revenu par exploitation est parmi les plus faibles de France. Les quotas laitiers ont provoqué une reconversion au profit d'une céréaliculture assez peu compétitive.

La tradition reste une voie de salut par la valorisation des produits de qualité : foie gras, vins de plus en plus classés en AOC (l'appellation Cahors est la première grande réussite de ce type de stratégie au début des années 1970), développement de la conserverie artisanale.

▸ **Les paysages ruraux des DOM-TOM.**

Les DOM-TOM constituent un monde à part. Seules les anciennes îles à sucre proposent de vastes paysages ruraux au sens habituel du terme.

Ces îles sont dotées de climats tropicaux. **Les contrastes ne sont donc pas thermiques mais pluviométriques.** La côte « au vent » est très humide. L'alizé, chargé en eau par un long parcours au-dessus de l'océan, heurte violemment les montagnes volcaniques, ce qui provoque des pluies orographiques très importantes renforcées par les précipitations qui accompagnent le passage des cyclones. La côte « au vent » de la Réunion détient des records mondiaux avec plus de 14 m de précipitation certaines années au sommet du volcan de la Fournaise. La côte « sous le vent » subit un effet de foehn : le climat s'assèche progressivement en direction du littoral.

Tout en tenant compte de ces données naturelles, **l'histoire a mis en place trois grands paysages ruraux.**

— Les **zones basses** abritent les anciennes plantations de sucre. Le paysage est constitué de vastes parcelles de canne à sucre – et de bananeraies aux Antilles – de forme géométrique. De loin en loin, de l'habitat : la maison coloniale du propriétaire de la plantation, la sucrerie, le village des esclaves. Aujourd'hui la maison de maître est souvent reconvertie en musée ou en hôtel, la sucrerie est en ruine car le traitement de la canne se concentre dans de grandes unités, il n'en reste que la cheminée. L'ancien village des esclaves a bourgeonné du fait de la pression démographique : les maisons partent à l'assaut des parcelles de cultures, de même que les nouvelles installations touristiques. La canne et la banane résistent encore, tant que leur unique marché, celui de la métropole, reste un marché protégé.

— Plus haut sur **les versants,** dans des zones handicapées par les pentes, les dominés ont trouvé refuge. Des petits planteurs liés par contrat aux sucreries mettent en valeur des exploitations de petite taille au parcellaire plus irrégulier. Les anciens esclaves ont développé là un système vivrier comportant parfois quelques cultures commerciales comme le géranium pour la parfumerie à la Réunion. Ces hauts versants cultivés tant bien que mal sont appelés les **mornes** aux Antilles, ou les **hauts** à la Réunion. L'organisation diffère profondément des modèles européens : les cases sont entourées de jardins créoles, un agrosystème stratifié avec des plantes utiles dans la strate arborée, la strate arbustive et au sol. Une auréole de champs portant plusieurs cultures à la fois avec des limites floues complète le dispositif. Plus haut sur les versants les restes de forêts ombrophiles sont troués de quelques champs temporaires. Les sommets portent des landes d'altitudes.

— Dans la **partie sous le vent** subsistent quelques savanes sèches que l'on valorise parfois avec de l'élevage bovin.

Le phénomène des **petits blancs des hauts** de la Réunion est à connaître : lors de la libération des esclaves, certains pauvres blancs, parfois cadets de grandes familles aristocratiques, ont préféré fuir dans les cirques de l'intérieur de l'île plutôt que de travailler aux côtés des anciens esclaves. Ils ont survécu en pratiquant de petites cultures dans leurs **îlets** – des hameaux perchés dans ces régions très accidentées – formant des isolats génétiques aux conséquences assez funestes.

Les paysages ruraux méditerranéens préfigurent vraisemblablement l'évolution des paysages ruraux en général. **Les paysages traditionnels s'effacent,** il n'en reste que quelques traces. L'agriculture, seule, ne rend plus compte de l'organisation du paysage rural. Elle doit composer avec la forêt et surtout avec d'autres activités humaines qui lui disputent de plus en plus l'accès à l'espace.

II. Les effets de la modernisation agricole

La **seconde révolution agricole** s'est imposée en France à partir des années 1950. Elle comprend toute une série de changements techniques bien connus.

— La **sélection génétique** est utilisée pour améliorer les qualités des espèces animales ou végétales. Les critères de sélection ont évolué avec le temps. En plus des rendements importants dans un temps court, la recherche de caractéristiques plus précises s'affirme : couleurs et formes pour les fruits, richesses en matière grasse ou en matière protéique pour le lait, aptitude à la meunerie pour le blé.

— Les **industries chimiques** sont mises à contribution : elles fournissent des engrais, des produits phytosanitaires ou vétérinaires. La tendance actuelle est au rapprochement entre les produits et les plantes qu'ils traitent. Les entreprises du domaine chimique rachètent celles qui produisent les semences ou développent des filiales dans ce domaine d'activité. Le but à terme est de fournir des produits couplés semences et traitements : une semence de blé qu'un gène modifié rend résistante au produit herbicide qui la protège par exemple.

— L'adoption de **moyens mécaniques** de plus en plus développés se répand. Le tracteur des années 1950 a été complété par une gamme de machines qui ne laissent plus subsister qu'un nombre limité d'opérations manuelles.

— Les **méthodes de travail** ont été rationalisées. Par exemple, les bâtiments d'élevages industriels sont conçus en fonction d'une optimisation des déplacements et d'une mécanisation très poussée des tâches.

La seconde révolution agricole a été intégrée dans toutes les exploitations. On ne peut plus opposer une agriculture archaïque à une agriculture moderne. Les distinctions s'opèrent en fonction de l'usage qui est fait des techniques. De même, l'agriculture ne peut plus être considérée comme un secteur autonome de l'économie. Plus des trois quarts des produits agricoles consommés en France ont été transformés par des industries agro-alimentaires. Agriculture et industries agro-alimentaires vont de pair et **des filières de production territorialisées se sont constituées.** Ce sont ces filières qu'il convient de connaître.

1. Les filières productivistes : le choix de la quantité

Ces filières fournissent la majeure partie des aliments consommés, dominent une part importante du territoire et font de la France un grand pays exportateur de denrées agricoles. Elles sont basées sur des systèmes de production agricole orientés sur la recherche du rendement maximum. Plusieurs modèles existent en fonction du produit final.

▸ Celui des **grandes cultures à base céréalière** est le plus ancien. Il s'est développé d'abord au centre du Bassin parisien, dans le cadre de grandes exploitations : la taille moyenne de l'exploitation agricole en Ile-de-France est de 62 ha pour une moyenne nationale de 27 ha. Le progrès technique permet la mise en place d'assolements très simplifiés à base de cultures dont les prix sont soutenus par la PAC : maïs-blé, orge-blé, colza-blé. Développé par des exploitants qui étaient déjà des agriculteurs avant 1950, ce système très rémunérateur jusqu'à ce jour a attiré de nombreux paysans détenant des exploitations de tailles moyennes dans des régions peu accidentées. Il a envahi l'ensemble des plateaux de l'est et du sud du Bassin parisien – Champagne, Berry –, une partie de l'Aquitaine – les clairières des Landes, les Terreforts autour de Toulouse, le Gers –, la plaine de Caen, la Limagne, une partie du fossé Saône-Rhône. Les agriculteurs du centre du Bassin parisien ont participé à la diffusion du modèle : certains ont développé une seconde exploitation en défrichant la Champagne pouilleuse, puis une troisième dans le Gers.

Pour les anciens paysans, adeptes de ce modèle, la situation n'est pas toujours aussi favorable. Les assolements se sont moins simplifiés, un peu d'élevage s'est parfois maintenu, les exploitations restent plus petites, ce qui ne permet pas de rentabiliser le capital investi. Le surendettement existe alors, les petits revenus aussi.

▸ Le **système bovin/lait intensif** est souvent appelé modèle breton. Il repose sur l'adoption d'une race laitière internationale à hauts rendements, la frisonne pie noire (appelé pour l'occasion Française frisonne pie noire ou **Holstein**), et la révolution fourragère. La transformation des prairies naturelles (les superficies toujours en herbe des statistiques ou STH) en prairies artificielles ou temporaires ou encore en champs de maïs-fourrage permet d'augmenter le nombre de têtes par hectare et donc d'intensifier la production. Des aliments composés d'origines diverses complètent le dispositif.

Développé d'abord en Bretagne (ne pas oublier le rôle initial de la **Jeunesse agricole chrétienne, JAC,** dans le renouveau agricole), ce modèle se répand dans les bocages de l'Ouest malgré quelques îlots de résistance comme la basse Normandie qui reste surtout une terre de prairie naturelle. Des bassins laitiers productivistes existent aussi en altitude dans le Ségala (région de Rodez), dans la châtaigneraie cantalienne (région de Maurs), dans les monts du Lyonnais. Les moyennes montagnes ne sont donc pas toutes marginalisées. D'autres bassins assez étoffés se trouvent dans les plateaux de l'est de la France (Lorraine, Meuse). Le dynamisme spatial de ce modèle a été brisé par les quotas laitiers à partir de 1984, qui ont provoqué des cessations d'activité et des reconversions dans la filière viande.

Souvent pratiqué dans des exploitations petites ou moyennes, cette filière ne donne pas de revenus très élevés. Des cas de surendettement existent, la grande pauvreté aussi.

▸ **Les filières d'élevage industriel hors sol** (planche n° 13) reposent sur un ensemble de caractéristiques communes. Les animaux élevés appartiennent à des souches sélectionnées selon des critères valorisant la forte croissance initiale et la meilleure assimilation possible des aliments (rapport viande produite/quantité d'aliments consommés). L'alimentation repose sur un cocktail d'aliments composés souvent à base de déchets des industries agro-alimentaires : les produits de substitution aux céréales (PSC), comme le tourteau de soja, largement importés des États-Unis. Les animaux sont regroupés dans des bâtiments fonctionnels avec des densités élevées (25 à 30 poulets par mètre carré pour les poulets de chair).

L'élevage avicole est souvent une activité complémentaire. L'élevage porcin est quant à lui plutôt une activité principale. Proportionnellement, l'élevage des bovins en stabulation pour la viande est peu développé en France. Les **broutards** – jeunes bovins mâles de un an – prennent souvent la direction de la plaine du Pô et des Pays-Bas où ces spéculations sont plus développées. La rentabilité de tels élevages est très variable.

▸ Les **filières de fruits et légumes** ne donnent pas lieu à des modèles aussi typés. La dynamique reste la même. L'irrigation s'est beaucoup développée depuis 1945. Cette nouvelle vague est peu visible sur les cartes : il faut la chercher dans la présence de stations de pompage ou de châteaux d'eau.

Plusieurs tendances s'observent dans tous ces modèles.

— La taille critique à partir de laquelle de telles exploitations deviennent rentables continue de s'élever, ce qui provoque une concentration toujours plus poussée.

— Ces exploitations travaillent principalement pour les IAA et les supermarchés. Les groupes privés et grandes coopératives qui encadrent ces activités développent les mêmes politiques. L'intégration entre la production et la transformation est de plus en plus poussée. A titre d'exemple, dans le domaine du poulet de chair, l'agriculteur est lié par contrat à un fournisseur – abattoir, producteur d'aliment – qui se charge de lui livrer les poussins et les aliments. Au terme de la période d'engraissement, le fournisseur (l'intégrateur) vient reprendre les poulets pour les conduire à l'abattoir. Dans le même ordre d'idées, des contrats entre conserveries et producteurs de légumes en plein champ existent dans le nord du Bassin parisien. Ils fixent les quantités, les variétés à utiliser, les superficies à ensemencer, le calendrier des travaux, les prix...

Dans le cadre des modèles productivistes, les paysans sont devenus des agriculteurs. Rapidement, ceux qui restent vont devenir de véritables chefs d'entreprise.

▸ **Les modèles productivistes font face actuellement à une crise** économique, écologique et esthétique.

• La **crise économique** est le phénomène le plus connu. Développés à l'ombre des subventions, les modèles productivistes pèsent lourdement sur le budget de l'Union européenne. Après avoir pris des mesures d'urgences (les quotas laitiers en 1984, le système de la quantité maximale garantie ou QMG en 1988 pour les céréales, le gel incitatif des terres en 1989), l'UE a décidé de réformer la PAC en 1992. Cette réforme se propose de ramener, progressivement, les prix agricoles à l'intérieur de l'Union à un niveau plus proche des cours mondiaux. Pour compenser les pertes de ressources, les agriculteurs se voient proposer des aides directes pour leur permettre de s'adapter aux nouvelles règles du jeu.

Ces aides tentent d'orienter les modèles productivistes sur la pente d'une moindre recherche du rendement maximum en limitant la part des consommations intermédiaires – engrais, produits phytosanitaires... – dans le prix de revient final et donc en favorisant la composante travail. Dans le même temps, cela permet de répondre aux critiques écologiques.

• La vigueur des **critiques écologiques** va croissant. Certaines visent des imperfections de fonctionnement. Le mauvais calcul des quantités d'engrais à épandre dans les champs, l'azote notamment, provoque une pollution des nappes phréatiques et des cours d'eau dans les régions céréalières. La mauvaise gestion des lisiers des porcheries provoque des situations voisines dans le Finistère avec le problème supplémentaire des **marées vertes** (prolifération d'algues le long des côtes liée aux fertilisants présents dans les lisiers).

D'autres critiques de fond affirment que les modèles productivistes ne sont pas capables de se reproduire dans le temps : ils ne font pas partie du « développement durable ». La critique se porte alors sur la réduction du patrimoine génétique – la biodiversité est la meilleure assurance d'adaptation face à une modification du milieu –, sur l'érosion accélérée des sols qui ne sont plus couverts durant les périodes pluvieuses. Le ruissellement plus important, encore augmenté par les « semelles de labours » laissées par des engins trop lourds qui tassent les horizons supérieurs des sols, favorise la formation des crues.

• La **critique esthétique** ne s'appuie pas sur un argumentaire aussi structuré. L'image publique des paysages issus de l'agriculture productiviste n'est pas bonne. Le champ de blé de la Beauce, le bocage remembré hérissé de porcheries industrielles n'attirent pas le grand public. Les conséquences pratiques sont faciles à analyser : les régions ayant opté pour l'agriculture productiviste risquent de rater le virage des nouvelles fonctions de l'espace rural.

Les modèles productivistes, vedettes des années 1950, 1960, 1970 et même parfois 1980, se replient sur leurs bastions. Des modèles basés sur les produits de qualité se développent en dehors.

2. Les filières basées sur les produits de qualité

Les filières basées sur des produits de qualité existent depuis longtemps. Elles connaissent un renouveau à partir des années 1970.

▸ **Le système des AOC – Appellation d'origine contrôlée – est né en France de la loi du 6 mai 1919.** Son but est de protéger et de reconnaître publiquement la qualité exceptionnelle de certains produits et d'assurer leur promotion. Toutes les AOC sont coiffées par l'Institut national des appellations d'origine (INAO) depuis 1990. Elles sont gérées par des organismes où figurent des représentants de toute la filière sous l'autorité de délégués de l'État. Elles s'appuient sur un cahier des charges qui fixe de manière détaillée les conditions de la production et de la transformation des denrées agricoles. Ces cahiers des charges (lorsqu'ils étaient bien rédigés) ont été de véritables garde-fous vis-à-vis des modèles productivistes. Certaines régions, tout en s'adaptant à la seconde révolution agricole, ont ainsi conservé leur orientation traditionnelle vers des produits de qualité. Aujourd'hui, elles bénéficient d'une image forte et de produits reconnus : grands vignobles, fromages du Jura et des Alpes du Nord...

▸ **Le renouveau de l'agriculture de qualité se dessine à partir du début des années 1970.** De nombreux petits et moyens exploitants se rendent compte qu'ils ne pourront pas s'adapter aux conditions du marché intérieur de la CEE. De nombreuses régions peu favorables aux modèles productivistes marquent le pas. Dans un premier temps, la diversification sur des micromarchés se développe. Ainsi sont apparus des élevages d'animaux rares sous nos climats tels le vison, l'autruche ou le bison, ou bien encore le développement de la culture de plantes médicinales. Rapidement, les produits de qualité se sont imposés comme une solution envisageable. Des filières de production et de distribution se sont donc organisées.

• Une **première série de filières s'inspirant de pratiques traditionnelles** émerge. Par capillarité sociale, un producteur s'associe à un restaurateur, à un petit commerçant ou encore à un petit fabriquant de conserves artisanales. Les producteurs ouvrent aussi leurs exploitations au public pratiquant ainsi la « vente directe ». Aujourd'hui ces **filières courtes** connaissent partout un renouveau et constituent un fait de société. Dans le Sud-Ouest elles sont l'un des piliers de l'économie rurale.

• Rapidement, **la nécessité de passer à l'échelle supérieure se fait jour :** la course au **label** est ouverte. Le label repose sur le même principe que l'AOC mais il est garanti par une union professionnelle, des collectivités locales, un ministère : le label rouge est ainsi la propriété du ministère de l'Agriculture. Les labels souffrent d'un déficit d'image et ne répondent pas toujours à une démarche rigoureuse. Le rêve de bien des producteurs reste d'obtenir une AOC : observez la croissance du nombre d'AOC dans le domaine viticole ou celle de la production de fromages.

Depuis quelques années, la course aux labels s'est transformée en ruée quelque peu désordonnée. En principe, les labels permettent d'identifier des produits issus de filières différentes de celles des modèles productivistes. La filière poulet de chair reconnue par le label rouge fermier impose ainsi l'utilisation de souches rustiques à croissance plus lente, une alimentation comportant au moins 65 % de grains ; les poulets bénéficient de 2 à 10 m^2 d'herbe par sujet et vivent plus de quatre-vingts jours contre quarante à cinquante jours en élevage intensif. Les cahiers des charges des appellations fromagères du Jura et des Alpes du Nord bannissent les frisonnes pie noire, l'ensilage et la pasteurisation du lait. Il existe des exceptions : le cantal, protégé par une AOC depuis 1956, est produit à partir de lait issu pour partie d'une filière productiviste. L'**agriculture biologique** est une remise en cause plus profonde du modèle productiviste. Elle développe ses propres techniques à l'abri de différents labels.

L'un des objectifs de ces filières basées sur les produits de qualité est de mieux rémunérer le travail des agriculteurs pour favoriser le maintien d'un tissu dense d'exploitations familiales. La qualité reconnue des produits permet de les vendre plus cher. La production plus extensive limite l'importance des consommations intermédiaires dans le prix final. En revanche, les quantités produites sont plus limitées. La mise en place d'un label est donc un pari. De plus, rien n'interdit la concentration des exploitations. Les labels ne sont pas une solution miracle pour le maintien de nombreux agriculteurs.

La réforme de la PAC tente de réorienter une partie des subventions vers ces filières avec des aides directes comme les primes à l'herbe, les primes à la vache allaitante pour favoriser le développement d'une filière de production de viande bovine de qualité. L'extensification se heurte cependant au problème de la taxation des terres par l'impôt foncier (en cours de démantèlement). Le développement du tourisme vert est souvent une autre source de revenu.

Dans un commentaire de cartes, il convient d'identifier les filières présentes sur le document et de les situer dans un cadre dynamique. Pour approfondir cet aspect, les jurys ont recours aux statistiques du RGA et comptent sur la culture géographique des candidats.

3. Déprise agricole et déprise rurale

Ces deux termes sont parfois confondus alors qu'ils recouvrent des réalités distinctes.

▸ **Lors du maximum démographique des sociétés paysannes au milieu du XIXe siècle, l'espace agricole occupait pratiquement l'ensemble de l'espace rural** à l'exception de l'étage glacio-nival des hautes montagnes. Depuis, la part de l'espace agricole n'a cessé de décliner : c'est la **déprise agricole.** Durant la dernière période, la SAU est passée de 65 % à 55 % du territoire national entre 1955 et 1995.

La plus grande part des espaces libérés est retournée à la forêt. La forêt française s'étend aujourd'hui sur plus de 15 Mha contre 7,5 Mha au début du XIXe siècle. Le visage de la forêt a changé. Dans une société paysanne, la forêt est un espace agricole complémentaire. Les feuillus sont favorisés car ils peuvent être traités en **taillis** et donnent un sous-bois plus fourni utilisé comme terrain de parcours pour les troupeaux. Les taillis sont actuellement un héritage. La forêt traditionnelle se localise en marge des finages, en marge des pays ruraux. Elle forme des bosquets, des bois, des forêts indiqués dans la toponymie.

Avec la révolution industrielle, les résineux traités en **futaie** se développent. De grands **massifs artificiels de production** sont créés sous le Second Empire dans des régions peu favorables à l'agriculture : les Landes, la Sologne, la Champagne pouilleuse. Certains communaux sont aussi boisés en résineux.

La situation est différente dans les montagnes méditerranéennes reboisées par les services des eaux et forêts pour lutter contre les crues et l'érosion des sols durant la seconde partie du XIXe siècle. La résistance des pasteurs fut vive contre la mise en place de ces **forêts de protection.**

▸ **Une nouvelle progression de la forêt a accompagné le développement de la seconde révolution agricole à partir des années 1950,** notamment dans les moyennes montagnes humides, sur les versants dont l'exploitation n'a pas pu être mécanisée. Cette reconquête forestière s'est effectuée selon deux modes.

— La forêt a pu être plantée par des agriculteurs bénéficiant des aides du Fonds forestier national. Il s'agit dans ce cas de futaies résineuses localisées sur des parcelles de forme géométrique. Sur les cartes, le **« boisement en timbre poste »** date des années 1950-1960 car les conditions d'attributions des aides ont évolué ensuite pour éviter ce phénomène.

— La reconquête forestière peut aussi être le fait d'une évolution spontanée. Elle constitue le stade terminal d'évolution d'une friche. La comparaison de deux cartes de date différente permet d'étudier une telle évolution.

La forêt est parfois présentée comme la base d'une filière bois avec une organisation calquée sur celle de l'agriculture productiviste. En France ce phénomène existe dans les Landes avec de grands domaines privés exploités de manière intensive – sélection génétique, engrais, mécanisation de l'exploitation ; les pins servent alors de matière première pour les scieries et les usines de pâte à papier. Dans le Nord-Est, les forêts publiques soumises au **régime forestier** et gérées par l'ONF ont des productions élevées avec des techniques plus traditionnelles. Ailleurs l'exploitation est moins active. La plupart des forêts privées constituées sur d'anciennes parcelles agricoles appartiennent à de petits propriétaires qui les exploitent peu et ne les entretiennent pas. Sur une carte, les forêts entretenues se repèrent à la présence de pistes et de laies forestières.

La déprise agricole est un phénomène qui continue de se développer. La structure par âge de la population agricole et le contexte économique propre à la production agricole laissent à penser que les prochaines années verront une nouvelle rétraction de la SAU. Les projets de SAU à vocation non alimentaire comme l'agro-foresterie, la production d'éthanol pour les carburants à partir du colza restent peu développés et ils concernent en priorité les bassins céréaliers qui recherchèrent de nouveaux secteurs d'activité où appliquer le modèle productiviste.

▸ **La déprise rurale traite des problèmes de maintien de la population en zone rurale.** Elle caractérise les communes classées dans la catégorie « rural profond » par l'INSEE. La baisse de la population est aujourd'hui très faible, l'exode rural a pratiquement cessé faute de candidats.

La déprise rurale peut se développer dans des régions très actives du point de vue agricole mais spécialisées dans la production céréalière (Beauce). D'autre part, la déprise agricole ne débouche pas forcément sur la déprise rurale. La population peut augmenter de nouveau à condition que de nouvelles fonctions apparaissent comme c'est le cas dans de nombreuses parties des Alpes du Sud.

4. Les fiches de statistiques du recensement général de l'agriculture

Les fiches issues du RGA sont devenues des documents annexes habituels dans les différents concours. Les jurys demandent aux candidats de les utiliser pour affiner l'étude des systèmes de production agricole et leur évolution. Une analyse rapide de ces documents suppose la maîtrise de grilles de lectures étalonnées sur les moyennes nationales. Nous proposerons ici un exemple de parcours possible, à titre indicatif. Les statistiques nationales fournies laissent toute possibilité au lecteur de se doter de ses propres grilles.

— Le **tableau 1 sur les principales cultures** constitue une porte d'entrée majeure pour le traitement de l'ensemble du document.

Le **rapport céréales + cultures industrielles + légumes de plein champ et protéagineux/SAU** est un indicateur important. S'il est supérieur au résultat national – 0,42 ou 42 % de la SAU –, cela indique la présence du modèle de la grande culture. Il faut alors démontrer la présence de grandes exploitations – pourcentage de la SAU occupée par les exploitations de plus de 50 ha dans le tableau 2 –, très mécanisées – tableaux 4 et 5 en cherchant surtout les tracteurs de forte puissance et les machines spécialisées –, qui se transforment en PME en utilisant les tableaux 11 et 12 pour l'emploi de salariés agricoles et le tableau 13 pour la mise en place d'une comptabilité et l'informatisation de l'exploitation.

Le **rapport superficie fourragère principale/SAU** est un autre indicateur important. Lorsqu'il dépasse la moyenne nationale, 51 %, cela indique une spécialisation dans les filières d'élevage bovin (parfois ovin dans le sud du pays). La part relative du fourrage en culture principale et de la superficie toujours en herbe – 43/57 au niveau national – permet de juger du caractère plus ou moins productiviste de la filière. Dans le même ordre d'idées, le rapport unité de gros bétail/SFP donne une évaluation de l'intensité de l'élevage. Le seuil de chargement 1,4 UGB/ha est utilisé pour certaines subventions à l'extensification de l'UE comme la prime à l'herbe. L'ensemble des cultures délicates – maraîchage, culture florale, arboriculture, vignoble – se caractérise par la présence de nombreuses petites exploitations et un nombre d'actifs par hectare supérieur aux normes nationales de un actif (= 1 UTA) pour 20 ha, avec un recours important au travail saisonnier malgré la mécanisation. Il est à noter que

Encadré

RECENSEMENTS AGRICOLES DE 1979 ET 1988

Ensemble des exploitations   Campagnes agricoles 1978-1979 et 1987-1988

FRANCE ENTIERE

1. PRINCIPALES CULTURES

Nature de la culture (Cultures principales)	Exploitations		Superficie en ha	
	1979	1988	1979	1988
Blé tendre	559435	439148	4053650	4380339
Orge et escourgeon	554112	349669	2762417	1828130
Maïs grain	302948	257833	1896725	1996429
Autres céréales	380186	231604	1029543	898423
CÉRÉALES	797796	610965	9742335	9103322
Betteraves industrielles	49228	40219	539680	433571
Colza	39238	101358	270553	827953
Tournesol	12201	115845	82553	951312
Autres cultures industrielles	52937	50344	143691	225491
CULTURES INDUSTRIELLES	133484	223864	1036478	2438326
LÉGUMES SECS ET PROTÉAGINEUX	38481	74084	79840	558055
Maïs fourrage	317614	249174	1093777	1468308
Prairies artificielles	272223	141553	986830	639436
Prairies temporaires (y c. Ray grass d'Italie)	356944	277829	2357265	2146532
Autres fourrages	416752	132827	647148	149309
FOURRAGES EN CULTURE PRINCIPALE	699973	451700	5085020	4403586
Prairies permanentes	886140	648156	10057404	8570786
Parcours et landes productifs	158726	171720	1404504	1643300
SUPERFICIE TOUJOURS EN HERBE	905470	683787	11461908	10214086
POMMES DE TERRE	446624	96579	204271	142804
LÉGUMES FRAIS PLEIN AIR OU SOUS ABRI BAS	119107	84235	233734	249214
LÉGUMES FRAIS SOUS SERRE OU SOUS ABRI HAUT	10515	14371	3499	5150
CULTURES FLORALES	13899	12655	5936	7101
Vignes à vocation Appellation d'Origine Contrôlée	90234	90649	372579	492081
Vignes à vocation Vins Délimités de Qualité Supérieure	25506	8269	94464	18785
Autres vignes pour la cuve	357641	203777	590750	418736
Vignes à raisin de table	23468	13604	30878	18455
VIGNES	429384	272133	1088670	948056
Abricotiers	11981	11452	10938	14369
Cerisiers	34906	21423	16141	13933
Pêchers	21303	14164	35111	34590
Pruniers	29708	13900	18806	19065
Poiriers	22784	10887	22628	15476
Pommiers	45007	20627	65620	64167
VERGERS 6 ESPÈCES	90549	51704	169244	161599
AUTRES CULTURES PERMANENTES (1)	57714	48169	72789	70969
JACHÈRES (2)	108587	93644	247034	243215
JARDINS ET VERGERS FAMILIAUX	996260	653327	65813	50315
SUPERFICIE AGRICOLE UTILISÉE	1257168	1006120	29496572	28595799
Sol des bâtiments et cours	1234292	975913	308341	288026
Friches et landes non productives	328270	209204	1087802	803076
Taillis, bois et forêts, peupleraies des exploitations	537182	434268	2630747	2188206
Territoire non agricole	99370	81039	125493	110500
SUPERFICIE TOTALE DES EXPLOITATIONS	1262669	1016755	33648955	31985606
TERRES LABOURABLES	973999	736267	16590771	17075649
SUPERFICIE FOURRAGÈRE PRINCIPALE (3)	987234	738376	16546929	14617672
VIGNES A RAISIN DE CUVE	425608	269770	1057793	929601

(1) Y compris les pépinières et les vignes-mères de porte-greffes. *(2) Y compris vignes, vergers...*
(3) Comprend les fourrages en culture principale + superficie toujours en herbe.

2. SUPERFICIE AGRICOLE UTILISÉE, MODE DE FAIRE-VALOIR IRRIGATION, DRAINAGE

Superficie agricole utilisée en ha	Exploitations		Superficie en ha	
	1979	1988	1979	1988
Moins de 1 (4)	119668	89320	55428	36765
1 à moins de 2	87930	72248	123878	100945
2 à moins de 5	149212	116684	497533	381321
5 à moins de 10	166719	111925	1219155	812275
10 à moins de 15	132548	90543	1636338	1110769
15 à moins de 20	110656	76005	1922892	1315168
20 à moins de 25	94101	67314	2100891	1498973
25 à moins de 30	76113	58966	2079231	1608085
30 à moins de 40	109076	94758	3759608	3266683
40 à moins de 50	68029	67017	3022443	2974323
50 à moins de 70	71099	77145	4153201	4506586
70 à moins de 100	42980	51116	3530191	4202326
100 à moins de 200	29038	37078	3797584	4863629
200 à moins de 300	3956	4865	936031	1145509
300 et plus	1544	1771	662168	772440
SUPERFICIE AGRICOLE UTILISÉE	1262669	1016755	29496572	28595799
Faire-valoir direct	1095742	873979	14766865	12866128
Fermage	708009	593059	14385254	15555594
Métayage	39838	26918	344453	174077
Superficie irriguée	131392	120544	800533	1146988
Superficie irrigable	148948	135886	1325227	1796469
Superficie drainée par un réseau de drains enterrés	92830	160572	943107	2083957

(4) Y compris les exploitations sans SAUtilisée.

3. CHEPTEL VIF

Cheptel vif (présent au jour de l'enquête)	Exploitations		Effectif	
	1979	1988	1979	1988
Vaches laitières	519625	268563	7278840	5699720
Vaches nourrices	233220	227760	2848930	3475305
TOTAL VACHES	672529	449649	10127770	9175025
Veaux de moins d'un an	532852	376951	5300825	5042383
Bovins de 1 à moins de 2 ans	531771	368811	4594183	3988971
Autres adultes de 2 ans et plus	427804	363684	3190226	3010872
TOTAL BOVINS	735902	503659	23213004	21217251
Juments poulinières	40444	49216	94346	138217
TOTAL ÉQUIDÉS	105487	79869	288441	331476
Brebis nourrices }	191852	153911	8158032	6581035
Brebis laitières }		7318		1171848
TOTAL OVINS	197194	165104	12968504	11498746
Chèvres	120975	60933	949528	888654
TOTAL CAPRINS	123257	62491	1196845	1209302
Truies mères	89773	35773	1067544	1023506
Jeunes truies	31645	15084	219969	163779
Porcs à l'engrais (5)	284635	158477	6739551	6940557
TOTAL PORCINS	318788	170339	11132387	12212554
Poules pondeuses }	865926	556163	71207468	52002664
Poulettes }		47773		18645314
Poulets de chair et coqs	452862	269538	78045828	106985144
Autres volailles (6)	369336	247529	45490968	63167830
Lapines mères	664916	364341	3216579	2084417
Ruches	53365	37951	826325	1011788

(5) Y compris truies réformées et verrats.
(6) Y compris pigeons et cailles.

Source : AGRESTE.

Encadré

RECENSEMENTS AGRICOLES DE 1979 ET 1988

Ensemble des exploitations Campagnes agricoles 1978-1979 et 1987-1988

FRANCE ENTIERE

4. MATÉRIEL DES EXPLOITATIONS

	En propriété				TOTAL parc (1) en propriété et/ou copropriété	
	Exploitations		Parc			
	1979	1988	1979	1988	1979	1988
Tracteurs de moins de 35 CV	367588	223535	388371	237074	392029	238974
Tracteurs de 35 à 54 CV	511506	412622	576925	469746	582995	473680
Tracteurs de 55 à 79 CV	341748	412605	408852	515838	413602	520748
Tracteurs de 80 à 109 CV	64005	156713	74076	192899	75437	195994
Tracteurs de 110 CV et plus	17533	34944	20218	45500	20740	46877
TOTAL TRACTEURS	945179	813006	1468442	1461057	1484806	1476273
Motoculteurs et assimilés	370016	280437	410410	305923	416049	308870
Moissonneuses-batteuses	110580	109173	113762	112687	134168	128394
Corn-pickers, corn-shellers	16723	11216	16917	11315	20985	13061
Ramasseuses-presses classiques	} 401297	297294	} 404598	298566	} 437947	313223
Ramasseuses-presses à grosses balles		63069		63355		70935
Ensileuses	32465	28982	34428	30645	44432	37143
Récolteuses de betteraves	5812	4595	5995	4636	9058	7078
Récolteuses de pommes de terre	13932	10637	14113	10843	16694	12302
Machines à vendanger	...	5908	...	6081	...	7647
Pulvérisateurs tractés et automoteurs	...	88964	...	96856	...	102054
Calibreuses de fruits et légumes	...	8635	...	9016	...	9233

(1) Nombre calculé de machines

5. ÉQUIPEMENT DES EXPLOITATIONS EN 1988

	Exploitations	Capacité ou surface
Forages pour irrigation	42795	...
Retenues d'eau pour irrigation (m^3)	19827	287125288
Système d'aspersion pour irrigation	105875	...
Séchage à air chaud des grains	7135	...
Séchage à air chaud des fourrages	717	...
Stockage grains en cell. ventilées (q.)	73274	98700171
Stockage des fruits et légumes (m^3)	8069	4008685
Serres et abris hauts (ares)	26415	782838
Fabrication d'aliments pour le bétail	307331	...

6. STATUT DES EXPLOITATIONS

	Exploitations	
	1979	1988
Chefs à leur compte	1214805	946078
GAEC père-fils	9791	19297
Autres GAEC	5531	18419
Autres statuts	32542	32961

7. ORIENTATION TECHNICO-ÉCONOMIQUE DES EXPL. EN 1988 (2)

	Exploitations	
	Ensemble	Temps compl
Céréales	72036	35915
Céréales et autres grandes cultures	111043	83987
Maraîchage	19443	16129
Fleurs et horticulture diverse	10311	8958
Vins de qualité	64352	37270
Autre viticulture	53415	19414
Fruits/autres cultures permanentes	33372	17236
Bovins lait	150223	137831
Bovins élevage et viande	95561	61241
Bovins lait, élevage et viande	25011	22863
Ovins, caprins et autres herbivores	114389	44254
Granivores	15776	12481
Polyculture	67489	34652
Polyélevage à orientation herbivores	51626	24209
Polyélevage à orientation granivores	13200	10241
Grandes cultures et herbivores	82525	66873
Autres combinaisons cultures-élevage	36983	12360
TOTAL	1016755	645914

(2) Classification des exploitations en fonction de leur Marge Brute Standard

8. LES CHEFS D'EXPLOITATION

		Personnes	
		1979	1988
Age au 31 déc.	Moins de 25 ans	15736	14478
	25 à 34	118350	119188
	35 à 44	197992	195636
	45 à 49	183512	90080
	50 à 54	225337	141868
	55 à 59	232878	182345
	60 à 64	79819	136253
	65 et plus	209045	136907
Célibataires de 35 à 59 ans		103900	80149
Double-actifs		250844	203403
Formation agricole	Sans formation	1035014	738745
	Primaire	129171	128581
	Secondaire court	78115	106429
	Secondaire long	12871	27378
	Supérieure	7498	15622

9. POPULATION AGRICOLE FAMILIALE

	Personnes	
	1979	1988
Chefs d'exploitation	1262669	1016755
Conjoints	988255	776072
Autres membres	2076883	1466710
POPULATION FAMILIALE TOTALE	4327807	3259537
Dont moins de 15 ans	779083	497457

10. LES FEMMES DANS L'AGRICULTURE

	Nombre	
	1979	1988
Chefs d'exploitation	116308	149792
POPULATION FAMILIALE	2057316	1527190
Salariés agricoles permanents	30508	25787
UTA chefs d'exploitation	62496	83317
UTA conjoints	396066	250848
UTA salariés agricoles permanents	...	20672
UTA salariés agricoles saisonniers	30492	26722
UTA AGRICOLES TOTALES	...	426236

11. ACTIVITÉ AGRICOLE AU SEIN DES EXPLOITATIONS

	Personnes ayant une activité agricole						UTA (3)	
	A temps partiel (1/2 temps et plus)		A temps complet		Ensemble			
	1979	1988	1979	1988	1979	1988	1979	1988
Chefs d'exploitation	189865	175636	696793	512233	1262669	1016755	920788	713263
Conjoints	354968	182096	65981	88770	729822	507010	403707	278354
Autres membres	82344	62543	148659	105097	461979	345824	256838	187291
Population familiale	627177	420275	911433	706100	2454470	1869589	1581332	1178907
Salariés agricoles permanents (4)	25621	30814	170547	106463	232783	156139	198404	135012
Salariés agricoles saisonniers ou occasionnels							84719	80778
Entreprises de travaux agricoles, coopératives d'utilisation de matériel agricole							7768	6482
UTA TOTALES (3)							1872338	1401159

(3) UTA : Unite de Travail Annuel, quantite de travail annuel d'une personne à temps plein.

(4) Nombre brut de salariés.

12. SALARIÉS AGRICOLES PERMANENTS ET SAISONNIERS DES EXPLOITATIONS

		Exploitations		Personnes	
		1979	1988	1979	1988
Exploitations ayant des salariés agricoles permanents	1 salarié	79716	46033	79716	46033
	2 salariés	18142	11484	36284	22968
	3-4 salariés	10171	6926	33958	23198
	5 salariés et plus	7343	5601	82825	63940
	TOTAL	115372	70044	232783	156139
Exploitations ayant des salariés saisonniers ou occasionnels		362792	283679	...	...

13. GESTION DES EXPLOITATIONS

	Exploitations	
	1979	1988
Comptabilité de gestion	106679	253101
Enregist. recettes et dépenses	362293	261577
Assujettissement TVA	339491	421614
Utilisation de l'informatique	...	89395
Régime forfait collectif	...	827589
Régime transitoire	...	8611
Régime réel (normal ou simplifié)	...	179315
Plan de développement	...	73749

14. ACTIVITÉS DIVERSES DES EXPLOITATIONS

	Exploitations	
	1979	1988
1 Fabrication pour la vente de cidre	3719	3531
2 Fabrication pour la vente de vins et produits distillés	104088	164970
3 Fabrication pour la vente de produits laitiers	41025	28753
4 Vente au détail des produits des exploitations	235672	275469
5 Hébergement avec ou sans restauration	12697	15080
6 Travaux agricoles à façon	13446	14555
Au moins une activité (1 à 6)	330729	417288

Source : AGRESTE.

les vignobles sont le seul secteur où le **métayage** – partage de la récolte entre le propriétaire et l'exploitant – reste fréquent.

• **Les données statistiques permettent aussi d'évoquer l'évolution des systèmes de production entre deux recensements.**

Il faut retenir du **tableau 2** qu'au niveau national 20 % des exploitations ont disparu entre 1979 et 1988 et que seules les exploitations de plus de 50 ha connaissent une croissance en nombre et en pourcentage de la SAU utilisée. En 1994 il ne reste que 820 600 exploitations agricoles et le mouvement en faveur des exploitations de plus de 50 ha s'est confirmé.

Dans le **tableau 9,** l'évolution de la structure par âge et le célibat des 35-59 ans – 13 % au niveau national – sont de bons indicateurs du caractère pérenne ou résiduel des structures en place. Ils sont à coupler avec l'évolution de la SAU entre les deux dates – –3 % au niveau national : si l'on n'observe pas de repli notable, cela veut dire que les exploitations restantes ont repris les terres vacantes, il n'y a donc pas de déprise agricole systématique.

• **L'analyse de l'évolution des filières et des spéculations doit être menée désormais en regard de l'évolution de la PAC.**

— Les quotas laitiers de 1984 ont provoqué de nombreuses cessations d'activité et une reconversion partielle sur la filière bovin/viande, voire les grandes cultures. Les éleveurs restants se sont encore plus spécialisés avec une forte croissance de la production par exploitation.

— L'évolution de la politique des prix garantis rend compte de la croissance des oléagineux et de la régression des betteraves à sucre.

Il est à noter que les cultures délicates ne bénéficient pas de système de protection aussi développé. L'élevage ovin est très subventionné.

Le recoupement entre les données statistiques et les cartes doit être systématique. La spécialisation intégrale d'une région dans une filière est encore rare en France. Il existe quelques exemples comme les grandes cultures dans le centre du Bassin parisien, la vigne dans le Languedoc, l'élevage bovin laitier dans le Jura et en basse Normandie. Les statistiques font souvent apparaître la coexistence de plusieurs systèmes de production. Cette situation peut aussi s'expliquer par l'existence de plusieurs types de terroirs dans le territoire concerné par les statistiques. La carte éclaire à son tour le commentaire des statistiques.

III. Le renouveau des fonctions non agricoles des territoires ruraux

La géographie rurale traditionnelle se consacrait à l'étude des sociétés paysannes. Une branche voisine de la géographie étudiait les relations entre la ville et la campagne, c'est-à-dire dans un premier temps l'étude des relations entre les sociétés paysannes et les sociétés urbaines dominantes et englobantes. La transformation du paysan en agriculteur a été suivie pas à pas, avec pour conséquence la transformation du territoire des sociétés paysannes en un espace monofonctionnel à vocation agricole, inclus dans le territoire de la société urbaine.

Depuis vingt ans, le mouvement séculaire de desserrement urbain est entré dans une nouvelle phase que l'on nomme la **rurbanisation.** Ce terme décrit le desserrement de fonctions et de populations traditionnellement urbaines dans des communes qui statistiquement restent rurales (moins de 2 000 habitants agglomérés au chef-lieu). L'INSEE tend à adapter sa classification en distinguant au sein des communes rurales celles qui sont concernées par ce phénomène. Il les intègre aux *zones de peuplement industriel et urbain.* En géographie, la littérature parle de nouvelles campagnes, de renouveau des fonctions non agricoles de l'espace rural.

Sans nier la spécificité de l'espace rural défini par l'INSEE en termes de densité, de paysage, de mode de vie, nous adopterons ici une autre définition.

Lorsque l'on commente une carte, il faut chercher à identifier des territoires, à étudier leur dynamique interne et les relations qu'ils entretiennent entre eux. Dans cette logique, rattacher au monde rural les villes qui vivent en symbiose avec les campagnes permet une meilleure compréhension du fonctionnement de l'espace. Le territoire français est encore maillé par un réseau d'anciennes villes-marchés. Le devenir de ces villes est lié à celui des campagnes voisines. Il existe donc une dynamique particulière à ces entités que nous appellerons des **« pays ruraux »** dotés de villes-centres pouvant compter plusieurs dizaines de milliers d'habitants.

De 1945 à 1973 la répartition de la population à l'intérieur des pays ruraux a évolué. Avec la seconde révolution agricole, les campagnes se sont vidées au profit de la ville-centre qui concentre les activités d'encadrement de l'agriculture et les fonctions de service aux personnes : santé, éducation, commerces de détail. Le desserrement ou la décentralisation d'emplois industriels d'exécution en provenance des unités urbaines ont pu apporter localement à la ville-marché un surplus de croissance (l'ouest du Bassin parisien). A partir des années 1970 ce mode de développement s'épuise.

Les pays ruraux se repositionnent alors comme prestataires de services auprès des unités urbaines qui les dominent. Ils cherchent à devenir des lieux de résidence pour des populations ciblées : les personnes âgées, les personnes vivant dans un environnement médicalisé (les malades en séjour postopératoire, les aliénés) : c'est le choix du département de la Lozère. Dans le même temps, ils cherchent à devenir des espaces récréatifs dans le cadre du tourisme vert.

La ville et la campagne continuent de faire corps. Tous les pays ruraux ne pourront pas vivre de ce nouveau mode de développement, les flux en provenance des unités urbaines ne sont pas suffisants. La concurrence entre les différents territoires s'affiche dans des campagnes de promotion qui insistent sur cette unité ville-campagne.

L'image et les représentations sont au cœur de cette évolution. Les éléments valorisés socialement sont connus : le soleil, l'eau (observez le nombre de nouveaux plans d'eau sur les cartes récentes), le relief, la proximité ou l'accessibilité depuis les régions urbaines. Un autre élément peut dynamiser l'ensemble : la valorisation du patrimoine légué par les sociétés paysannes. La réutilisation des bâtiments, les produits de qualités, les écomusées, les événements tirés de l'ancien calendrier agricole sont les aspects les plus visibles et les plus commerciaux de cette utilisation du patrimoine paysan. L'entretien des paysages et le maintien d'une sociabilité particulière sont des nécessités pour qu'il reste vivant. Les agriculteurs ont là un rôle particulier à jouer.

Lors d'un commentaire de cartes représentant ce type d'espace, il faut donc évaluer ses chances vis-à-vis des modes de développement successifs et les réalisations observables sur les documents.

IV. Les formes traditionnelles de mise en valeur des littoraux

1. L'utilisation de l'estran

Les côtes basses vaseuses et sableuses possèdent quelques points communs au regard de leur mise en valeur traditionnelle. Ce sont des régions où les limites entre la terre et la mer sont peu nettes et mouvantes. L'homme s'est acharné à soustraire de nouvelles terres agricoles à la mer. A défaut, il a cherché à valoriser ces espaces marginaux.

• Le **marais salant** est une utilisation ancienne et artisanale des **schorres** dans les marais littoraux de l'Atlantique : repérer les compartiments hydrauliques, les vannes, la taille limitée des parcelles. La crise est ancienne. Une partie des marais salants est abandonnée – les **marais gâts** –, d'autres sont reconvertis dans des activités aquacoles ou conchylicoles avec la présence des **claires** pour les huîtres. Les **salines** méditerranéennes relèvent d'une structure industrielle : les Salins du Midi. Les installations sont de grande taille et encore fonctionnelles.

• La **conchyliculture** est un phénomène plus récent (planche n° 18). Certes la présence de bouchots est attestée dans l'anse de l'Aiguillon dès le XIIIe siècle. La cueillette des huîtres – la « plate locale » ou *ostrea edulis* – se développe dès le XVIIIe siècle. Mais l'élevage de coquillages comestibles ne croît réellement qu'au XIXe siècle grâce au chemin de fer et aux transports réfrigérés.

Les moules sont élevées sur des **bouchots,** c'est-à-dire des pieux enfoncés dans la vase par rangées parallèlement au trait de côte. Ces pieux servent de support à des cordes sur lesquelles les moules se fixent et que l'on enroule autour des pieux.

Les huîtres sont élevées dans des **parcs à huîtres** placés comme les bouchots sur l'estran, dans des concessions faites sur le domaine public. Les plus réputées terminent leur cycle de vie dans les claires où elles sont colonisées par une algue microscopique, la **navicule,** qui leur donne leur couleur bleu-vert. Cette pratique est typique du secteur de Marennes-Oléron.

La plus grande part de la production provient aujourd'hui d'une huître d'origine japonaise, la *Crassostrea Gigas.* Les huîtres « plates locales» et les «creuses portugaises», la *Crassostrea Angulata,* ont été décimées par des maladies durant les années 1970. Cette conchyliculture traditionnelle dépend de naissain prélevé dans le milieu naturel. La croissance de la demande intérieure a provoqué le développement de ces installations sur le littoral de l'Atlantique et de la Manche, en dehors des centres de Marennes-Oléron et du bassin d'Arcachon.

En Méditerranée, la conchyliculture se tient dans les étangs. La technique utilisée est celle des tables flottantes auxquelles des cordes sont suspendues; les huîtres et les moules se fixent alors sur ces cordes.

La présence de la conchyliculture sur le littoral crée des conflits pour l'accès à l'espace; les activités touristiques convoitent les mêmes sites. D'autre part la compatibilité entre les différentes activités pose problème. L'utilisation de peinture antisalissure à base d'étain par les plaisanciers a provoqué une crise conchylicole dans le bassin d'Arcachon. En Bretagne et dans les Charentes, les rejets de l'agriculture productiviste rendent les coquillages impropres à la consommation durant certaines périodes de l'année.

Ces difficultés sont de plus en plus résolues par une pratique de la conchyliculture en dehors des espaces littoraux. En Bretagne, dès les années 1960, les parcs à huîtres se déplacent en direction des eaux profondes et sont exploités par des bateaux dragueurs. C'est le cas dans la baie de Cancale, de Quiberon. La mytiliculture, l'élevage des moules, suit le même mouvement avec le développement de l'élevage sur filière. Les cordes sont suspendues à des flotteurs et amarrées à des corps morts. Les coquillages alors constamment recouverts par l'eau, connaissent de fait une croissance plus rapide. L'étape suivante est le contrôle du naissain.

2. La pêche

La pêche est une activité traditionnelle qui a animé la vie des littoraux durant toute la période préindustrielle. Les ports de pêche sont présents sur toutes les côtes mais ils sont plus nombreux le long des côtes rocheuses qui proposent de multiples sites d'abris. La pêche se divise aujourd'hui en deux sous-ensembles très autonomes.

• La **grande pêche** – pêche à la morue – et la **pêche au large** – autres pêches lointaines – demandent des investissements très lourds.

Elles sont regroupées sous le nom de **pêche industrielle.** Elles concernent un nombre limité de bateaux de grande taille : plus de 40 m. Elles emploient moins de 7000 marins. Cette activité a connu un déclin très marqué depuis 1973, justifié par la perte d'accès à de nombreuses zones de pêche à la suite du développement des **zones économiques exclusives** de 200 miles. Les armements français sont de petite taille à échelle européenne. Ils sont souvent tombés dans le giron de groupes agro-alimentaires cherchant à développer une intégration verticale à partir de conserveries ou d'usines de produits surgelés.

Les **marées** – les sorties en mer – durent de quinze jours à plusieurs mois. Les zones de pêches se situent en mer du Nord ou au nord de l'Écosse pour la morue, le lieu noir, le merlan ; dans le golfe de Guinée ou l'océan Indien pour le thon. Les bateaux représentent de tels investissements que les armateurs limitent de plus en plus les séjours hors des zones de pêche. Les ports sont mis en concurrence à échelle européenne et jugés en fonction de l'accessibilité, des coûts, des services portuaires, du dynamisme commercial des mareyeurs et des industriels du froid et de la conserverie qui les animent.

En France, quatre ports sont capables d'accueillir les navires de la pêche industrielle.

— **Boulogne** est le mieux équipé du point de vue portuaire. Les industries de transformation des produits de la mer sont très développées. Il est proche des grands centres de consommation et des principales zones de pêche.

— **Lorient** est un port créé de toutes pièces en 1927. Il reste très fonctionnel.

— **Concarneau** est le port d'attache de la flotte thonière. Ces deux ports bretons souffrent de leur position trop excentrée.

— **La Rochelle** a ouvert un nouveau port de pêche très moderne orienté sur la marée fraîche à Chef-de-Baie en 1994. Un des paris est de détourner les bateaux espagnols en leur offrant des services de qualité et une situation centrale entre leurs ports d'attache et les zones de pêche.

• **La pêche artisanale regroupe des bateaux de moins de 26 m pratiquant la pêche côtière – marée de moins de trois jours – et la petite pêche où les marées sont limitées à la journée.** Elle emploie moins de 14000 marins répartis sur 7000 navires. Les espèces recherchées sont plus variées et possèdent une plus grande valeur marchande : soles, bars, rougets, dorades, homards, crevettes... Dans le cadre de la pêche artisanale, la **rémunération** se fait **à la part.** Une fois la part du bateau retranchée, 50 à 70 % du total pour l'amortissement du bateau et le payement du carburant, le produit de la pêche est divisé entre le patron (2 parts), le mécanicien (1,5 part), le matelot (1 part), le mousse (0,5 part). La pêche artisanale anime de nombreux ports du littoral atlantique et de la Manche. Elle se concentre dans le sud du Finistère, avec les ports du pays bigouden. La pêche artisanale a connu un âge d'or durant les années 1970. Depuis, une crise structurelle s'est installée.

• **Les fonds marins de l'UE sont nettement surexploités :** le poisson n'a plus le temps de se reproduire, les volumes de capture stagnent ou baissent, la taille des poissons capturés diminue. Pour lutter contre la **surpêche, l'Europe bleue** née en 1983 a fixé des TAC– total autorisé de capture – sur 35 espèces, interdit la pêche de certaines espèces à certaines saisons. Les techniques de pêches sont réglementées, notamment l'élargissement du maillage des filets pour laisser une chance aux immatures.

Le respect de ces dispositions n'est pas toujours une règle générale. La surcapacité de la flotte de l'UE est estimée à 40 % du total. Des plans de désarmements subventionnés sont développés comme le plan Mellik en France en 1991 (plus d'un millier de bateaux détruits).

Cette crise structurelle risque d'avoir des conséquences négatives très importantes pour le sud du Finistère qui est la seule région réellement dépendante de la pêche et de ses activités liées, comme l'entretien et la réparation des bateaux ou du matériel de pêche.

La demande en produit de la mer reste soutenue. L'UE tente de favoriser le développement de l'aquaculture. Toutes les situations existent. Le **sea ranching** consiste à développer des **écloseries** dont la production sert à repeupler les fonds marins comme pour la coquille Saint-Jacques en rade de Brest. Les **fermes marines** élèvent le poisson sur tout son cycle de vie. Certaines relèvent déjà de l'élevage industriel comme les élevages de saumon du nord-ouest de la France.

V. Le développement urbain

Les cartes au 1/50 000 et plus encore au 1/25 000 donnent de nombreuses informations sur les villes. La lecture de la carte permet de retracer les grands traits de l'évolution urbaine et de décrire la situation actuelle de l'agglomération ou de la partie d'agglomération représentée.

1. Le modèle du développement urbain

Il existe un modèle descriptif du développement urbain applicable à l'ensemble de l'Europe occidentale et dont relève le modèle français (planche n° 15). Nous l'évoquerons dans un premier temps sans tenir compte des limites communales.

Il est à noter que les monuments laissés par les cités antiques se localisent de manière aléatoire dans le **tissu urbain** (configuration spatiale des rues et des bâtiments). Il existe une rupture dans l'histoire urbaine entre la fin de l'Antiquité et le haut Moyen Age. Durant plusieurs siècles, la ville a presque disparu. L'ancienne ville antique est rarement le noyau initial autour duquel s'organise l'agglomération actuelle.

▸ **La partie centrale d'une agglomération est constituée de tissus urbains denses indiqués en grisé sur les cartes.** Elle est la plupart du temps limitée par des boulevards circulaires qui ont été installés à partir de la fin du XIXe siècle sur le tracé du dernier rempart. Elle abrite des monuments remarquables indiqués sur les cartes : l'église ou la cathédrale lorsque la ville est un siège épiscopal, ou encore le château et l'hôtel de ville. Dans les villes importantes, il est possible de distinguer plusieurs périodes de croissance au sein de cette partie centrale.

• Le **noyau initial médiéval** peut être identifié grâce aux monuments historiques cités ci-dessus. La morphologie urbaine des tissus médiévaux est un autre indicateur : les rues sont étroites et sinueuses, les **îlots** – groupe d'immeubles entièrement cerné de rues – très denses et parfois entièrement bâtis. La limite de la ville médiévale, l'enceinte fortifiée, peut être conservée dans le tracé des rues.

• La **période moderne** se distingue difficilement sur les cartes. Elle n'est souvent que le prolongement des tendances médiévales. Seules les opérations planifiées mettant en valeur le pouvoir royal se repèrent facilement. Elles existent principalement dans les capitales des intendants. La **place royale** est le phénomène le plus remarquable : il s'agit d'un vaste espace en creux dans un tissu urbain dense comme la place Bellecour à Lyon ou la place des Vosges à Paris. Des quartiers avec des plans en damier ont vu le jour à Nancy, à Aix-en-Provence... La ville a parfois été dotée d'un plan d'ensemble comme à Bordeaux ou à Montpellier. Le centre de Rennes a été reconstruit selon un plan en damier après l'incendie de 1720.

• Cependant, la rupture majeure se situe dans la **seconde partie du XIXe siècle** lorsque les villes s'adaptent aux contraintes nées de la révolution industrielle. Ce cycle d'urbanisme est communément appelé **cycle haussmannien.** Sur les cartes trois éléments doivent être mis en valeur :

— les **percées** sont des avenues rectilignes, très larges par rapport aux rues voisines, qui relient des points remarquables de la ville : les places, la préfecture, l'hôtel de ville, la gare... ;
— les **parcs à l'anglaise** sont de vastes espaces verts avec des voies sinueuses et des plans d'eau ;
— les **« beaux quartiers »** bourgeois se situent à proximité des parcs ou des préfectures avec des plans en damier. La densité des îlots est souvent plus faible.

L'époque est aussi marquée par le début du desserrement urbain. Le noyau historique monumental, souvent limité par le tracé des voies de chemin de fer ou l'emplacement des gares, est ceinturé par des quartiers à vocation utilitaire : casernes, hôpitaux, abattoirs et usines se mêlent alors aux habitations. Le tissu urbain est moins dense.

▸ **Le contenu du centre d'une agglomération obéit aussi à un modèle général. Le centre est de plus en plus tertiaire car les usines se desserrent en périphérie dès les années 1960.** Les fonctions tertiaires s'affinent et l'espace se spécialise.

• Le noyau initial a été réhabilité durant les années 1970 et 1980 en utilisant les lois Malraux sur les **secteurs sauvegardés** de 1962. Aujourd'hui, ces zones sont souvent devenues des quartiers touristiques en partie piétonniers consacrés aux loisirs et à la culture.

• Le centre du XIXe siècle reste le centre commerçant identifié comme étant le centre-ville par les habitants avec les grands magasins et les rues commerçantes installées dans les percées haussmaniennes, souvent devenues piétonnes. Les étages des immeubles sont colonisés par les bureaux : c'est le phénomène de la **City,** du nom du quartier londonien qui a connu ce processus dès le XIXe siècle.

Dans cette partie monumentale du centre le nombre d'habitants a fortement diminué. En dehors de quelques familles aisées, seuls restent des étudiants ou des **ménages atypiques** comme les célibataires, les femmes seules avec enfants.

• **Les quartiers utilitaires du XIXe siècle ont connu une crise importante durant les années 1960 et 1970.** Les établissements qui les animaient se sont desserrés en périphérie en laissant derrière eux des **friches urbaines.** La population traditionnelle a suivi en abandonnant des logements inconfortables et souvent insalubres aux nouveaux immigrants étrangers, aux étudiants et aux personnes âgées restées sur place. Depuis le milieu des années 1960, les auteurs observent un renouveau.

— **Le trop-plein d'activité du centre monumental se reverse sur ces quartiers.** Des immeubles de bureaux remplacent les anciennes friches. Dans les très grandes villes des centres directionnels se développent.

L'objectif d'un **centre directionnel** est fonctionnel. Il s'agit de concentrer sur un espace limité tous les décideurs publics ou privés et l'ensemble des services qui leur sont nécessaires. Un centre commercial complète habituellement l'ensemble. La centralité est fonctionnelle, c'est-à-dire que l'accès doit être facile par la route et le chemin de fer tant pour les déplacements intra-urbains que pour les déplacements interurbains. Les différents flux de circulation sont séparés y compris le flux piétonnier. Le paysage se compose de gratte-ciel plus ou moins élevés. Paris possède plusieurs centres directionnels de ce type dans ses arrondissements périphériques comme Montparnasse et Italie. La Part-Dieu à Lyon, Mériadeck à Bordeaux, Euralille à Lille sont les meilleurs exemples provinciaux.

Le regroupement des divers centres porte le nom d'**hypercentre.**

— **La « reconquête » des quartiers utilitaires se développe aussi dans le domaine de l'habitat.** Ce processus se nomme la **gentrifica-**

tion. Les classes moyennes qui ne peuvent plus se loger dans le centre monumental occupent des logements dans ces secteurs.

— Lorsque les logements anciens sont remis aux normes du confort moderne – w.-c., eau chaude, salle de bain, chauffage –, les auteurs parlent de **réhabilitation.**

— Si les immeubles anciens sont rasés et remplacés par de nouvelles « résidences », il s'agit de **rénovation.**

Les très grandes villes conservent des activités artisanales particulières en position centrale : les « sentiers » de Paris ou de Lyon, l'artisanat de luxe.

Le degré de reconquête des quartiers utilitaires est un très bon indicateur du dynamisme d'une agglomération. En comparant des cartes de différentes éditions ou en analysant les structures du tissu urbain sur une seule, il est possible d'évaluer l'ampleur des mutations.

▸ **L'ancien rempart est une limite physique qui a donné naissance à des représentations opposant un dedans et un dehors.** L'utilisation faite de l'espace laissé vacant par le rempart et la zone inconstructible qui le précède a ossifié cette opposition.

• Les **boulevards périphériques** sont des coupures très fortes dans l'espace urbain. Il est impossible de les traverser à pied. En voiture, il faut chercher les entrées et les sorties.

• Les **terrains non consommés par les périphériques** sont généralement utilisés pour des équipements publics, espaces verts, terrains de sport, lycées, citées administratives et éventuellement des grands ensembles.

▸ **La fracture ainsi créée marque la frontière entre la ville-centre et la banlieue.** Initialement ce terme désignait le territoire d'une lieue autour d'une ville où s'étendait le pouvoir de commandement de la seigneurie urbaine, son pouvoir de ban. Par extension, le terme désigne aujourd'hui un espace bâti en continu – moins de 50 m entre deux bâtiments ou équipements – en dehors du noyau central. **Attention !** Les auteurs et l'INSEE considèrent généralement la commune centrale comme noyau central et les communes voisines comme banlieues en se fondant sur l'exemple parisien où les deux limites coïncident. L'utilisation faite ici du terme de banlieue peut être tenue pour hétérodoxe par un jury.

La banlieue se décompose en deux couronnes.

• La **première couronne** se situe à proximité de la ville. Elle regroupe quatre types de tissus urbains.

— Des **faubourgs** linéaires, denses, se trouvent devant les anciennes portes des remparts. Ils conservent une vie commerciale importante.

— Le remplissage en tache d'huile à partir des faubourgs est constitué de quartiers utilitaires de la fin du XIXe et du début du XXe siècle. La **trame viaire** ou trame dessinée par les rues (*via* = rue) est peu organisée, les entrepôts et les usines se mélangent à l'habitat. Comme les tissus sont peu denses, les figurés sur les cartes changent. Les bâtiments utilitaires apparaissent en hachuré alors que les bâtiments d'habitations sont en noir. Les emprises au sol sont réelles, c'est-à-dire que les espaces en blanc au cœur des îlots ne sont pas bâtis. Dans les centres, surtout pour les cartes au 1/50 000, les îlots sont parfois entièrement hachurés et ne représentent pas les emprises réelles des bâtiments.

— Les lotissements de l'entre-deux-guerres, pour lesquels il faut évoquer l'importance de la **loi Loucheur** de 1928 sur l'accession à la propriété, sont situés à proximité des gares. Ils sont très visibles sur les cartes de la région parisienne (planche 3) où ils constituent des nappes continues ou des grappes importantes en cours de densification, certains pavillons étant remplacés par de petits immeubles. Ils sont souvent dotés de plans géométriques complexes. En province, on les devine à peine sur les cartes de très grandes villes.

— Les **grands ensembles** (+ de 3 000 logements en une seule opération) sont venus dans les années 1960 combler les « trous » existant dans les tissus antécédents.

Les noyaux villageois ou urbains anciens ont été noyés dans cette marée urbaine. Les limites communales recoupent ces différents éléments de manière aléatoire. Les axes de transports qui desservent la ville-centre ont un effet structurant plus important du fait des obstacles qu'ils créent pour les déplacements locaux. La **proche banlieue** suit un modèle d'évolution calqué sur celui des quartiers utilitaires du centre-ville, avec un temps de retard. Elle possède cependant une spécificité : les opérations successives d'aménagement ont tenté de faire surgir des centres de services pour polariser ces espaces.

• La **seconde couronne de banlieue,** plus lointaine, s'est mise en place après 1954. Elle est bâtie en fonction des principes urbanistiques des écoles modernes d'architecture résumés dans la **charte d'Athènes.**

En réaction aux quartiers usiniers du XIXe siècle et pour faire face à l'urbanisation en cours, l'accent est mis sur les points suivants.

— Pour éviter les nuisances, les différentes fonctions doivent être séparées dans l'espace. Le territoire est décomposé en cases dotées d'une fonction unique : habitation, travail, délassement, circulation. Les différents flux de circulation sont séparés et hiérarchisés : c'est le principe du **zonage.**

— La **rue corridor** est condamnée ainsi que l'îlot urbain avec sa cour intérieure qui se densifie progressivement. Au nom du droit à la lumière, à la vue et aux espaces verts, le logement collectif en **open planning** est valorisé.

En France ces principes apportaient des solutions aux problèmes posés par la croissance démographique, l'exode rural, l'arrivée d'une nouvelle vague d'immigration. De 1954 à 1974, une première génération de nouvelles banlieues se met en place sous le haut patronage de l'État. Elle permet l'industrialisation du secteur bâtiment-travaux publics (planche no 16).

— Les grands ensembles en open planning correspondent à la case « habiter ». Les plus importants en nombre se regroupent au sein des zones à urbaniser en priorité (ZUP). Malgré quelques tentatives de recherche architecturale, plus nombreuses en fin de période, les formes géométriques simples dominent avec les tours et les barres. L'urgence et le manque de moyens provoquent des dérives par rapport aux principes annoncés. Les densités sont élevées, les matériaux utilisés sont de qualité médiocre. L'urbanisme en chemins de grue sévit : une même grue dessert quatre chantiers en même temps. La recherche de terrain à partir des prix du marché repousse souvent les grands ensembles en périphérie lointaine.

— Dans un premier temps, les zones industrielles forment l'essentiel des cases « travailler ». Progressivement les fonctions tertiaires se desserrent. Les supermarchés, les hypermarchés – une création française –, les hôpitaux s'installent dans ces cases. De nouveaux **campus « à l'américaine »** se développent : l'objectif est de rassembler dans un cadre agréable avec un faible coefficient d'occupation au sol (COS) les bâtiments d'enseignement, les logements, les commerces et les services pour favoriser les contacts entre professeurs et étudiants des diverses disciplines. Là aussi les moyens ont parfois manqué.

— Le mode de circulation dominant est la route.

— Le délassement ne donne pas lieu à des réalisations importantes.

Cette nouvelle banlieue a connu les faveurs de la population. L'appartement dans le grand ensemble apporte le confort moderne, le soleil, l'espace. Mais dès la fin des années 1960 le caractère inhumain de l'architecture moderne est mis en avant. Les ménages les plus aisés quittent les lieux et sont remplacés par les pauvres chassés des quartiers anciens. Avec le passage au mode de production flexible, le chômage se développe parmi les catégories peu qualifiées employées auparavant dans les ZI. Les grands ensembles deviennent l'épicentre de la crise urbaine quelques années après leur construction.

• **La seconde génération de nouvelle banlieue prend forme à partir de 1973-1974. Le principe du zonage en cases spécialisées est conservé mais assoupli, la route reste le mode de transport dominant** (planche n° 16).

— En ce qui concerne l'habitat, le logement individuel en **pavillon** remplace l'appartement dans un grand ensemble. Il bénéficie de la hausse du niveau de vie et du retour en grâce de ce type d'habitat auprès des pouvoirs publics qui mettent en place un système d'aide à l'accession à la propriété. Les pavillons se regroupent généralement en **lotissement.** La ségrégation sociale est très poussée en fonction des types de prêt, de la taille des parcelles. La localisation du lotissement, sur un coteau, près d'une forêt, la taille des parcelles et des bâtiments permettent de se faire une idée de l'identité sociale de ses habitants. Les pavillons mitoyens des **« nouveaux villages »** sont parfois difficiles à distinguer. Les pavillons isolés se développent aussi en dehors des lotissements. Le parcellaire rural joue un rôle important dans la manière dont se diffuse la marée pavillonnaire. Les parcelles massives favorisent les grosses opérations, les parcelles de petite taille peuvent être achetées plus facilement par les particuliers et encouragent la conquête pavillonnaire anarchique. Le parcellaire agricole peut parfois encore se lire dans des espaces déjà urbanisés comme au sud d'Avignon.

— En matière d'activité le tertiaire se développe. Nous n'évoquerons ici que le phénomène des centres commerciaux périphériques qui se généralisent durant les années 1980. A proximité d'un échangeur, une ou deux grandes surfaces généralistes s'entourent de galeries marchandes, de grandes surfaces spécialisées dans le sport, le bricolage ou encore l'équipement de la maison. L'attractivité de l'ensemble ainsi créée est supérieure à la somme de l'attraction créée par chacun de ses membres. Au milieu d'immenses parkings, le tout tend à devenir le centre du fait de ces nouvelles banlieues. Soucieuse d'offrir une gamme de services complète à sa clientèle, une enseigne de la banlieue lyonnaise a même ouvert quelque temps un lieu de prière dans sa galerie marchande!

— Les loisirs se développent avec une multitude d'équipements sportifs, des bases de loisirs...

Cette seconde génération de banlieue postérieure à 1954 est le territoire des familles appartenant aux classes moyennes. Elle constitue la marge active de l'agglomération. De nombreux auteurs la désignent sous le nom d'**espace périurbain.** De fait, elle n'est pas encore suffisamment dense pour mériter le titre de banlieue. Ses postes avancés se situent dans des communes qui restent rurales aux yeux de l'INSEE. Lorsqu'il s'agit de pavillons isolés situés à l'écart des noyaux bâtis traditionnels, les auteurs parlent du **mitage** du paysage rural. Pour cerner les contours actuels des agglomérations, cet organisme a créé le concept de **zone de peuplement industriel et urbain** qui regroupe la commune urbaine initiale, les communes urbaines de banlieue et les communes rurales touchées par la périurbanisation. Plus de la moitié du territoire métropolitain est ainsi classée en ZPIU.

2. Les limites du modèle

Le modèle décrit une ville théorique ayant connu une croissance continue et sans à-coup dans une région de plaine. Cette situation est rarement réalisée et l'analyse de la **morphologie urbaine** d'une agglomération à partir d'une carte doit mettre en valeur sa personnalité.

▸ **L'étude classique débute par la description de la situation de la ville à échelle régionale, nationale, internationale:** existe-t-il un carrefour? à quelle échelle? est-il équipé en voies de communication?

Elle se poursuit par l'étude de la morphologie urbaine proprement dite. Trois séries de données modifient fortement le canevas théorique.

• Le **site** est le cadre physique dans lequel se développe l'agglomération. Les contraintes qu'il impose permettent rarement la croissance théorique en « tache d'huile » et « doigt de gant ». De nombreuses agglomérations sont dissymétriques, canalisées par des vallées...

— Le **site initial** concerne le noyau premier de la ville. L'usage distingue les sites de franchissement comme les sites de pont sur les rivières ou les fleuves, les sites défensifs perchés ou liés à l'eau. Dans les vallées, les villes initiales se localisent sur les terrasses alluviales anciennes pour éviter les inondations.

— Le **site d'extension** concerne les possibilités offertes pour la croissance de la ville. La présence de reliefs, même faibles, a des conséquences. Les vallées sont occupées avant les plateaux lors de la croissance du XIXe siècle : le chemin de fer qui est alors le mode de transport dominant a des difficultés pour franchir les pentes. Les espaces plans sont recherchés par toutes les activités, les pentes attirent les résidences aisées. Lorsque le site initial est inadapté, comme un éperon rocheux, le centre peut se déplacer : c'est le cas par exemple à Saint-Flour ou encore à Laon.

• L'**histoire** est le second élément qui influence fortement la morphologie urbaine.

— Certaines villes possèdent des centres dotés de plans d'ensemble préétablis issus d'une volonté politique. Le **plan en damier** autour d'une place centrale est le cas le plus fréquent. Il concerne quelques villes ayant conservé leur plan antique (Besançon), les bastides du Sud-Ouest construites du Xe au XIVe siècle (plus de 350 ; les plus importantes sont Montauban, Castelsarrasin, Castelnaudary, Villefranche-de-Rouergue, la ville basse de Carcassonne), quelques villes de l'ouest de la France issues du plan napoléonien de contrôle des bocages (La Roche-sur-Yon, Pontivy), les centres reconstruits après la Seconde Guerre mondiale comme Le Havre et Maubeuge. Les **plans géométriques** plus **complexes** sont typiques des créations de l'époque moderne : il en est ainsi de Versailles ou des villes forteresses créées par Vauban (Neuf-Brisach, Sarrelouis-Longwy, Huningne, Montlouis, plus 300 villes fortifiées).

— Les villes connaissent souvent des périodes de prospérité et de croissance qui alternent avec des époques plus difficiles. La morphologie urbaine garde des traces de ces à-coups. L'importance relative des différentes couronnes de croissance urbaine permet de reconstituer le passé d'une agglomération.

Lorsque le centre historique est énorme par rapport aux couronnes plus récentes, il s'agit d'une agglomération ayant connu un fort déclin : c'est le cas de Pézenas, ancien siège de l'intendant du Languedoc et ville natale de Vidal de La Blache...

Un centre et une auréole du XIXe siècle très développés par rapport aux couronnes récentes montrent des difficultés après 1945 : l'agglomération lilloise en est une bonne illustration.

Un centre historique important, une première couronne de banlieue atrophiée et une seconde hypertrophiée caractérisent de nombreuses villes du Val de Loire, ce qui permet d'évoquer leur stagnation au XIXe siècle (ces villes ont « manqué » la première et la seconde révolution industrielle) et leur réveil récent par reversement du dynamisme parisien (Orléans, Tours, Angers).

La périurbanisation étonnante que l'on retrouve autour des villes du sud de la France est le signe de leur bonne fortune récente.

Les établissements scolaires et les universités possèdent des cartothèques. Il est utile de consulter de nombreuses cartes durant l'année de préparation pour s'éduquer l'œil et apprendre à repérer le normal et l'anormal en matière de croissance urbaine.

• La **présence d'une fonction dominante** prégnante est le dernier facteur de perturbation. Les vieilles régions industrielles, les stations touristiques, les villes portuaires font l'objet de chapitres particuliers pour cette raison. Il reste à évoquer le cas des villes marquées par de fortes traditions militaires. Les remparts, les zones non constructibles, les emprises des casernes ont alors modifié la répartition des hommes et des activités dans l'espace urbain (Toul). D'une manière plus générale la domination exclusive d'une seule fonction doit être soulignée comme c'est le cas avec le tertiaire à Aix-en-Provence.

3. Les problèmes urbains

Après avoir évoqué la situation, l'étude de la morphologie urbaine et des fonctions, l'**analyse classique** se termine par les problèmes rencontrés par l'agglomération. Nous évoquerons ici les trois plus fréquents.

▸ **Le zonage et la hausse du niveau de vie ont suscité la multiplication des déplacements individuels en voiture.** D'autre part, le développement du mode de production flexible depuis 1973 a provoqué une forte augmentation du transport de marchandises – les stocks sur roues – accentuée par la croissance économique. Les axes routiers et autoroutiers sont saturés, l'automobile est la première source de pollution urbaine.

Plusieurs réponses techniques ont été apportées à ces difficultés.

• **En restant dans le domaine routier, des axes nouveaux sont créés ou agrandis.** Les **pénétrantes** correspondent aux voies d'accès au centre. Elles débouchent de plus en plus sur des parkings souterrains car une bonne partie de la circulation dans les centres-villes est constituée d'automobilistes cherchant une place pour se garer ; la solution n'est qu'apparente, les parkings de centre-ville jouent le rôle d'« aspirateur à voitures » et renforcent les flux en direction du centre. Les flux de transit sont détournés grâce aux **rocades périphériques**. Le tunnel de Fourvière à Lyon est de ce point de vue une erreur majeure d'aménagement urbain car il concentre les flux locaux et les flux de transit. La rocade Est tente aujourd'hui de détourner les flux de transit nationaux et européens.

• **Une partie du trafic est reportée sur les transports collectifs :** métro, tramway, bus par ordre de capacité. Le métro est souvent vécu par les élus locaux comme une forme d'affirmation de la taille européenne de leur cité (Lyon, Marseille, Lille, Toulouse, en projet à Bordeaux, à Rennes). Le tramway est souvent plus adapté et moins coûteux (Grenoble, Nantes, Strasbourg ; Saint-Étienne a conservé son tramway ancien). En France, ces solutions, les articulations qu'elles peuvent entretenir entre elles et avec la route sont rarement considérées comme prioritaires contrairement aux villes d'Europe du Nord.

▸ **La ville est devenue une agglomération multicommunale.** Le découpage du territoire français en **communes** et **départements** est un héritage de la Révolution. Il provoque l'éclatement du pouvoir politique local qui se répartit entre les mains d'un grand nombre d'acteurs. De nombreux dysfonctionnements naissent de cette situation. La commune centre se fait exploiter par les communes périphériques dont les habitants profitent d'équipements qu'ils ne financent pas. Le niveau d'imposition varie selon les communes et les départements alors que les fonctions tertiaires possèdent une grande liberté en matière de localisation. De fait elles se regroupent dans les communes socialement favorisées à la recherche d'un environnement économique et social favorable mais aussi d'un niveau d'imposition plus faible. D'une manière générale, ce découpage favorise l'expression des égoïsmes locaux et nuit à la réalisation d'objectifs d'intérêt général. En Allemagne, le pouvoir local est organisé au niveau de l'agglomération.

Les solutions proposées restent timides. Les communes d'une agglomération peuvent se regrouper dans des **districts urbains** ou des **syndicats intercommunaux à vocation multiple** qui gèrent principalement des problèmes techniques. Les communautés urbaines, créées à partir de la loi du 31.12 1966, sont une forme plus avancée de coopération intercommunale mais leurs compétences larges ne suppriment pas l'autonomie communale (agglomérations de Lyon, Lille, Strasbourg, Le Mans, Brest, Dunkerque, Cherbourg, Le Creusot - Montceau-les-Mines).

Dans le cadre d'une concurrence renforcée entre les différents territoires à échelle européenne, l'absence de pouvoir local fort et identifié affaiblit les agglomérations françaises.

▸ Enfin le célèbre « problème des banlieues » renvoie à une double thématique.

• La première, traditionnelle, concerne **l'organisation de la banlieue** dans son ensemble. Les auteurs insistent alors sur le caractère éclaté de ces espaces, sur leur difficulté à « générer un lien social » et à forger une identité collective. La solution envisagée est la création de centres de services hiérarchisés visant à restructurer la banlieue. Sur ce modèle, le quartier des gratte-ciel à Villeurbanne date des années 1930 et fait figure de précurseur. Sur les cartes, il faut chercher les accumulations d'équipements sur un espace restreint. Un ville historique antérieure à la banlieue a pu être réutilisée ou un ensemble moderne fonctionnel créé (planche n° 16). Les villes nouvelles tendent aujourd'hui à se comporter comme de tels centres.

• La seconde rend compte de la **crise des grands ensembles** qui éclate au grand jour avec l'été chaud des Minguettes en 1981 dans la banlieue lyonnaise. La **politique de la ville** à partir des années 1980 s'adresse plus particulièrement à ces quartiers. Elle a permis une amélioration de l'habitat et une dédensification visible sur les cartes récentes. L'accompagnement social a ralenti la formation des ghettos. Néanmoins, deux questions restent posées :

— A la coupure sociale répond une coupure spatiale. Le fonctionnement spontané de l'espace urbain tend à concentrer les personnes les plus fragilisées dans les espaces les moins valorisés. L'exclusion spatiale s'inscrit alors dans une chaîne d'exclusion qui comporte des dimensions culturelles, économiques et sociales. Aucune procédure volontariste n'a réellement réussi à enrayer ce phénomène de l'exclusion spatiale.

— Le passage au mode de production flexible à partir de 1973 s'accompagne d'une dualisation de la société. A défaut d'une volonté collective de trouver un nouvel ajustement entre l'économique et le social, le maintien du compromis fordiste au cœur de la société fait supporter l'essentiel du poids de la crise sociale à ceux qui en sont exclus.

Il ne faut jamais parler du problème des banlieues en général comme le font de nombreux journalistes.

Les différents problèmes classiques ne se présentent pas partout avec la même intensité. Le commentaire doit insister sur le problème des transports si l'agglomération se développe dans un site très contraignant ou si un retard très net dans ce domaine est visible sur la carte. Les problèmes sociaux se posent avec plus d'intensité dans les grandes agglomérations, là où les traditions industrielles étaient fortes. L'organisation générale de l'agglomération peut les renforcer comme à Lyon et Paris où l'opposition entre l'est et l'ouest de l'agglomération est très forte.

4. Quel avenir pour les villes ?

Avec la « fin des paysans » (H. Mendras), la distinction ville/campagne a perdu beaucoup de sa pertinence. L'ensemble de la société est unifié autour d'un seul **mode de production.** Ce mode de production lui donne ses grands traits et, par là même, structure en grande partie l'organisation de son territoire.

▸ **La période de 1945 à 1995 s'organise du point de vue économique autour de deux modes de production.**

• **La période 1945-1973 est dominée par le mode de production fordiste** qui caractérise les Trente Glorieuses. L'heure est à la maturité des activités issues de la seconde révolution industrielle. Les grandes entreprises se développent suite aux processus d'intégration verticale et horizontale dans un cadre national ou européen. Les établissements de ces grandes entreprises tendent vers le gigantisme. Le travail est décomposé en différentes phases : gestion, recherche, production, entreposage, vente. La division spatiale du travail se développe :

— les activités stratégiques de gestion et de recherche restent ou se relocalisent à Paris et dans les très grandes villes ;

— la fabrication qualifiée se développe dans les régions de tradition industrielle qui possèdent déjà de la main-d'œuvre qualifiée ;
— les activités déqualifiées de montage partent à la recherche de bassins de main-d'œuvre peu qualifiée, peu onéreuse, peu revendicatrice. La politique étatique de **décentralisation industrielle** des années 1960 a surtout orienté et accompagné un flux d'emplois qui existait à cette époque.

La **« disjonction fonctionnelle »** des tâches a permis la **division spatiale du travail.** La société produite par ce modèle est pyramidale, elle oppose les cadres aux non-cadres. En contrepartie d'un travail peu passionnant, les salariés se voient offrir des avantages matériels importants (salaires + avantages divers) : c'est le **compromis fordiste.** Les espaces créés par ce mode de production sont décrits dans d'autres parties de l'ouvrage.

• **La période de 1973 à aujourd'hui est marquée par la montée en puissance du nouveau mode de production dit « flexible ».** La croissance économique est plus lente et plus hachée mais elle existe. De même, le nombre d'emplois augmente faiblement.

Les firmes transnationales et une nouvelle génération d'activités – l'informatique et ses applications, les biotechnologies – sont au cœur de cette évolution. La firme transnationale consacre ses efforts à la recherche & développement et au marketing. Elle sous-traite la fabrication ou ne conserve que l'assemblage. Il en va de même pour la commercialisation. Elle se comporte comme un chef d'orchestre vis-à-vis de réseaux de sous-traitants spécialisés dans les services ou l'industrie. Ces réseaux sont organisés à échelle mondiale, continentale, nationale, régionale et locale. La fabrication n'est plus qu'un maillon d'un processus de production dominé par les services. Il existe dans un tel système des flux flottants d'activités et d'emplois à la recherche d'une localisation.

▸ **En France, à partir des lois Defferre sur la décentralisation en 1982, les collectivités territoriales se voient dotées de nouveaux pouvoirs.** Rapidement, elles prennent conscience du passage au mode de production flexible et de la réorganisation en cours à échelle européenne, avec une concurrence renforcée entre les différents territoires. Elles vont alors se lancer à corps perdu dans une véritable **« stratégie du porte-avions ».** En partenariat avec les différents acteurs du développement local (la politique régionale de l'Union européenne, l'État, les chambres de commerce, les entreprises privées), elles vont développer des espaces supports pour faciliter l'implantation de nouveaux établissements, de nouvelles activités.

• **Le technopôle est le premier de ces espaces supports.** En prenant modèle sur des exemples américains à l'origine, comme la Silicon Valley ou la Route 128 à Boston, l'objectif est de réunir, si possible sur un même espace, des centres de formations, des laboratoires de recherche, des industries de pointe pour obtenir une fertilisation croisée et des « synergies ». L'environnement paysager doit être agréable, les liaisons faciles et rapides. Le technopôle possède habituellement une pépinière d'entreprises pour accueillir les entreprises nées de l'exploitation des brevets déposés par les chercheurs et les industriels implantés sur le site. Elles trouvent là des locaux, des services, un environnement favorable avant de partir réensemencer le tissu industriel local. Les technopôles se situent généralement en périphérie à proximité des campus universitaires. Ils sont rarement indiqués en tant que tels sur les cartes. Ils ne connaissent une croissance que dans les très grandes villes (la ZIRST de Meylan pour Grenoble, l'innopole de Toulouse-Labège, Rennes-Atalante, Nancy-Brabois).

• **Avec le mode de production flexible, une nouvelle génération de produits apparaît :** il faut les présenter aux clients potentiels. De nouvelles techniques de production se répandent : il faut recycler le personnel, le motiver. L'organisation en réseau nécessite de multiples échanges et un besoin accru de rencontres. Les années 1980 ont été marquées par le développement des foires et salons, des congrès.

Les collectivités locales se sont rendu compte que ce **« tourisme d'affaires »** était en soi lucratif et qu'il avait des retombées très positives en termes d'image. Elles se sont lancées dans la construction de parcs des expositions et de palais des congrès très visibles sur les cartes soit en position centrale soit en périphérie. Le succès de ce secteur dépend de l'image de l'agglomération. Le centre-ville se transforme en vitrine. Les opéras, les théâtres, les musées sont mis en avant. De nouveaux hôtels de luxe sortent de terre ou occupent des bâtiments anciens de caractère pour accueillir ces touristes d'un genre particulier.

• **La mise en place de la technique des flux tendus à l'intérieur des réseaux de production et de distribution rend nécessaire une transformation du secteur des transports.** La **logistique** est un terme qui désigne l'ensemble des activités centrées sur la gestion des flux matériels et immatériels relevant du transport, de la manutention, du stockage et de l'emballage des marchandises. Les villes suscitent, ou voient apparaître pour les plus dynamiques, des **plates-formes logistiques.** Il s'agit de **plates-formes multimodales** (c'est-à-dire un lieu où sont regroupées les infrastructures nécessaires au transbordement des conteneurs d'un mode de transport à un autre) complétées par les locaux des activités liées au transport et au stockage qui se développent à proximité. Ces plates-formes jouent le rôle de centre de regroupement et d'éclatement des flux. Leur taille est proportionnelle à celle de l'agglomération. Le but des aménagements plus importants est de capter les flux de transit pour les utiliser comme moteur de la croissance locale. Dans les très grandes villes, la plate-forme principale se développe à côté de l'aéroport. A l'image des grandes métropoles mondiales les aéroports parisiens sont les pôles de regroupement et d'éclatement des flux aériens à échelle mondiale : des **hubs.** Roissy plus spécialement développe un centre directionnel : Roissy-pôle. Lyon-Satolas tente parallèlement de devenir un hub à échelle européenne.

• Enfin **le centre directionnel** – avec gratte-ciel – reste un signe extérieur de réussite recherchée. Lille est la seule ville française de province à s'être dotée d'un tel équipement durant les années 1980-1990. Le centre directionnel symbolise la croissance du tertiaire supérieur d'entreprise qui caractérise la très grande ville. De nombreuses villes, plus petites, se contentent de développer un quartier de bureaux autour de leur gare TGV, avec le soutien actif des collectivités locales (Le Mans). Cela complète généralement le centre commercial apparu durant les années 1970.

Ces différents « nouveaux espaces » du tertiaire sont présents dans de nombreuses agglomérations. Il ne faut pas oublier pour autant que le processus de métropolisation qu'ils sont censés incarner ne concerne en fait qu'un petit nombre d'agglomérations : Paris reste une des plus grandes métropoles mondiales, Lyon s'affirme comme métropole européenne, quelques grandes agglomérations de province suivent le même chemin. La question du devenir des agglomérations intermédiaires reste posée alors que l'euphorie des premiers temps de la décentralisation est retombée.

Sur le plan social, le mode de production flexible se traduit par une inversion de la pyramide. La proportion de travailleurs qualifiés et très qualifiés à revenus élevés augmente. Les principaux aménagements réalisés depuis 1973 le sont en misant sur leur consommation pour soutenir la croissance de la demande intérieure. La proportion de travailleurs peu qualifiés diminue, leur statut se précarise. A côté de cette société des **« inclus »**, une société des **« exclus »** se développe (société en sablier). Entre les deux se trouve la désormais célèbre **« fracture sociale »**.

VI. Les vieilles régions industrialisées

1. Les principes généraux d'organisation du territoire

Le terme de **vieilles régions industrialisées** désigne ici des territoires structurés par l'industrie avant la crise de 1929. Ces ensembles s'individualisent nettement dans l'espace car ils s'inscrivent en rupture par rapport aux paysages urbains et ruraux traditionnels.

Leur originalité est assurée à l'échelle du bâtiment par l'emploi de matériaux normalisés – brique, fonte et acier, verre – et une architecture délibérément fonctionnelle. L'image d'Épinal de l'usine de brique rouge avec sa cheminée et son toit en dents de scie correspond à un modèle fonctionnel largement diffusé. La brique est un matériau peu cher, facile à mettre en œuvre, robuste. La cheminée marque la présence de la machine à vapeur. Les toits en dents de scie – les **« sheds »** d'origine britannique – correspondent à une adaptation de la toiture à la taille des bâtiments : exposées au nord, les verrières permettent l'éclairage zénithal de vastes surfaces ; les versants aveugles orientés au sud évitent le réchauffement excessif en été.

A l'échelle du territoire, l'industrie rend entièrement compte de l'organisation de l'espace. Les quartiers usiniers des grandes agglomérations et les quartiers industrialo-portuaires traditionnels ne seront pas traités dans le cadre de ce chapitre. Ils ne constituent que des sous-ensembles au sein d'organismes urbains dotés d'une logique qui n'est pas industrielle.

Nous pouvons classer les vieilles régions industrielles en deux catégories.

▸ **Dans la première, nous placerons les territoires nés de la première et de la seconde révolution industrielle.** Ils se sont développés à partir de ressources naturelles présentes dans le milieu local. Il s'agit des bassins charbonniers, ferrifères et salifères, des régions où l'on produit traditionnellement de l'hydroélectricité. L'espace s'organise en cellules indépendantes les unes des autres.

Au cœur de chaque cellule se trouve la chaîne technique de l'activité qui lui a donné naissance. Les cartes au 1/25 000 et au 1/50 000 permettent de les identifier.

- Dans le cas d'une **mine de charbon,** l'ensemble des installations de surface s'appelle le **carreau** de la mine (planche n° 17, fosse 6). Il se compose d'un chevalement du puits qui assure l'aération des galeries et le transport du personnel, du matériel et du charbon. La recette du jour et le lavoir – avec des bassins de décantation pour les eaux usées – réceptionnent et trient le contenu des wagonnets. Le **crassier** ou **terril**, en forme de cône, recueille les déchets.
- La **chaîne technique de la sidérurgie** comprend en amont la cokerie où l'on transforme les charbons gras et demi-gras en **coke,** et les uni-

Principales vieilles régions industrielles

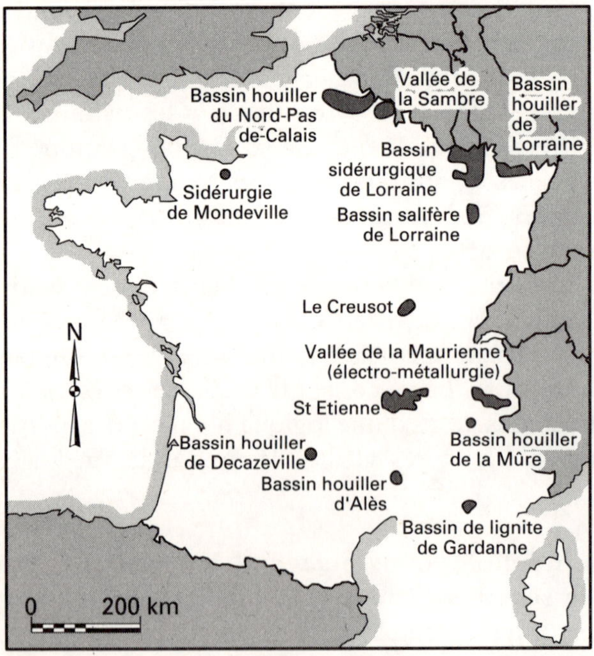

tés d'agglomération ou de concentration du minerai de fer. Le coke et le minerai alimentent les **hauts fourneaux** qui produisent de la fonte. La fonte est transformée en acier par réduction du pourcentage de carbone présent dans la fonte. L'acier passe ensuite par les **laminoirs** pour obtenir des produits plats ou des produits profilés. Les différentes opérations se déroulent à proximité les unes des autres mais les **centres sidérurgiques intégrés** où toutes les opérations sont regroupées sont de conception récente. L'acier électrique qui n'utilise plus de hauts fourneaux l'est aussi.

• **L'électrométallurgie et l'électrochimie** sont à relier sur les cartes aux centrales hydroélectriques qui les ont fait naître : repérer les canaux qui dérivent l'eau des rivières et des ruisseaux, les conduites forcées, opposer les centrales de hautes chutes et de basses ou moyennes chutes.

• Le **sel gemme** est exploité industriellement par sondage. L'eau que l'on fait circuler dans les couches salifères se transforme en saumure. Le sel est obtenu dans les évaporateurs des salines et l'eau est traitée dans les bassins de décantation. Le sel et le calcaire local – chercher les carrières sur la carte – servent de matières premières pour la fabrication de la soude.

• Les **mines de fer** reproduisent un schéma voisin de celui des mines de charbon. La **« minette »** de Lorraine est un minerai à faible teneur, 30 à 40 %. Les mines se situent à flanc de versant dans les vallées et sur les plateaux.

Les contraintes liées aux transports expliquent en grande partie la localisation des activités industrielles à proximité des ressources naturelles. Ces localisations sont justifiées par le modèle de Weber (1909) sur la réduction des coûts de transport. Dans un premier temps, ces mêmes contraintes s'étendaient aux activités situées en aval : les charbonnages attiraient la sidérurgie, les verreries. Les centrales thermiques utilisaient sur place les charbons flambants – plus de 30 % de substances volatiles – de peu de valeur ou valorisaient le gaz issu de la fabrication du coke. Le terme de **pays noir** est à utiliser pour désigner ces régions industrielles développées à partir des bassins charbonniers et ferrifères. Progressivement les liens se sont distendus, les ressources n'ont plus attiré les activités situées en aval sur la chaîne technique. L'ouest du bassin charbonnier du Nord-Pas-de-Calais est essentiellement minier, les usines hydroélectriques n'attirent plus les industries dès l'entre-deux-guerres.

Les différentes unités industrielles doivent être reliées entre elles et rattachées aux marchés : les moyens de transports constituent le second élément structurant de la cellule industrielle. Il s'agit toujours de voies de chemin de fer avec des réseaux très étendus, de multiples embranchements. Une partie de ces installations appartiennent aux entreprises. Le dispositif est souvent complété par des voies d'eau ; lorsque le sujet comporte plusieurs cartes de dates différentes, il ne faut pas oublier d'évaluer l'évolution du gabarit.

L'habitat occupe l'espace laissé libre par les éléments précédents. Il se trouve à proximité des lieux de travail car les moyens de transports individuels sont réduits à l'époque de la constitution de ces cellules. Le logement est souvent fourni par l'entreprise dans le cadre de relations paternalistes : il peut prendre la forme de **cités ouvrières** composées de lotissements de maisons individuelles identiques, parfois mitoyennes, couplées aux jardins ouvriers comme dans le cas des **corons** du pays noir du NPC. Le plan d'ensemble de cités ouvrières est généralement géométrique. Les cités de cheminots, par contre, possèdent des plans valorisant les courbes que l'on a coutume de rattacher à l'influence du modèle de la cité-jardin attribué au Britannique E. Howard. Le logement ouvrier prend parfois la forme d'immeuble-caserne.

L'espace urbain mis en place par les révolutions industrielles avant 1929 se présente donc sous la forme d'une juxtaposition de cellules autonomes. Il n'y a pas de centre dans ces agglomérations sauf si une ville préexistante a été prise dans la marée urbaine. Le pays noir qui correspond à l'image que le grand public se fait de la VRI rassemble l'exploitation du charbon et la sidérurgie à l'image de certaines VRI anglaises pour lesquelles cette expression fut créée. En France, l'est du bassin houiller du Nord - Pas-de-Calais, la région du Creusot, celle de Saint-Étienne correspondent à cette situation.

▸ **La seconde catégorie de vieilles régions industrielles regroupe les territoires industriels s'appuyant sur des traditions antérieures à la première révolution industrielle ou proto-industrielle** (planche n° 12).

Dès le XVIIe et le XVIIIe siècle, certaines villes connaissent une forte croissance de leurs activités artisanales, notamment textiles. Dès le début du XIXe siècle, des capitaux accumulés dans les activités commerciales sont investis dans l'industrie. Ils provoquent la formation en périphérie d'immenses quartiers usiniers régis par le principe des cellules autonomes avec pour cœur des ateliers de tissages ou des filatures. A partir du textile, la chimie – pour les colorants – et la mécanique – pour les machines – se développent. Une telle dynamique rend compte du développement de la conurbation de Lille-Roubaix-Tourcoing, de l'agglomération de Lyon ou encore de Mulhouse.

Assez fréquemment, pour éviter les contraintes liées à la présence des corporations urbaines ou pour éviter les émeutes urbaines, les industries se sont dispersées dans les campagnes avoisinantes, utilisant la main-d'œuvre et les ressources locales notamment l'eau recherchée comme source d'énergie et élément du processus de fabrication. Ce phénomène a donné naissance au binôme **ville donneuse d'ordre/campagne industrialisée.** Les exemples les plus connus restent Lyon et la bordure orientale du Massif central, Mulhouse et les vallées vosgiennes, Cholet et le Choletais pour les industries textiles, le Jura et les villes franco-suisses pour l'horlogerie.

Le processus de proto-industrialisation débute parfois de manière autonome à partir de facteurs locaux: main-d'œuvre disponible, ressources locales comme l'association bois-eau-minerai de fer des dépôts sidérolithiques pour la métallurgie (très fréquent dans le nord-est de la France; cas particulier du Vimeu en Picardie autour de la robinetterie).

Dans tous les cas, la présence traditionnelle d'industries diffuses en milieu rural se repère sur les cartes au 1/25 000 et au 1/50 000 par la localisation des usines à proximité des cours d'eau, dans des sites souvent accidentés, ou leur présence au sein même du bâti ancien. Les villages touchés par ce processus deviennent souvent des petites villes selon la définition de l'INSEE. La PMI familiale est la structure dominante dans ces régions.

2. La dynamique actuelle des vieilles régions industrielles

Les vieilles régions industrielles sont confrontées à une crise structurelle à laquelle elles réagissent de manière très variée.

▸ **Les régions nées de la grande industrie traditionnelle sont les plus affectées.** La crise a débuté avant 1973.

• Les **charbonnages** sont en crise depuis 1956. La concurrence des charbons importés et de nouvelles sources d'énergie leur ont été fatales. La fermeture des dernières mines – bassin de Lorraine, de La Mure, de Gardane – est programmée pour 2005.

• La **sidérurgie** basée sur les ressources locales subit la concurrence de la sidérurgie littorale qui aggrave la crise globale que connaît le secteur à partir de 1974 suite au développement de nouveaux matériaux et à la montée de nouveaux producteurs. Malgré la localisation des nouvelles unités à proximité de voies d'eau à grand gabarit – **sidérurgie fluviale** basée sur des matières premières importées – et des gains de productivité importants, le maintien de l'activité et des derniers emplois reste incertain au-delà de la période actuelle marquée par une amélioration de la situation de l'ensemble du secteur.

• Les **usines intramontagnardes d'électrométallurgie et d'électrochimie** sont en repli du fait de leur localisation héritée. Malgré la spécialisation sur des produits de haut de gamme et un rôle de laboratoire parfois développé, l'avenir reste peu prometteur pour les unités encore en activité.

• La **chimie minérale** basée sur le sel gemme est elle aussi en recul constant (Lorraine).

Le déclin en termes d'emploi est dramatique dans des régions où toute l'activité dépendait d'un ou de deux secteurs clés. Le chômage est encore accentué par les traditions ouvrières qui plaçaient l'action collective avant l'action individuelle, ce qui a fait de ces régions des milieux longtemps peu propices à la création de nouvelles activités endogènes.

▸ **L'effondrement des sociétés issues des grandes industries traditionnelles transforme le paysage auquel elles avaient donné naissance en un paysage-fossile.** Ces régions se sont engagées sur la voie d'une reconversion globale fortement appuyée par les pouvoirs publics (planche n° 17).

• **De nouvelles activités économiques se développent.** Dans un premier temps, l'idée fut de réutiliser les qualifications et les traditions de travail manuel existant dans ces régions. Des unités de fabrication et d'assemblage d'industries issues de la seconde révolution industrielle se sont alors implantées dans de nouvelles zones industrielles, notamment des usines automobiles. Après 1973, ces secteurs connaissent à leur tour des difficultés et se lancent dans une course aux gains de productivité peu favorable à l'emploi. L'effort se porte alors sur le développement des services et plus particulièrement sur l'éducation et la reconversion de la main-d'œuvre pour obtenir une gamme de qualification plus en adéquation avec les demandes des activités issues de la troisième révolution « industrielle » en cours. La faiblesse du niveau de vie dans ces régions limite cependant le développement des services marchands aux personnes ; les services aux entreprises se développent peu du fait du faible nombre de sièges sociaux.

- **L'espace est remodelé par de nouvelles logiques.** Les réseaux de voies de chemins de fer sont en partie démantelés, le mode de transport dominant devient la route avec des réseaux très développés. Les cellules de base connaissent des modifications profondes. Les anciennes installations minières ou industrielles sont rasées, les terrains ainsi libérés accueillent de nouvelles fonctions : zones industrielles, établissements scolaires, centres commerciaux, bases de loisirs. Les terrils deviennent des espaces verts. Les exemples de réemploi des bâtiments sont assez rares. Certains sont transformés en écomusées, lieux de la mémoire. La reconversion des **friches industrielles** est donc en cours mais le processus est lent dans ces régions car le dynamisme économique est faible et la nature des friches augmente la difficulté : les friches sont de grande taille, les sols sont souvent pollués, les coûts des opérations élevés.

Les cellules de base de la grande industrie se sont installées sans tenir compte des limites communales : la reconversion est freinée par les difficultés liées à l'intervention de multiples acteurs (les limites communales sont indiquées sur les cartes).

Les logements subissent le même sort avec ici de nombreux cas de réhabilitation. **L'organisation en cellules avait empêché le développement de centres.** Le travail de polarisation de ces espaces urbains a été entrepris à diverses échelles : des centres de services aux personnes – éducation, santé, loisirs, commerces – sont créés soit en réutilisant les villes antérieures à l'industrialisation, soit en créant de toutes pièces un nouveau décor urbain.

Depuis 1945, ces territoires ont connu les différentes logiques qui ont produit des espaces urbains en France. Cependant, les cartes permettent de bien visualiser la crise qui les affecte en observant la part relative des différents cycles dans les tissus urbains actuels : les couronnes périurbaines sont peu développées.

La situation reste difficile et la proximité de territoires plus dynamiques reste le meilleur facteur d'amélioration de la situation.

▸ **La situation de la seconde catégorie de vieilles régions industrielles est souvent moins dramatique.**

• Les **grandes agglomérations où l'activité textile jouait un rôle moteur** ont assez bien résisté à son déclin qui a débuté dès les années 1960. Le textile n'est pas une activité monolithique avec une forte concentration des entreprises. Il s'agit d'une chaîne technique dont les différents maillons sont autonomes. Il existe donc un réseau d'entrepreneurs et la nécessité d'entretenir des liens entre les éléments de la chaîne, ce qui a permis le développement d'un secteur tertiaire d'entreprises avec des activités de négoces, de conseils. Lors de la crise une partie de ces milieux a pu se reconvertir et limiter ainsi l'ampleur du phénomène. De plus, le textile avait suscité la création d'autres secteurs comme la chimie ou la mécanique qui ont pu en partie prendre la relève.

Aujourd'hui ces agglomérations cherchent à se développer en utilisant le modèle de la métropole. L'agglomération lyonnaise a parfaitement surmonté la crise du textile, la conurbation Lille-Roubaix-Tourcoing aussi malgré la spécificité de Roubaix et de Tourcoing qui relève plutôt du modèle de la grande industrie. La situation de Mulhouse est plus difficile. Sur les cartes, un bon indicateur du dynamisme de ces agglomérations est la vitesse avec laquelle les anciens quartiers industriels sont reconquis par de nouvelles activités.

• Les **régions d'industries diffuses en milieu rural** offrent un bilan contrasté. Les facteurs qui ont favorisé l'implantation de l'industrie, ressources locales et main-d'œuvre, sont aujourd'hui largement caducs. La présence de l'industrie est un phénomène hérité. Le tissu industriel de ces régions est constitué de PMI qui entretiennent de nombreux liens entre elles : position sur la chaîne technique, sous-traitance croisée, parenté entre les dirigeants d'entreprises. Le devenir de ces régions dépend en grande partie de la capacité des acteurs locaux à reconvertir les savoir-faire et les réseaux de contacts qu'ils possèdent. Si des situations de crise sévère existent comme dans les vallées du versant lorrain des Vosges trop enclavées, l'activité industrielle disparaît rarement entièrement. Au contraire quelques-unes de ces régions figurent parmi celles qui ont le mieux résisté aux crises successives. Ainsi la moyenne vallée de l'Arve en Haute-Savoie, placée initialement dans la zone d'influence de Genève, s'est d'abord déve-

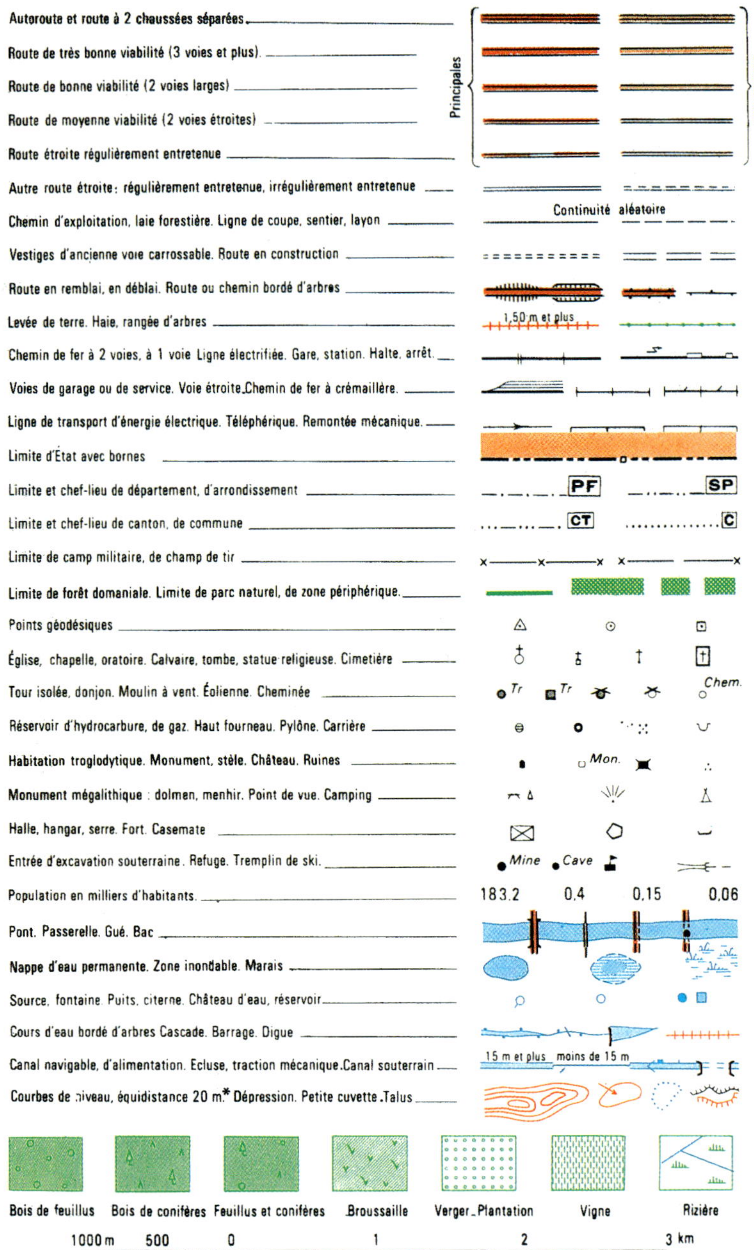

* l'équidistance des courbes de niveau varie selon les cartes : 5 m pour les planches 15, 17 ; 10 m pour les planches 1, 2, 3, 4, 12, 13, 16, 18, 19, 20, 21, 22 ; 20 m pour les planches 5, 6, 7, 8, 9, 10, 11, 12, 14 et 40 m pour la carte de La Mûre.

PLANCHE N° 22

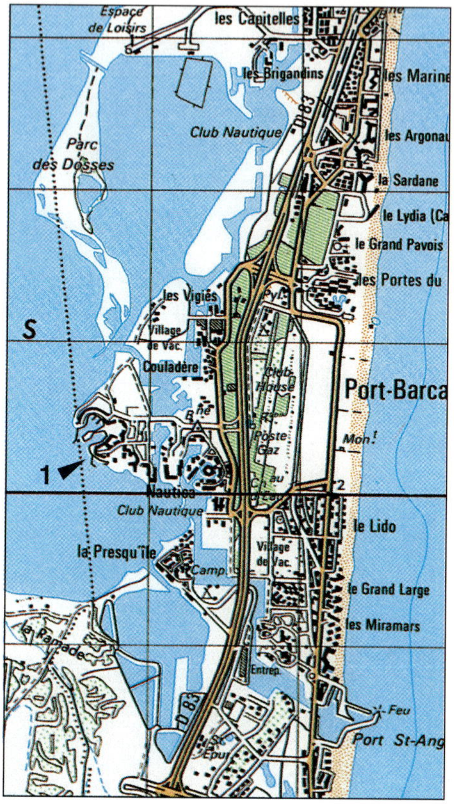

Carte IGN 1/50 000 n° 2548 © PARIS 1992
(Perpignan)

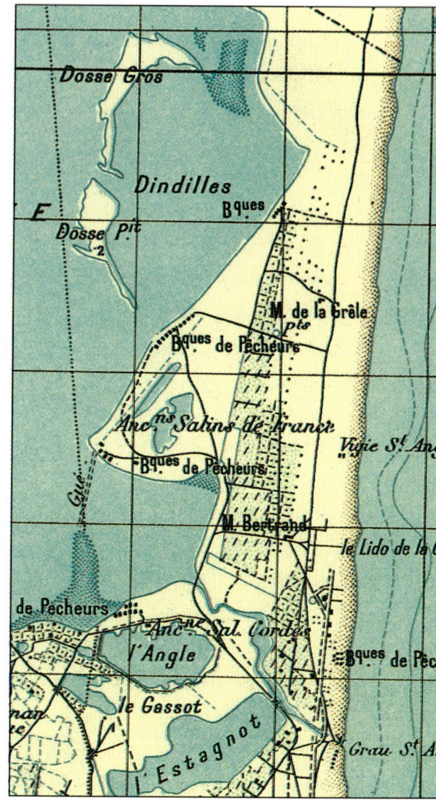

Carte IGN 1/50 000 n° 2548 © PARIS 1939
(Perpignan)

Port Barcarès est une station intégrée du Languedoc-Roussillon. L'édition de 1939 nous montre la mise en valeur ancienne de la lagune et du lido (le cordon littoral) : pêche, grands domaines viticoles nés de la crise du phylloxéra, anciennes salines artisanales. La mise en place de la station a nécessité des travaux d'infrastructure très importants : élargissement du grau, creusement de bassins à l'intérieur de la lagune. La station est organisée en cases indépendantes les unes des autres qui se juxtaposent le long d'un double front de mer du fait de l'utilisation de la lagune. Certaines sont constituées de marinas (1) c'est-à-dire d'immeubles les pieds dans l'eau couplés à des ports de plaisance (accès possible par la mer). Remarquer l'absence de la rue à l'intérieur de presque toutes les cases. Les villages-vacances et les campings indiquent une clientèle issue de catégories sociales moyennes ou populaires. La station a été conçue pour des utilisateurs-automobilistes avec une hiérarchisation des flux. Sa colonne vertébrale est la départementale 83 : elle supporte le transit local de case à case et raccorde l'ensemble à l'Autoroute A9 qui est la voie d'accès principale à Port Barcarès.

Au sud, au niveau de port Saint-Ange, l'orientation des digues permet de voir que la dérive littorale est orientée du sud vers le nord. Au sud de la digue, la plage s'engraisse grâce aux dépôts provoqués par le ralentissement de la dérive littorale (perte de capacité de transport) ; au nord la plage démaigrit car la dérive se renforce et remobilise les dépôts sableux.

PLANCHE N° 21

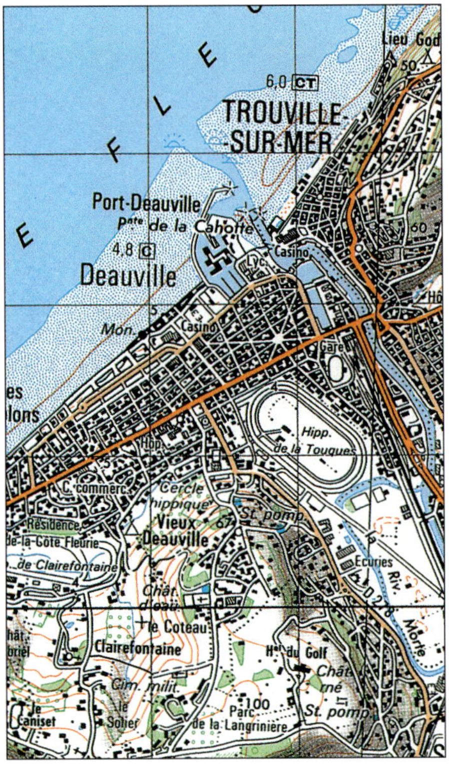

Carte IGN 1/50 000 n° 1711 © PARIS 1992 (Le Havre)

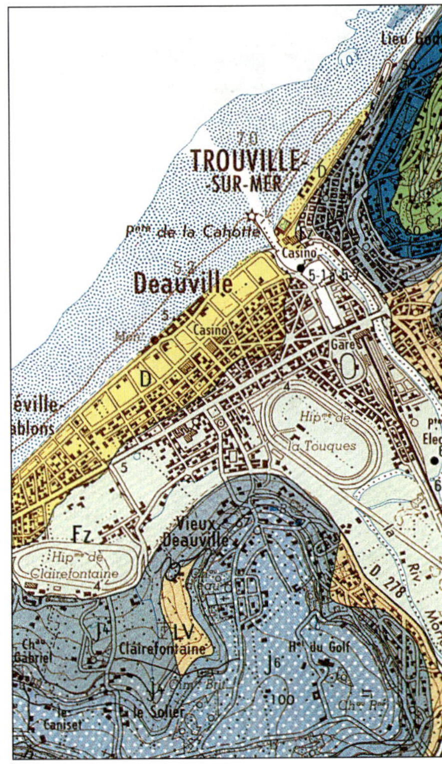

Carte BRGM 1/50 000 n° 97 © PARIS 1968

Deauville est une station classique de première génération dont la description se trouve page 116. Remarquer les lais de mer provoqués par les digues et l'utilisation qui en a été faite : le front de mer initial n'est pas le front de mer actuel.

D — Dunes

j7 (b / a) — Séquanien
b) - Argiles de Villerville
a) - Sables de Glos

C1 — Albien
Sables jaunes ferrugineux
à stratification entrecroisée
et argiles noires

j6 (b / a) — Rauracien
b) - Faciès récifaux du Mont Canisy
Glissements
a) - Faciès corallien oolithique

j8 — Kimmeridgien
Argiles et calcaire marneux

j4 (b / a) — Oxfordien
b) - Couches à *Trigonia hudlestoni*
a) - Argiles de Villers

PLANCHE N° 20′

Carte BRGM 1/50 000 n° 116 © PARIS 1977

Fz	Alluvions modernes
D	Dunes
p	Sables glauconieux et galets
O4-5	Llandeillien-Caradocien : Grès de May
k1b	Schistes et Grès de la Feuillie
b1	Briovérien inférieur : métaquartzites, séricitoschistes, cornéennes traversées par des filons de diabase et de rhyolite
γ3	Microgranite calco-alcalin

COUVERTURE DE SÉDIMENTS MEUBLES SUR LE PLATEAU CONTINENTAL

3-Pélites (particules inférieures à 0,050 mm) teneur en % du sédiment total

de 50 à 80 %

de 5 à 20 %

PLANCHE N° 20

Carte IGN 1/50 000 n° 1212 © PARIS 1983 (La Haye-du-Puits)

Cet extrait de la carte de la Haye du Puits présente une côte d'accumulation avec un couple poulier(1) — musoir (2) et une sédimentation vaseuse d'estuaire avec l'opposition entre un schorre (3) et une slikke (4) visible à partir des figurés bleus clairs de la carte topographique. Le vent provoque la formation de dépressions fermées au sein des dunes du cordon littoral (5).

En avant du trait de côte, l'estran est très large car la pente est faible et le marnage des marées important. En s'éloignant de la côte, l'estran devient rocheux (6). Remarquer les micro-talus d'érosion notamment au niveau de la petite station traditionnelle de Saint-Germain-sur-Ay Plage (7).

PLANCHE N° 19

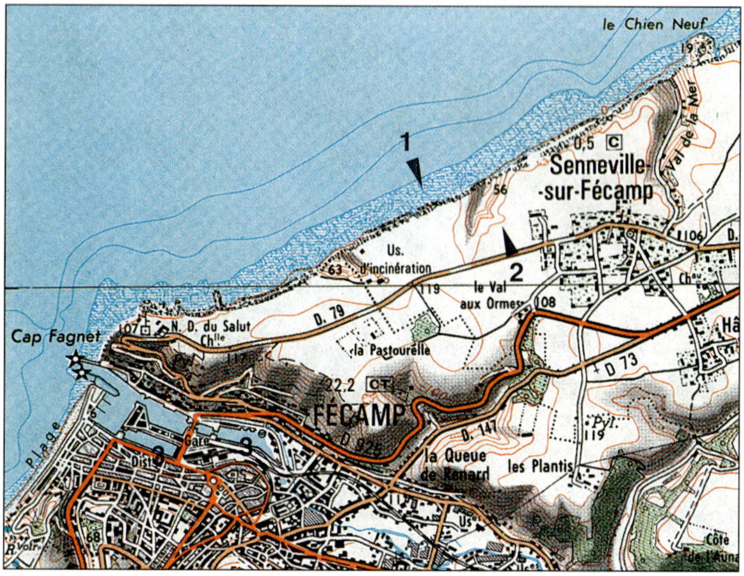

Carte IGN 1/50 000 n° 1809 © PARIS 1980 (Fécamp)

Les falaises de craie du pays de Caux ont un tracé très régularisé. Elles sont précédées d'une plate-forme d'abrasion marine (1). Remarquer la présence de vallées « suspendues » dans la falaise : ce sont les **valleuses** nées du recul rapide de la falaise et des soutirages karstiques (2). Le site de Fécamp est une vallée remblayée suite à la transgression flandrienne. Remarquer les bassins à flots (3)

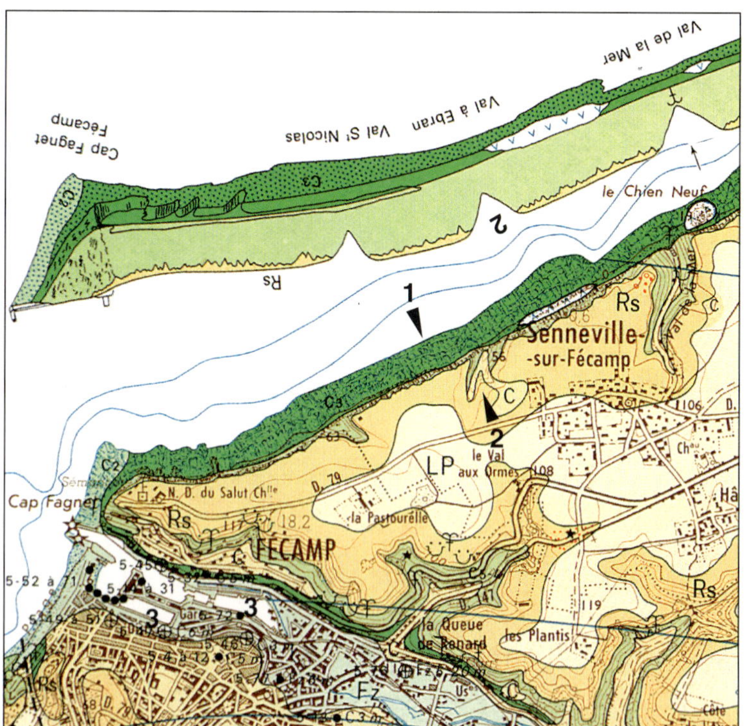

Carte BRGM 1/50 000 n° 57 © PARIS 1969 (Fécamp)

TERRAINS SÉDIMENTAIRES

C5-4 — Sénonien inférieur
Craie à silex, Echinides, Inocérames, Bryozoaires

C3 — Turonien
Craie blanche, marneuse, souvent pauvre en silex

C2 — Cénomanien
Craie légèrement glauconieuse, sans silex, au-dessus de calcaires gréseux, glauconieux, à Ammonites ; craie glauconieuse sableuse, micacée

PLANCHE N° 18

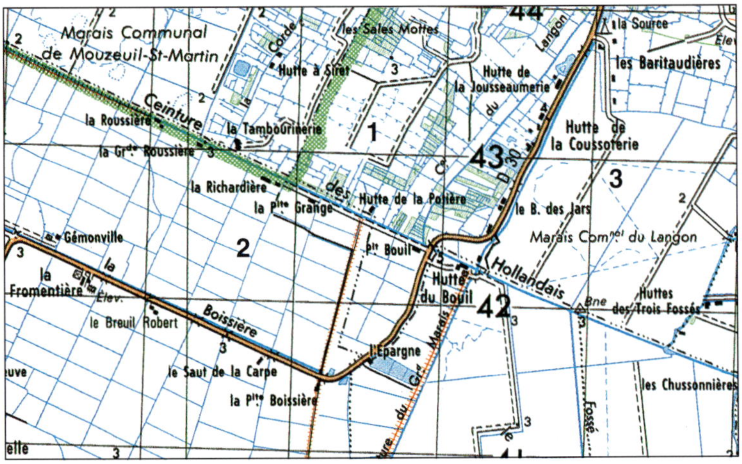

Carte IGN 1/50 000 n° 1428 © PARIS 1983 (Marans)

Ce paysage de marais littoral extrait de la carte de Marans permet de visualiser les différents stades de la conquête. Les parcelles traditionnelles (1) se distinguent des gains de l'époque moderne (2) avec villages de colonisation sur le modèle flamand (remarquer le nom de la ceinture). Les parcelles du XIXe sont de grande taille et de forme géométrique.

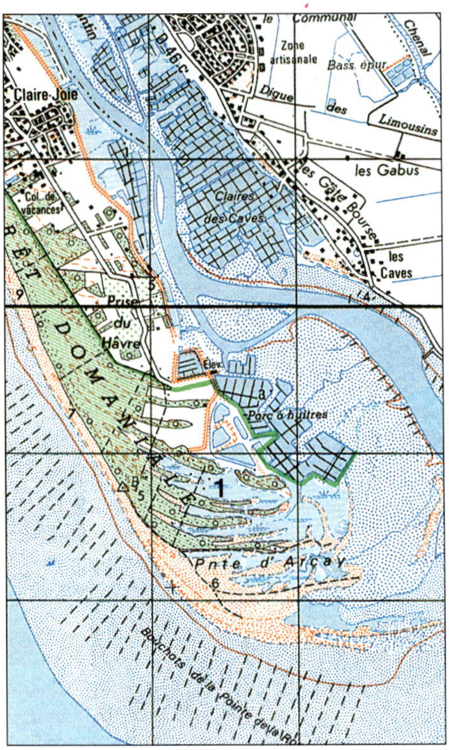

Carte IGN 1/50 000 n° 1328 © PARIS 1990 (L'Aiguillon-sur-mer)

La pointe d'Arcay est une flèche libre active avec des dépôts successifs nettement identifiables. Le corps de la flèche a été fixé par une forêt domaniale. Remarquer les bouchots, les parcs à huîtres, le shorre — ou l'estran recouvert que durant les grandes marées et déjà en cours de végétalisation — (1), l'estran sableux ou vaseux, la progression des espaces urbanisés sur la flèche et dans le marais littoral voisin.

PLANCHE N° 17

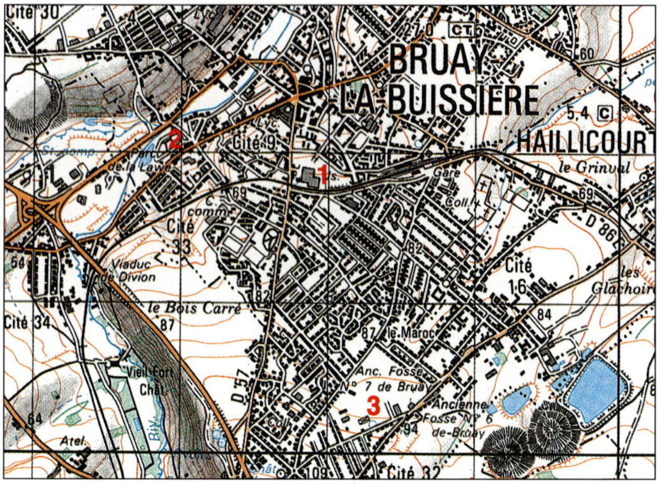

Carte IGN 1/50 000 n° 2405 © PARIS 1991 (Béthune)

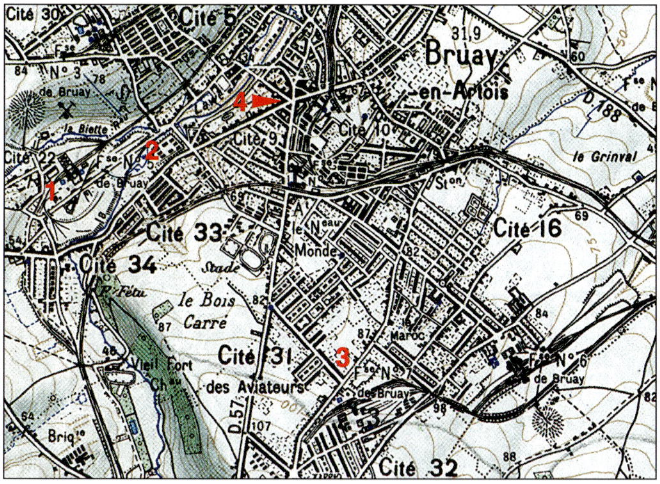

Carte IGN 1/50 000 n° 2405 © PARIS 1956 (Béthune)

Sur l'édition ancienne, Bruay présente un paysage urbain minier classique avec des séries de cellules autonomes reliées entre elles par des voies de chemin de fer. L'implantation des cellules est totalement indépendante de la localisation du village historique de Bruay en Artois (4). Les efforts réalisés pour requalifier cet espace sont remarquables.

— Les réseaux ferroviaires ont été simplifiés pour ne conserver que le réseau SNCF.

— Les emprises minières ont été traitées. Elles cèdent la place à de nouvelles ZI (1), à un parc (2) ou restent disponibles (3) pour de futures opérations.

— Un nouveau centre de services aux personnes se développe à partir du noyau du village ancien (4).

Cependant la crise a frappé durement : la population a baissé malgré la fusion de Bruay et de La Buissière, la zone industrielle localisée à proximité de l'échangeur reste à moitié vide (1).

PLANCHE N° 16

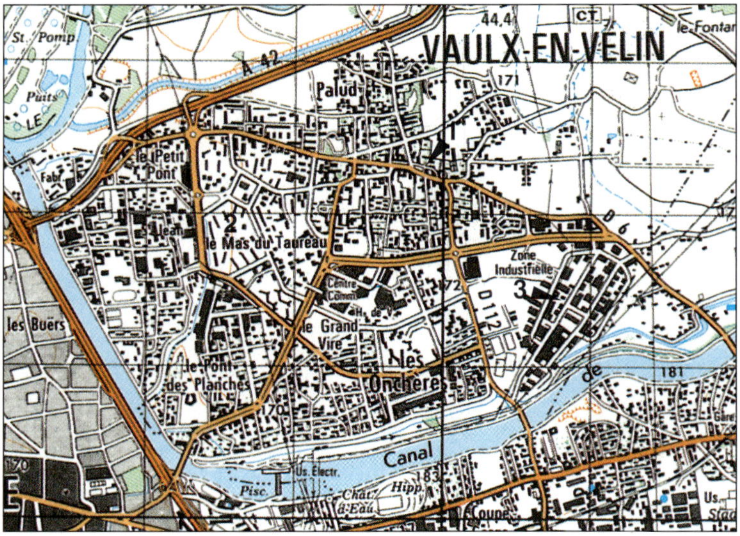

Carte IGN 1/50 000 n° 3031 © PARIS 1992 (Lyon)

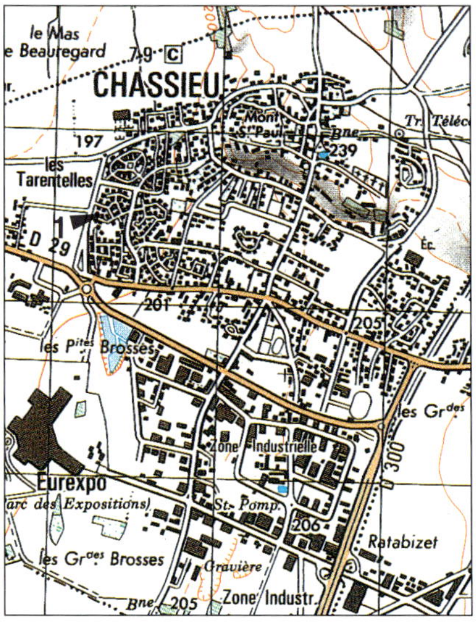

Carte IGN 1/50 000 n° 3031 © PARIS 1992 (Lyon)

Des paysages urbains de seconde couronne de banlieue.

— La commune de Vaulx-en-Velin présente un ancien village rue (1) noyé sous les groupes de grands ensembles (2) associés à des zones industrielles (3). Pour donner une unité à la commune, un centre a été bâti au Grand Vire à partir de services destinés aux habitants. L'ensemble traverse aujourd'hui une crise importante.

— La commune de Chassieu associe une vaste zone d'activité en grande partie tertiaire et de nouveaux lotissements postérieurs à 1973. Remarquer l'opposition entre la trame viaire de ces lotissements (1) et celle des lotissements d'entre deux guerres (Planche n° 3).

PLANCHE N° 15′

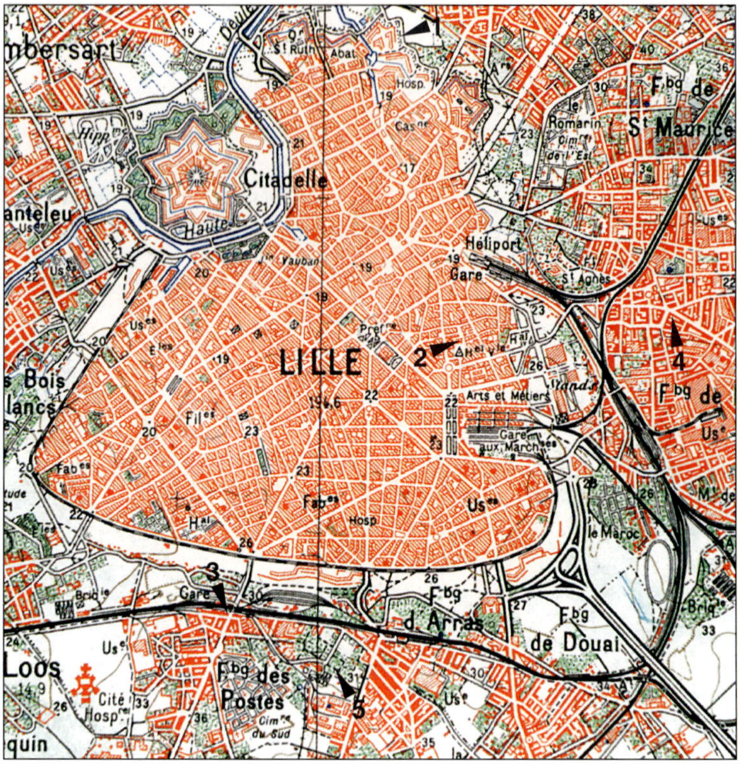

Carte IGN 1/50 000 n° 2504 © PARIS 1955 (Lille)

— Au-delà des anciens remparts, les faubourgs linéaires (3) se constituent devant les portes des remparts et les quartiers industriels du XIXe siècle bourgeonnent à partir de ces racines (4). Les trous qui subsistaient sont occupés après 1945 par des grands ensembles (5).

PLANCHE N° 15

Carte IGN 1/50 000 n° 2504 © PARIS 1987 (Lille)

La partie centrale de l'agglomération lilloise présente la plupart des tissus urbains existant dans le centre des grandes agglomérations françaises.

— Le centre ville est isolé du reste de l'agglomération par le dernier rempart du XIXe siècle. Sur l'édition ancienne, une partie du rempart (1) et de la zone non construite qui le précède sont encore conservées. Sur l'édition récente ces terrains ont été utilisés pour la construction du périphérique, de bâtiments publics et de grands ensembles ce qui ossifie la coupure ancienne.

— Dans la partie centrale, le noyau initial autour de la cathédrale se repère à la forme aléatoire et menue des îlots et à la faible largeur des rues. Le nouveau centre du XIXe siècle autour de la préfecture est au centre d'un réseau de grands axes haussmaniens. Au Sud et au Nord, les quartiers utilitaires du XIXe siècle se repèrent à la présence des casernes et des cheminées d'usines indiquées par un rond rouge ou noir selon l'édition. Remarquer les rénovations précoces appliquant les principes des écoles modernes d'architectures (2) ; aujourd'hui la trame viaire ancienne serait mieux conservée. La carte ne représente pas le centre Euralille greffé sur la gare TGV située au contact de la gare de passagers traditionnelle.

PLANCHE N° 14

Carte IGN 1/50 000 n° 3343 © PARIS 1987 (Tavernes)

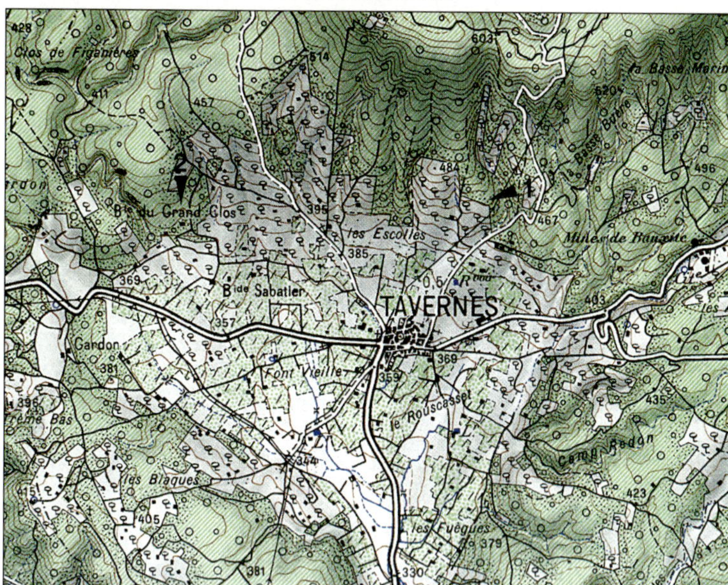

Carte IGN 1/50 000 n° 3343 © PARIS 1967 (Tavernes)

Un village méditerranéen typique avec un habitat groupé au centre de son ager (blé en blanc, vigne et olivier parfois en terrasse (1)) et un saltus en grande partie boisé (2). L'évolution actuelle fait apparaître une stabilité de la population et le développement d'un habitat pavillonnaire, preuve des nouvelles fonctions de résidence de la commune : accueil d'actifs travaillant dans les villes voisines et de retraités. L'espace agricole se rétracte mais sans déprise massive. Une partie des oliveraies subsiste et la spécialisation viticole se renforce avec la croissance des surfaces plantées et la mise en place d'une coopérative : nous sommes dans l'A.O.C. Côteaux Varois.

PLANCHE N° 13

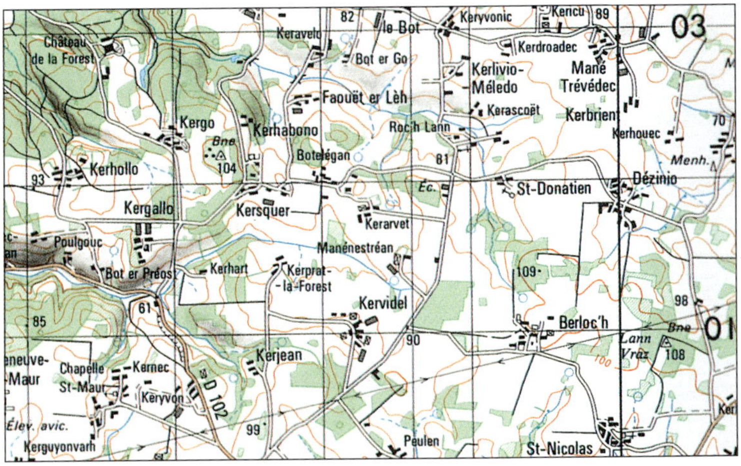

Carte IGN 1/50 000 n° 0820 © PARIS 1987 (Baud)

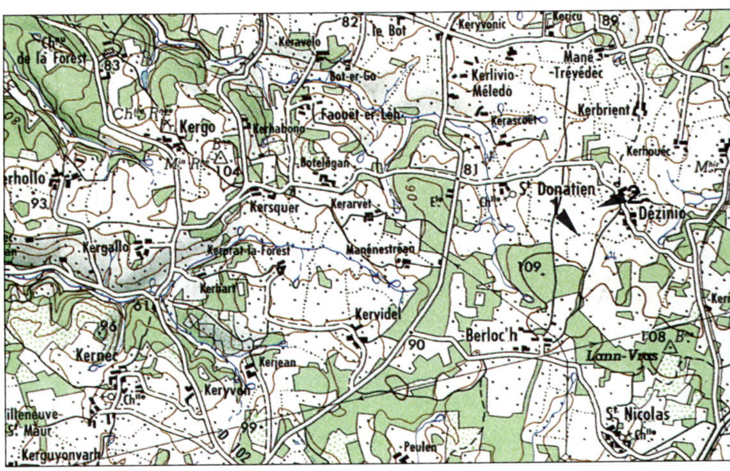

Carte IGN 1/50 000 n° 0820 © PARIS 1960 (Baud)

L'extrait représente une partie de la commune de Languidic métamorphosée par un remembrement. Le paysage traditionnel de bocage avec des haies vives (1) et des parcelles complantées de pommiers (2) a disparu au profit d'un openfield. La faim de terre a poussé des agriculteurs trop à l'étroit dans leur exploitation vers l'élevage industriel. Remarquer aussi la régression du couvert forestier et l'amélioration de la déserte routière des écarts.

PLANCHE N° 12′

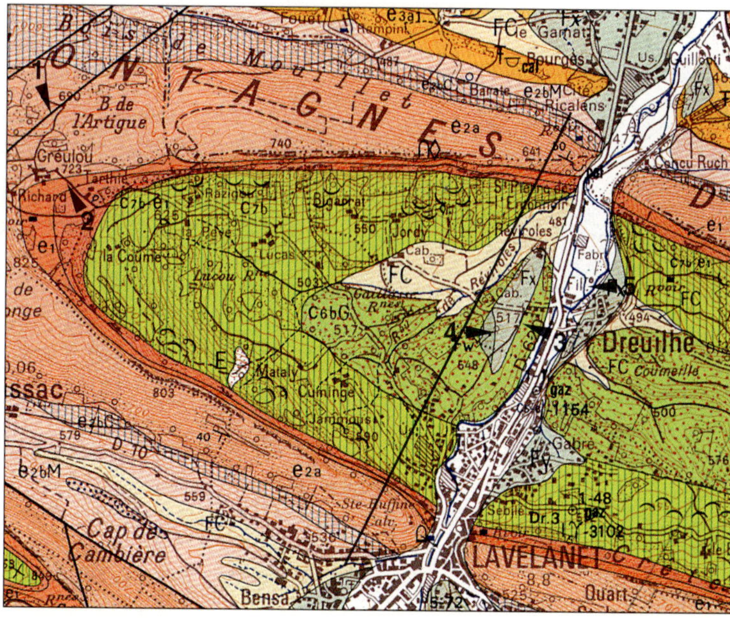

Carte BRGM 1/50 000 n° 1076 © PARIS 1984

Dépôts fluviatiles et fluvio-glaciaires

Post-Würm

Fz — Alluvions holocènes : galets, sables

Würm

Fy (**Fy2**, **Fy1**) — Alluvions des basses terrasses
Fy1, Fy2 - dépôts successifs du Touyre
Galets, sables

Riss

Fx — Alluvions des terrasses moyennes
Cailloutis à éléments altérés

Mindel ?

Fw — Alluvions anciennes des hautes terrasses

Campanien supérieur et Maastrichtien inférieur

C7aG — Grès de Labarre supérieurs

C6bM — Marnes d'En-Gauly

C6bG — Grès de Labarre inférieurs

C6 — Campanien
Marnes bleues à *Globotruncana arca. Gl. stuartiformis*
Calcaires construits (1) de Benaix-Villeneuve-d'Olmes, à *Vaccinites robustus, V. archiaci, Hippurites heberti*

C5b-6 — Santonien supérieur à Campanien
Grès de la Jourdane à *Globotruncana fornicata*

e3a1 — e3a1 - Ilerdien inférieur basal :
Calcaires à *Alveolina cucumiformis*, marnes et grès ; vers l'est, intercalations de conglomérats

e2bM / e2bC — Thanétien supérieur
e2bM - Marnes rouges parfois gypseuses, intercalées de grès et de conglomérats (1), plus précoces vers l'est, où leur base inclut quelques horizons lacustres et marins
e2bC - Complexe calcaréo-marneux à *Alveolina levis*, Mollusques et Polypiers
Calcaires lacustres et marnes à Huîtres intercalées

e2a — Thanétien inférieur
Calcaires à Milioles et localement *Ranikothalia sindensis*, intercalations laguno-lacustres, gréso-marneuses et calcaires

Maastrichtien supérieur et Dano-Montien

Séquence fluvio-lacustre du «*Garumnien*» :

e1 — e1 - Argiles rouges supérieures, grès et conglomérats de Brénac (1) (faciès vitrollien)

C7b-e1 — c7b-e1 - Calcaires lacustres (faciès rognacien)

C7b — c7b - Argiles rouges inférieures, grès et conglomérats du Ressec (1)

PLANCHE N° 12

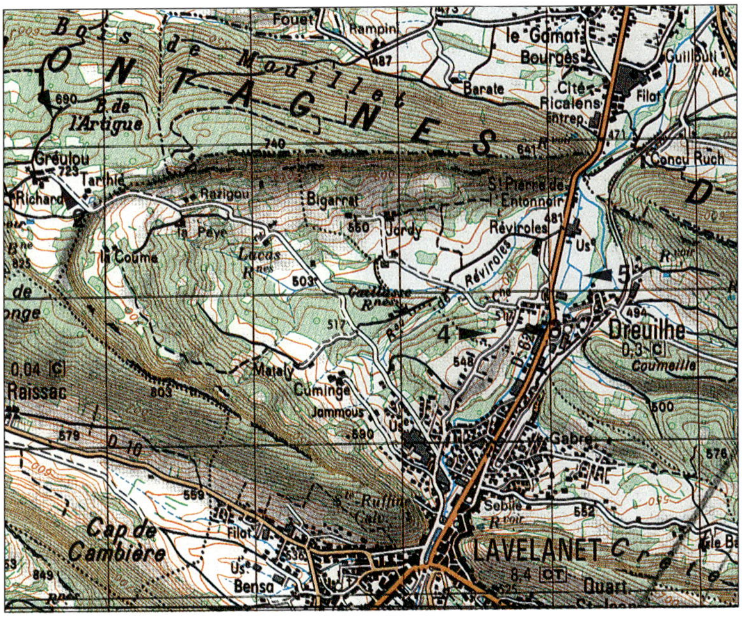

Carte IGN 1/50 000 n° 2247 © PARIS 1988 (Lavelanet)

Cet extrait de la carte de Lavelanet représente une partie du massif du Plantaurel. La carte topographique permet d'identifier une série de crêtes et de dépressions parallèles orientées ONO et ESE avec des sommets relativement sub-égaux et une pente générale du Sud au Nord assez marquée. La carte géologique représente une structure plissée de style déjectif avec deux anticlinaux évidés séparés par un synclinal. Les sommets portent des traces du passage d'une surface d'érosion avec une faille nivelée (1) et des couches biseautées (2). Nous sommes dans un relief appalachien avec des barres et des sillons.

Le Touyre traverse l'anticlinal principal de part en part : c'est une cluse en relief appalachien. Remarquer les lambeaux de terrasses alluviales étagées (3) et emboîtées (4).

La ville de Lavelanet possède un centre historique classique peu marqué. Elle se développe de manière linéaire le long du Touyre avec des usines en bordure de rivière intégrées dans le tissu urbain. Nous sommes donc dans une région précocement industrialisée, dès la période proto-industrielle, spécialisée dans les activités textiles (la filature 5). Il s'agit d'une partie du pays d'Olmes spécialisé dans le traitement de la laine.

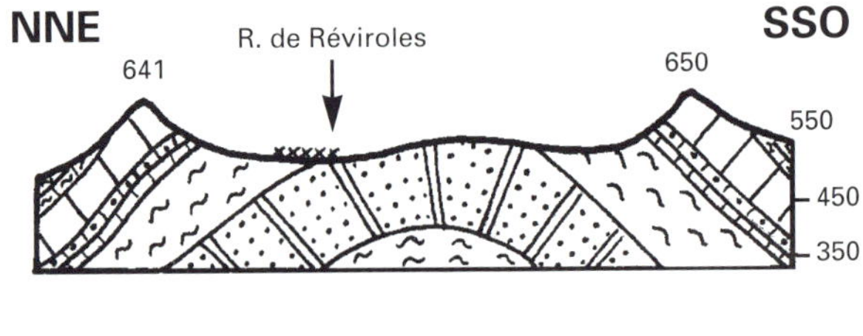

PLANCHE N° 11

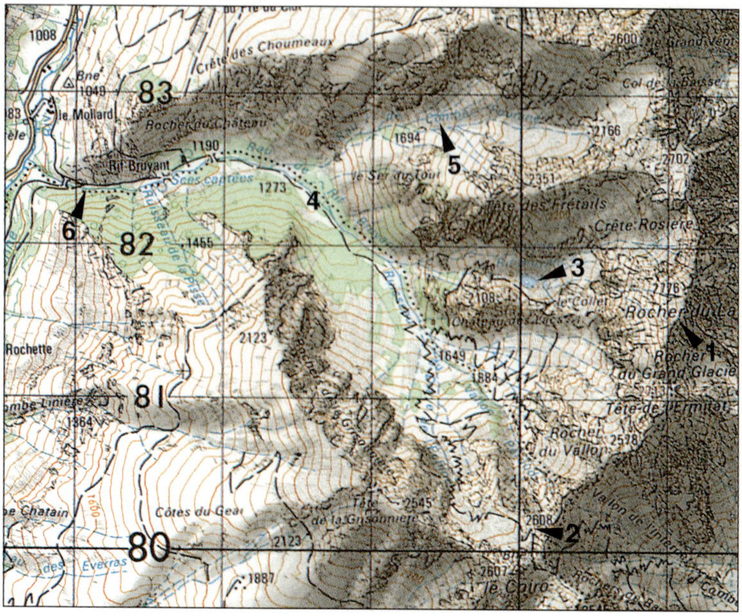

Un bel exemple de bassin versant ayant été englacé avec un recoupement généralisé des lignes de crêtes (1), des cirques en van (2), un cirque en baquet (3), une petite auge glaciaire (4) et une ébauche de vallée suspendue (5). L'ensemble forme un bassin versant secondaire vis à vis d'un collecteur plus important avec une gorge de raccordement (6) vers l'aval.

Carte IGN 1/50 000 n° 3336 © PARIS 1989 (La Mûre)

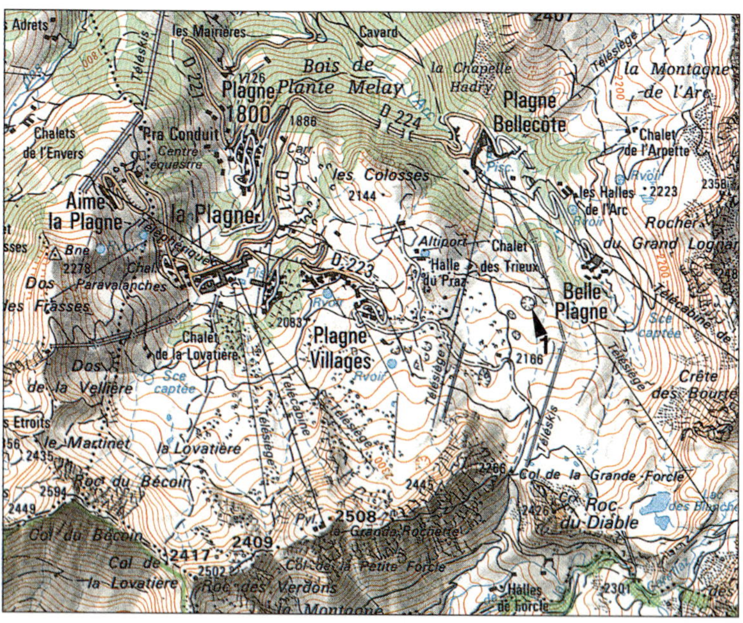

Une station intégrée localisée dans un bassin versant anciennement englacé. La description se trouve en page 119. Remarquer la présence de multiples dépressions fermées (1) liées à des entonnoirs de dissolution dans des gypses — c'est un pli diapir —, ce qui pose des problèmes de sécurité dans le domaine skiable.

Carte IGN 1/50 000 n° 3533 © PARIS 1984 (Moûtiers)

PLANCHE N° 10

Carte IGN 1/50 000 n° 3339 © PARIS 1981 (Laragne)

Carte BRGM 1/50 000 n° 893 © PARIS 1991

Cet extrait de la carte de Laragne représente un espace situé dans les Préalpes du Sud. La lecture des documents permet de mettre en évidence une inversion générale du relief avec un anticlinal évidé en combe très profonde (1), des synclinaux en position de vaux perchés (2) avec un crêt de chevauchement au Nord (3). Remarquer la présence d'un glacis (4) et de forêts domaniales.

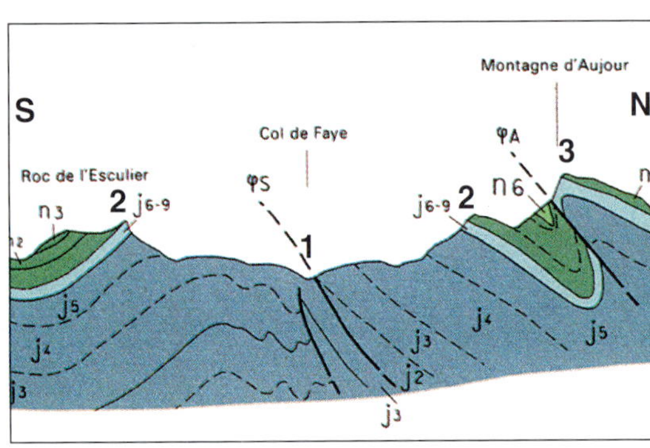

PLANCHE N° 9′

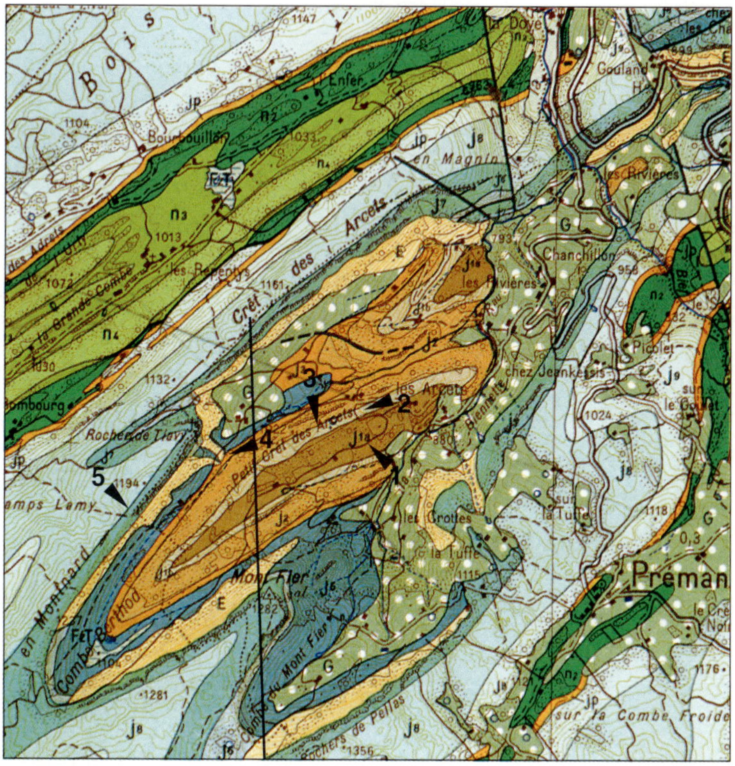

Carte BRGM
1/50 000
n° 605

n4 Barrémien
Calcaires plus ou moins récifaux

n3 Hauterivien
Marnes et calcaires

n2 Valanginien
Marnes et calcaires

jp Purbeckien
Marnes, argiles, calcaires lacustres ou saumâtres

j9 Portlandien
Calcaires sublithographiques et calcaires dolomitiques

j8 Kimméridgien
Calcaires sublithographiques, calcaires dolomitiques et calcaires marneux

j6-5 / j6 / j5
j6 Rauracien
Calcaires organogènes
j5 Argovien
Marno-calcaires
j6-5 – Marno-calcaires

j4 Oxfordien
Marnes bleues

j3 Callovien
Calcaires et calcaires marneux à oolites ferrugineuses

j2 / j2b / j2a
j2b « Cornbrash »
Calcaire brun graveleux à oolites
j2 Bathonien
j2a « Grande Oolite »
Calcaire brun clair graveleux à oolites

j1 / j1b / j1a
j1b « Vésulien »
Marnes et marno-calcaires
j1 Bajocien
j1a Couches à entroques
Calcaire à entroques et marno-calcaires

PLANCHE N° 9

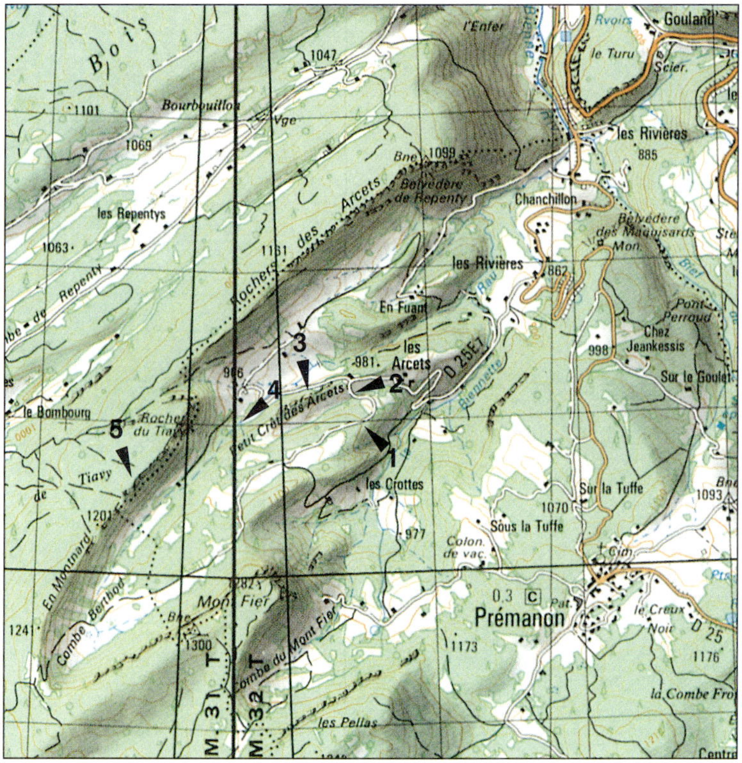

Carte IGN 1/50 000 n° 3327 © PARIS 1988 (Morez - Bois d'Amont)

Cet extrait de la carte de Morez présente une structure sédimentaire plissée de **style déjectif** (les anticlinaux sont plus importants que les synclinaux. Dans le cas contraire, le **style** est **éjectif**). Les deux synclinaux au nord-ouest et au sud-est sont séparés par un vaste **anticlinorium** (un anticlinal avec des accidents secondaires synclinaux). Cet anticlinorium a été évidé par les cours d'eau à partir du niveau de base fourni par la Bienne qui le traverse de part en part en créant une cluse. Grâce à l'existence de plusieurs binômes calcaires/marnes, des formes structurales ont été dégagées : un mont dérivé à peine ébauché (1), une combe annulaire qui l'entoure (2), des crêts (3), des combes (4) et des crêts (5) monoclinaux de flanc. L'ensemble constitue une inversion locale du relief : le fond des combes est plus bas que le fond des synclinaux.

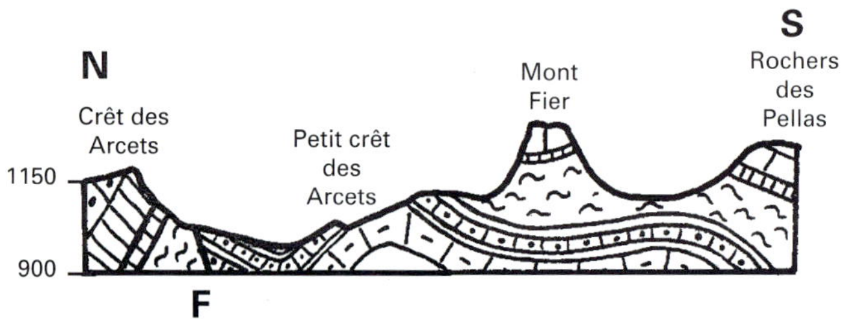

PLANCHE N° 8

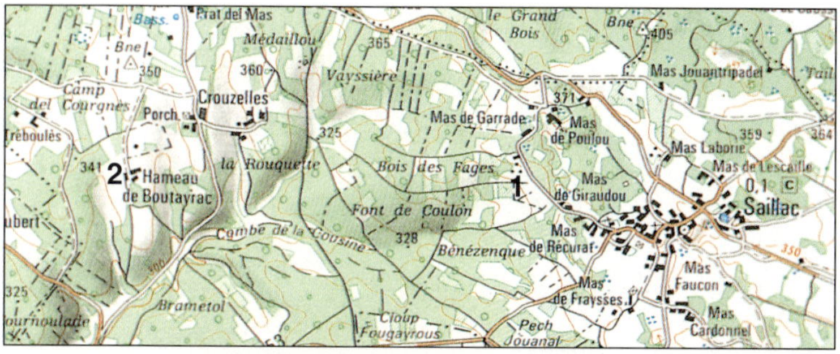

Carte IGN 1/50 000 n° 2139 © PARIS 1986 (Cahors)

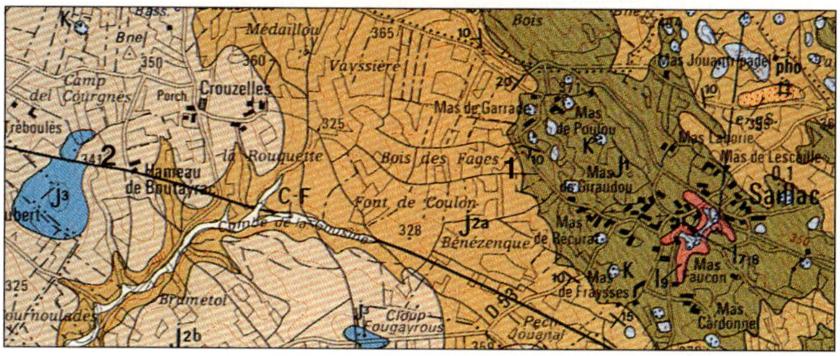

Carte BRGM 1/50 000 n° 881 © PARIS 1958

Cet extrait de la carte de Cahors représente un plateau accidenté de dépressions fermées. La carte géologique et la coupe montre une structure sédimentaire monoclinale arasée par une surface d'érosion légèrement déformée par les mouvements tectoniques ultérieurs. Les couches sédimentaires sont biseautées (1) et la faille nivelée (2). La surface du plateau est donc une ancienne surface d'érosion actuellement défoncée par l'érosion karstique : les roches affleurantes sont essentiellement des calcaires, les dépressions fermées sont des dolines.

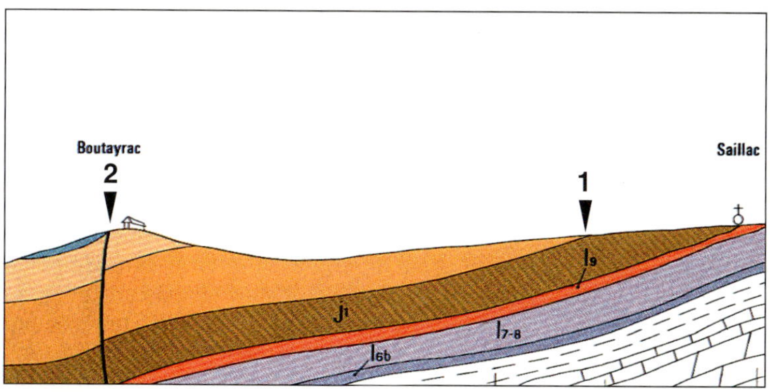

K — Remplissage de doline : cailloutis argileux, graviers, argiles à pisolithes

j3 — Callovien
Calcaires massifs (50 m)

j2b — Bathonien
Calcaires micritiques à *Burmirhynchia proteiformis* (10 m)
Brèches et calcaires (50 m)

j2a — Calcaires et marnes ligniteuses (30 m)
Calcaires oolithiques et graveleux (25 m)
Dolomies bréchiques (≃ 5 m)
Calcaires micritiques à passées de lignite (1 à 4 m)

j1 — Bajocien
Calcaires oolithico-graveleux à laminations (2 à 3 m)
Dolomies bréchiques (20 m)
Calcaires oolithiques dolomitisés (50 m)

l9 — Aalénien
Calcaires ferrugineux à oncolites (5 m)

l7-8 — Toarcien
Calcaires à Gryphées (3 m)
Marnes à Ammonites (40 m)

l6b — Domérien supérieur
Calcaires bioclastiques à Pectens (15 m)

PLANCHE N° 7

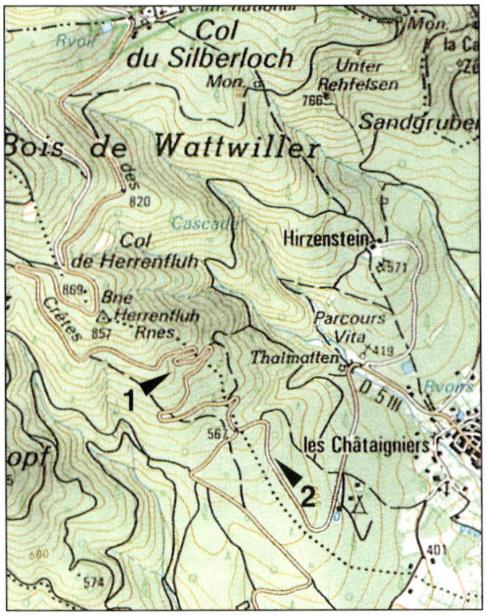

Carte IGN 1/50 000 n° 3620 © PARIS 1986 (Thann)

Carte BRGM 1/50 000 n° 412 © PARIS 1986

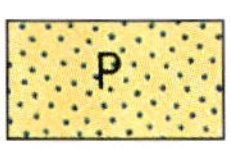

Formation superficielle à blocs du piedmont vosgien : blocs de nature variée, matrice sableuse ou limoneuse

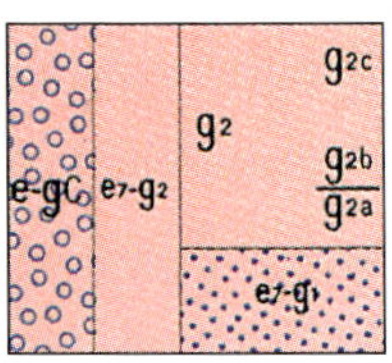

Eocène supérieur et Oligocène

e-gC – Conglomérats de la bordure du Fossé-rhénan

g2 – Oligocène indifférencié du Fossé-rhénan
Série grise : silts argileux et calcareux à rares intercalations de grès et de conglomérats

G2c – Couches à *Meletta*

$\frac{g_{2b}}{g_{2a}}$ – Schistes à *Amphisyle* sur Marnes à Foraminifères

e7-g2 – Tertiaire indifférencié du Fossé-rhénan

e7-g1 – Série salifère : silts argileux et calcareux

Strato-volcan du Molkenrain

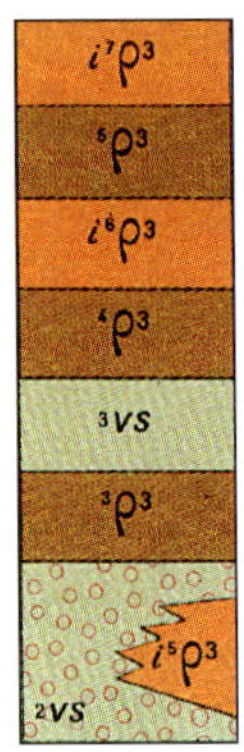

Ignimbrites rhyolitiques latitiques supérieures

Latites quartziques

Ignimbrites rhyolitiques latitiques

Latites quartzifères

³vs – Formation volcano-sédimentaire supérieure

Latites quartzifères

i⁵ρ³ – Ignimbrites rhyolitiques latitiques

²vs – Formation volcano-sédimentaire moyenne

L'escarpement entre les Vosges et, ici, la plaine d'Alsace, est un escarpement de faille. Le plan de la faille est visible dans la topographie : il s'agit d'un miroir de faille débité en facettes trapézoïdales par le réseau hydrographique (1). La définition s'appuie sur l'absence de relief plan de même altitude à proximité et la présence au pied de l'escarpement de couches sédimentaires récentes à peine érodées par les cours d'eaux. La mylonite (2) est constituée de roches broyées lors des mouvements tectoniques. Sa présence souligne souvent des accidents importants.

PLANCHE N° 6′

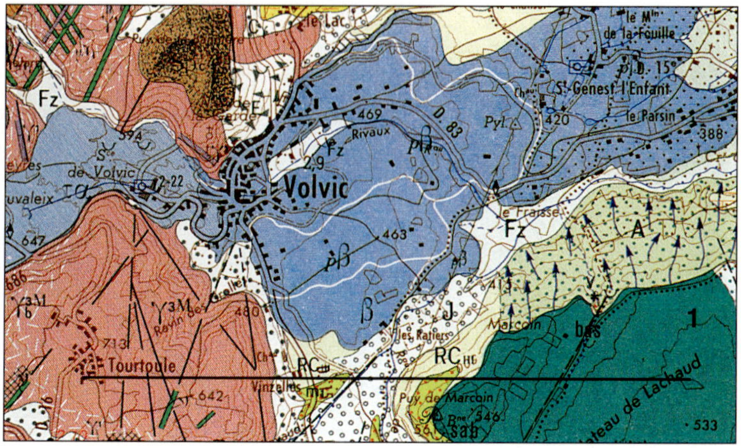

Carte BRGM 1/50 000 n° 693 © PARIS 1973

FORMATIONS VOLCANIQUES DU QUATERNAIRE

$S\beta_c$

Projections scoriacées (cônes volcaniques stromboliens)

$\tau\alpha$

Trachy-andésite

β | β_a | $_p\beta$ / $_p\beta_a$ | $\omega\beta$

β – Basalte

β_a – Basalte à amphibole

$_p\beta$ – Basalte à phénocristaux d'augite et d'olivine

$_p\beta_a$ – Basalte à phénocristaux d'augite et d'olivine et à amphibole

$_\omega\beta$ – Basalte à nodules de péridotite

FORMATIONS VOLCANIQUES DU TERTIAIRE

MIOCÈNE

β_m | $e\beta_m$ | $e'\beta_m$

FORMATIONS SÉDIMENTAIRES TERTIAIRES

Affleurant	Subaffleurant (sous RC_m ou RC_g)	
	m-p	Mio-pliocène (sables à chailles)
1 / 2		Miocène (m_1)

Complexe détritique argilo-quartzo-feldspathique
1 – Sables et sables argileux 2 – argiles

γ_b^{3M}

Granite monzonitique porphyrique à biotite

γ^{3M}

Granite monzonitique à biotite

PLANCHE N° 6

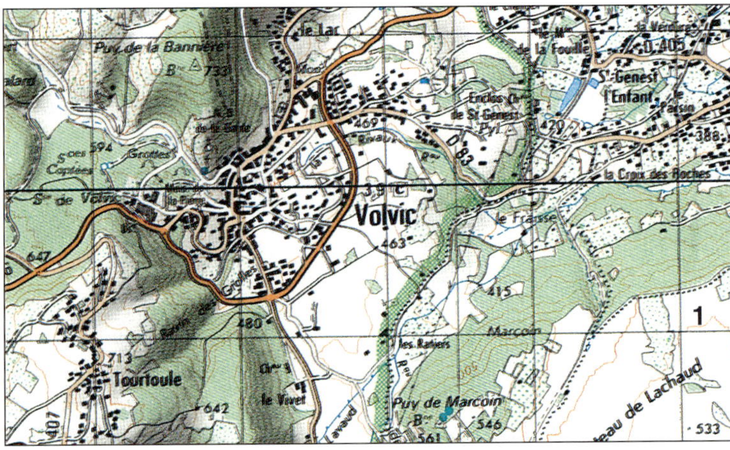

Carte IGN 1/50 000 n° 2531 © PARIS 1987 (Clermont-Ferrand)

Le talus qui sépare la Limagne du bloc cristallin qui sert de piédestal à la chaîne des Puys est un escarpement de faille composite. La présence d'une coulée basaltique du Miocène (1) sur le toit de la sédimentation Oligo-Miocène classique permet d'affirmer qu'à ce moment précis l'escarpement n'existait pas dans le paysage, le fossé étant comblé au fur et à mesure de son abaissement.

Dans la situation actuelle, la composante supérieure de la dénivellation est due à des mouvements tectoniques post-Miocène : c'est un escarpement de faille. La composante inférieure est liée au travail de l'érosion différentielle qui a transformé la coulée en mesa et a fait apparaître un escarpement de ligne de faille révélé. Remarquer le cône volcanique du Puy de la bannière.

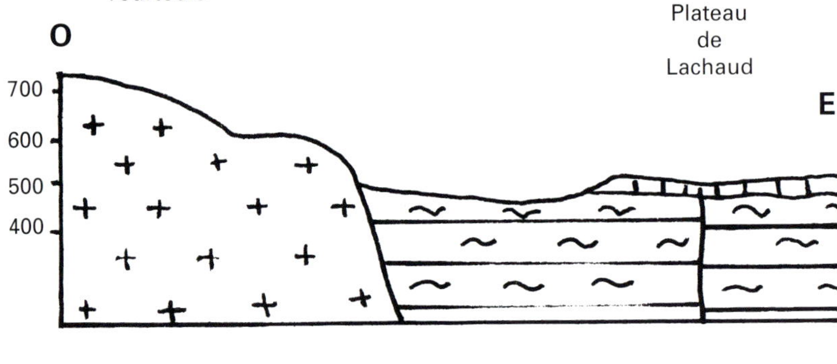

PLANCHE N° 5′

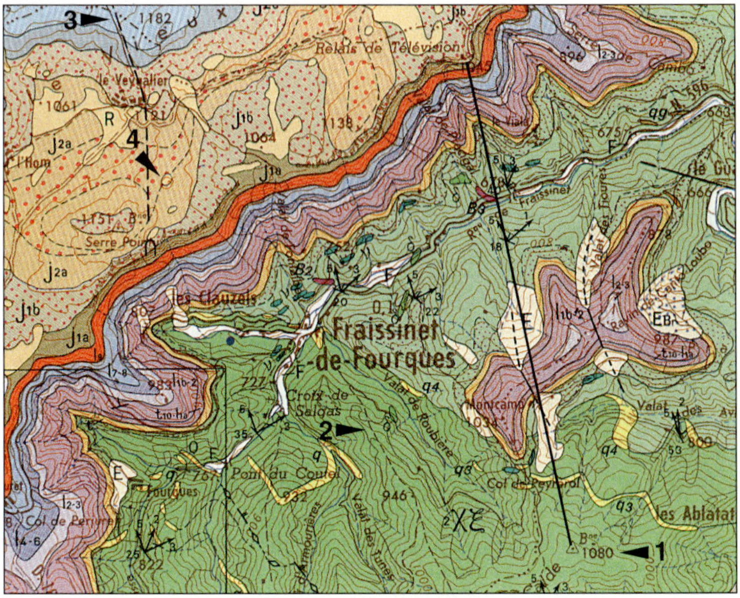

Carte BRGM
1/50 000 n° 910

j6 — Oxfordien supérieur (partie supérieure = « Rauracien »)
Calcaires blanc-gris, souvent marneux

j3-5 — Oxfordien supérieur (partie inférieure = « Argovien »)
Oxfordien inférieur (Oxfordien *s.s.*)
Callovien
Marnes, calcaires marneux, sables glauconieux, calcaires cristallins jaunes à roses

j2 (j2b, j2bC, j2a) — j2 – Bathonien
j2b – Bathonien supérieur : dolomies
j2bC – passée calcaire
j2a – Bathonien inférieur : calcaires

j1 (j1b, j1a) — j1 – Bajocien
j1b – Bajocien supérieur : dolomies cristallines
j1a – Bajocien inférieur : calcaires blanc-gris

l9 — Aalénien
Calcaires noduleux jaunâtres et bancs marneux

l7-8 — Toarcien
Marnes noires à gris-bleu

l4-6 — Domérien : calcaires marneux
Carixien : calcaires à entroques
Lotharingien : dolomies

l2-3 — Hettangien supérieur (*p.p.*)
ou Sinémurien inférieur (?)
dolomies et calcaires dolomitiques

l1b-2 — Hettangien supérieur (*p.p.*) : dolomies
Hettangien moyen : dolomies
(« dolomie cubique ») avec
fines intercalations marneuses

t10-l1a — Hettangien inférieur : dolomies cristallines en gros bancs ; calcaires et dolomies en petits bancs ondulés
« Rhétien » : dolomies cristallines plus ou moins chargées en grains de quartz.

t (tM) — « Trias » : grès, sables et poudingues à passées marneuses ou calcaro-dolomitiques
tM – passée marneuse supérieure

Dolomies
Dolomies et calcaires
} dans le Jurassique moyen et supérieur

TERRAINS ANTÉTRIASIQUES MÉTAMORPHIQUES

3ξ (q, qg, C3, B3, B2, q4) — Unité 3 de la série cévenole : micaschistes noirs
q – quartzites blancs en lentilles locales
qg – horizon de quartzite graphiteux noir
C3 – troisième horizon calcique : micaschistes carbonatés
B3 – horizon 3 du « triple associé de Bassurels »
B2 – horizon 2 du « triple associé de Bassurels »
q4 – quatrième horizon de quartzite blanc : quartzite blanc

2χξ (q3, q, C2, C1) — Unité 2 de la série cévenole : alternances de quartzites micacés et de micaschistes
q3 – troisième horizon de quartzite blanc : quartzite blanc
C2 – deuxième horizon calcique : épidotites à phyllites rubanées
q – quartzite blanc de Fourques
C1 – premier horizon calcique : micaschistes carbonatés, cipolins, micaschistes à silicates calciques (cornéennes) de l'Aigoual

δ — Amphibolites

PLANCHE N° 5

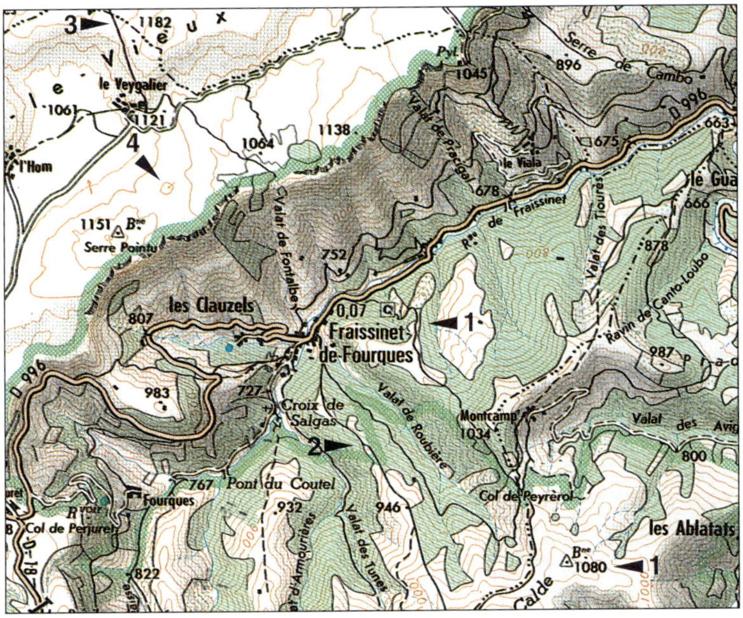

Carte IGN 1/50 000 n° 2640 © PARIS 1985 (Meyrueis)

Le contact entre le socle et la série sédimentaire se fait par l'intermédiaire d'une vallée qui occupe une position de dépression périphérique : elle se développe dans les terrains sédimentaires. En s'encaissant les cours d'eau dégagent sur le socle des témoins de l'ancienne surface d'érosion anté-triasique (1), tant qu'il n'y a pas recoupement des versants et mise en place de serres (2). Le talus raide à l'Ouest est une cuesta avec un revers tabulaire constitué par des dalles calcaires ayant subi une planation (faille nivelée 3). Ce plateau calcaire est un causse dont la surface est accidentée par des dolines (4) et des reliefs ruiniformes — toponyme Nîmes-le-Vieux et présence de dolomies. Remarquer la localisation de l'habitat traditionnel en bordure des dépressions fermées pour pouvoir profiter de la complémentarité des terroirs.

E	Eboulis de pierrailles
R	Formations résiduelles « Terre du causse »
EBn	Eboulis de blocaux

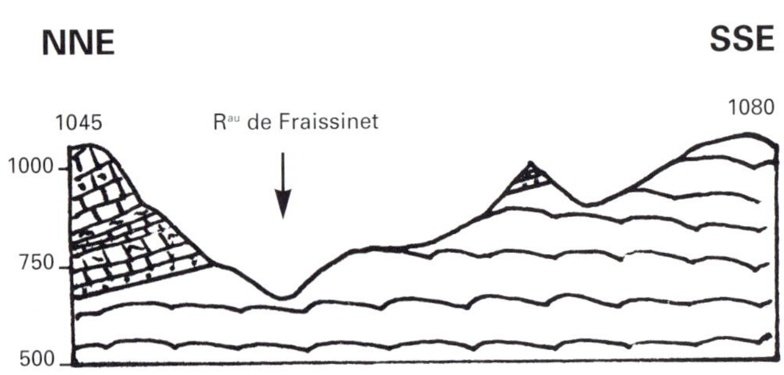

PLANCHE N° 4

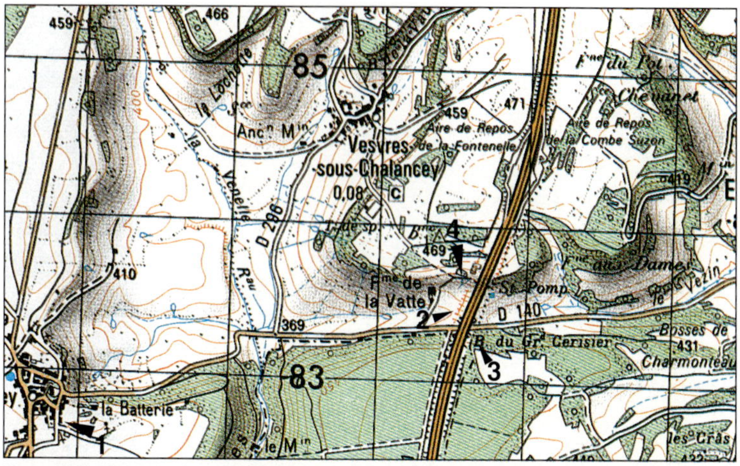

Carte IGN 1/50 000 n° 3121 © PARIS 1978 (Is-sur-Tille)

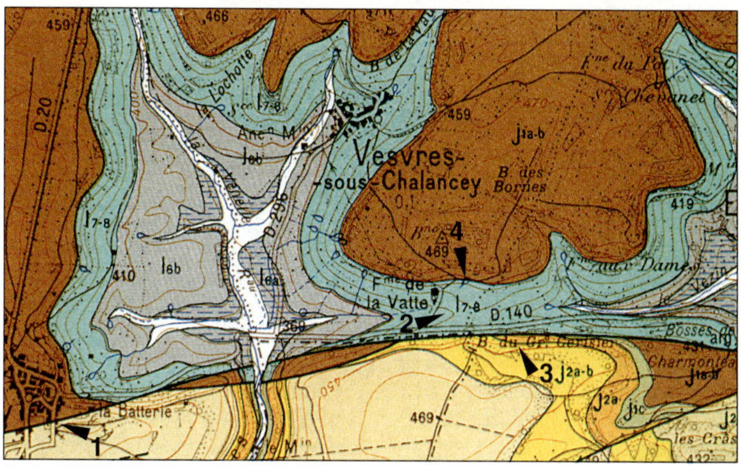

Carte BRGM 1/50 000 n° 439 © PARIS 1978

j2b	Calcaire compact	j1c	Marnes	l6b	Calcaires
j2a-b	Oolithe blanche	j1a-b	Calcaire à entroques - calcaire à Nubéculaires - calcaire à entroques	l6a	Argiles grises micacées
j2a	Calcaire	l7-8	Marnes bleues micacées		

Cet extrait se situe au sein d'un plateau plus vaste appartenant aux plateaux bourguignons. Il représente des accidents en creux dans ce relief. La carte géologique nous permet de constater que le tracé d'une faille nivelée (1) dont le regard est orienté au sud suit précisément le tracé du talus méridional. Comme les éléments de plateaux de part et d'autre de la dépression (2) sont à la même altitude, le commandement des talus liés à la faille est dû exclusivement au travail de l'érosion différentielle. Le talus méridional opposé au regard de la faille est un escarpement de ligne de faille inversé (3). L'escarpement plus digité au nord est un escarpement de ligne de faille conforme (4). La dépression est une dépression de faille. Remarquer aussi l'opposition entre la partie amont de la vallée de la Venelle dotée d'un large fond plat et la partie aval très étroite : ceci constitue une anomalie qui s'explique par le contraste lithologique qui existe entre les marnes et les calcaires.

PLANCHE N° 3

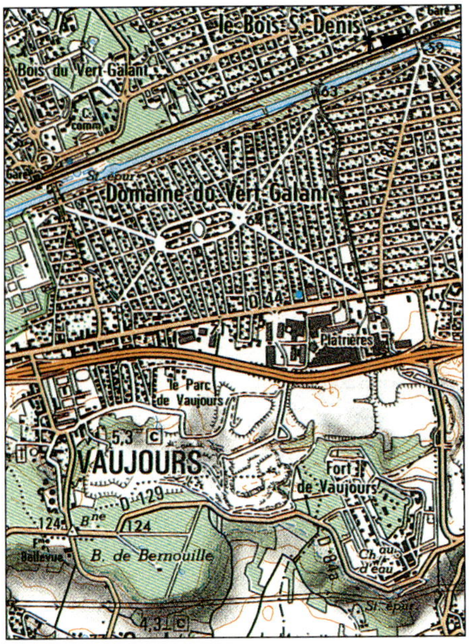

Carte IGN 1/50 000 n° 2414 © PARIS 1985 (Lagny)

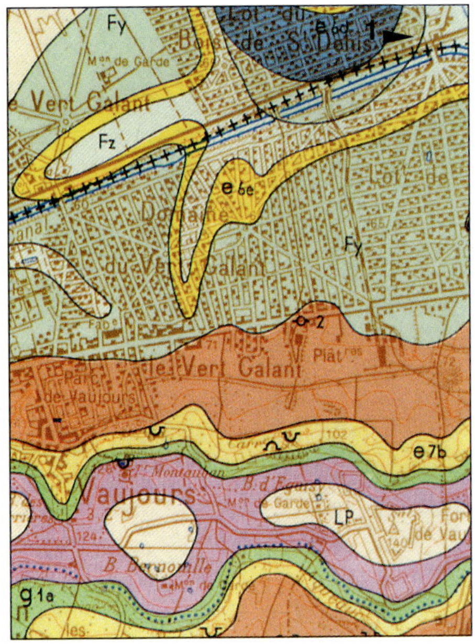

Carte BRGM 1/50 000 n° 184 © PARIS 1958

g1b — Calcaire de Brie

e 7b — Marnes supra-gypseuses

e 6e — Marnes à Pholadomyes, 4e masse, Sables de Cresnes

g1a — Marnes vertes, Glaises à Cyrènes

e 7a (G, C) — Masses et marnes du gypse, Calcaire de Champigny

e 6d — Calcaire de St-Ouen

Le centre du Bassin Parisien est constitué de couches sédimentaires peu épaisses de l'ère tertiaire appartenant à une structure de type aclinal. En s'enfonçant, les cours d'eau dégagent des plateaux étagés armés dans les roches résistantes. Ici le support résistant est constitué par le calcaire de St-Ouen qui donne naissance à une surface structurale dérivée car encore recouverte par les couches tendres plus récentes. Le calcaire de Brie coiffe la butte structurale située au sud de l'extrait.

L'urbanisation de cet espace a été guidée par les voies de communication. Le village traditionnel de Vaujours a d'abord été dédoublé par un faubourg linéaire développé le long d'une voie d'accès à Paris. Au XIXe siècle le chemin de fer a guidé l'urbanisation et la gare (1) est l'élément structurant autour duquel s'organisent les lotissements, avec de grandes opérations planifiées dotées de plans géométriques complexes comme le domaine du Vert Galant. Après 1945, le bâti évolue : les lotissements se densifient et les trous existant dans les tissus antécédents se remplissent.

L'axe de communication se complète et se modernise avec deux voies de chemins de fer électrifiées et l'autoroute au sud. Remarquer ici l'importance de l'exploitation des ressources minérales : le gypse pour la plâtrerie et les carrières exploitant le calcaire de brie.

PLANCHE N° 2′

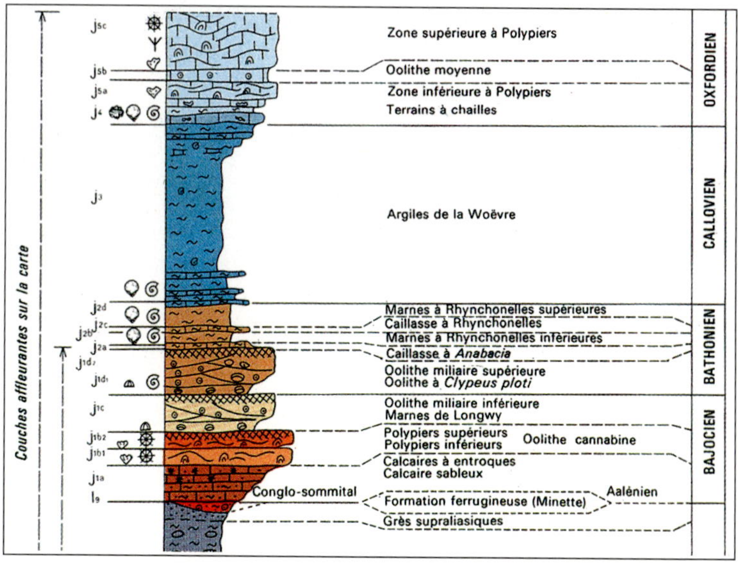

Le **pendage** des couches est l'angle qu'elles forment vis-à-vis d'un plan horizontal. Il se définit par une orientation, un sens, la valeur de l'angle. On peut calculer la valeur du pendage en prenant le même contact en deux points différents de la carte, dans le sens du pendage, et en divisant la différence altitudinale par la distance qui sépare les deux points. Dans le cas du relief monoclinal, le pendage reste faible. L'érosion dans une structure monoclinale avec alternance de couche dure et de couche tendre dégage un talus que l'on nomme cuesta (1). La dépression orthoclinale se situe au pied de la cuesta, dans les roches peu résistantes (2). Le revers est le plateau situé à l'Ouest (3). Remarquer dans la légende de la coupe la présence, en rouge, de l'aalénien (l 9) qui est la couche géologique qui abrite la « minette » de Lorraine. Le territoire communal de Bruley est typiquement un finage de village de côte.

La légende de la coupe permet de repérer facilement les binômes en représentant en saillants les couches résistantes et en rentrants les couches plus sensible à l'érosion. Les figurés sont normalisés : les calcaires et les marnes sont toujours représentés ainsi. La légende d'une coupe peut aussi se présenter sous la forme d'une double colonne. Dans la première se trouvent indiquées la nature des roches, leur épaisseur et leur succession au sein de la structure géologique, dans la seconde leur résistance vis-à-vis de l'érosion (à partir de hachures qui se resserrent lorsque la roche est plus résistante).

PLANCHE N° 2

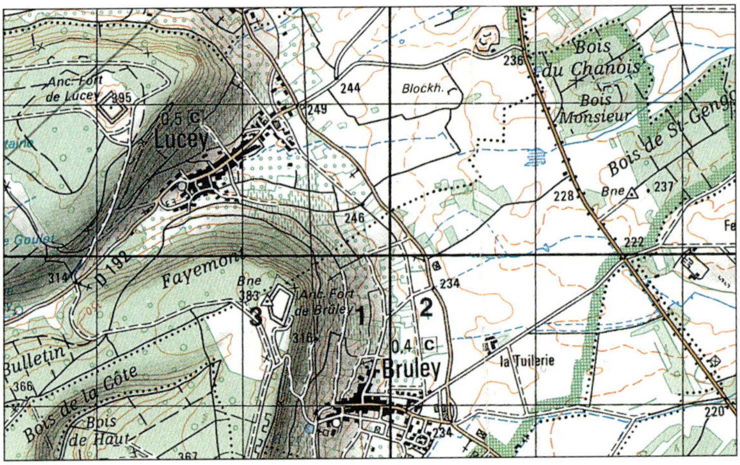

Carte IGN 1/50 000 n° 3315 © PARIS 1990 (Toul)

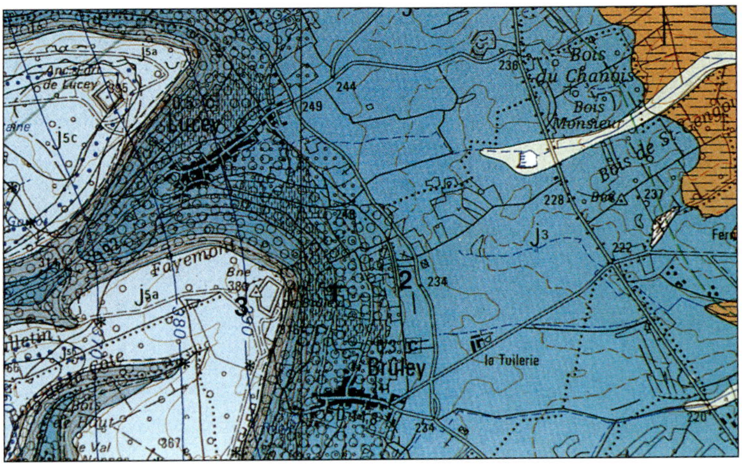

Carte BRGM 1/50 000 n° 229 © PARIS 1984

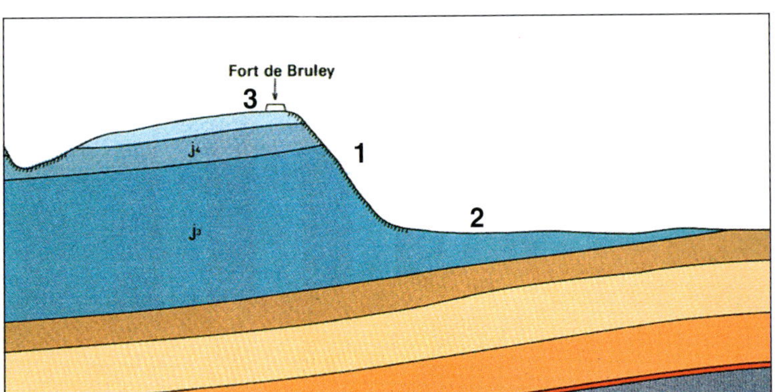

PLANCHE N° 1'

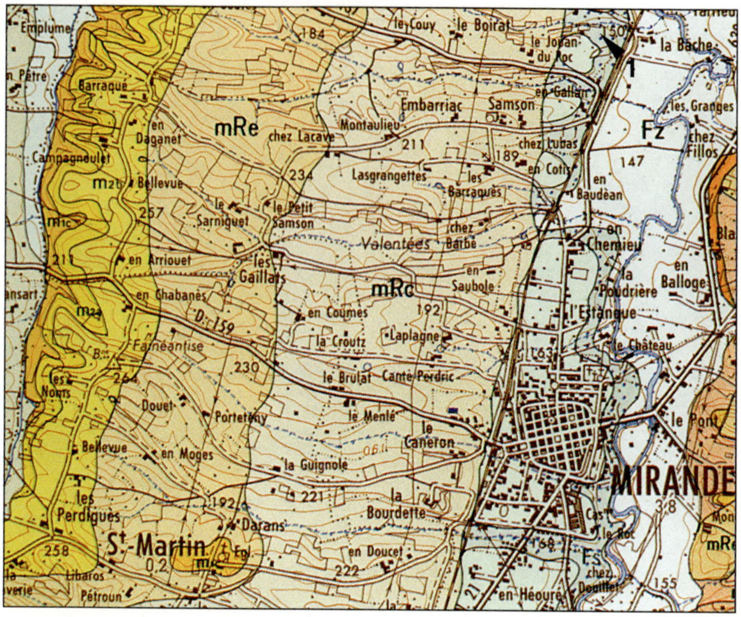

Carte BRGM 1/50 000 n° 1007 © PARIS 1969

Fz — Alluvions modernes

mRe — Formations résiduelles sur calcaire miocène

mRc — Colluvions (boulbènes) issues des calcaires miocènes

m2b — Helvétien moyen
Niveaux des calcaires de Bassoues,
des calcaires de Monlezun
et des calcaires de Sansan

m2a — Helvétien inférieur
Calcaires inférieurs d'Astarac

m1c — Burdigalien supérieur
Niveaux des calcaires d'Auch
et des calcaires supérieurs de Lectoure

m1b — Burdigalien moyen
Niveaux des calcaires de Larroques-St-Sernin,
des calcaires inférieurs de Lectoure
et des calcaires de Pellécahus

m1a — Burdigalien inférieur
Calcaires de Herret

PLANCHE N° 1

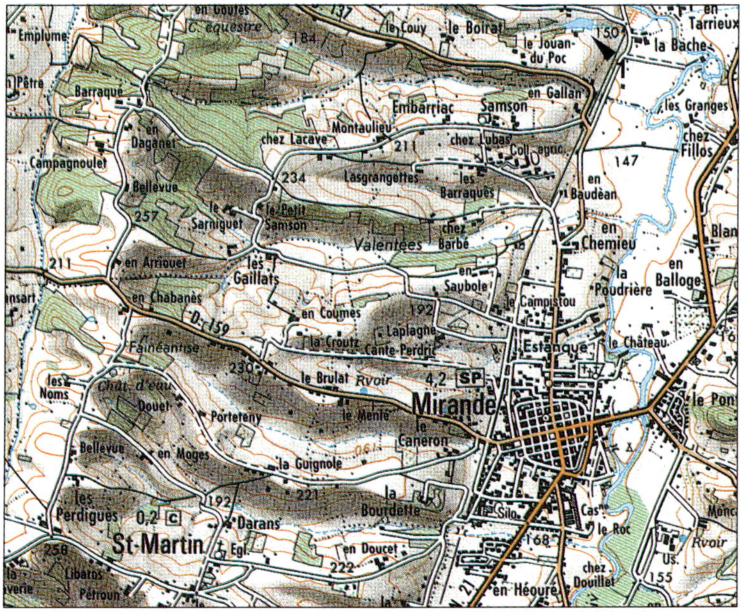

Carte IGN 1/50 000 n° 1844 © PARIS 1980 (Mirande)

La carte de Mirande offre un exemple de relief de dissection développé dans une structure sédimentaire aclinale sans binôme roche cohérente/roche meuble bien marqué.

Le relief est constitué de collines en lanière, dissymétriques, orientées du sud vers le nord. Les sommets plats sont assez développés. Des formes voisines se retrouvent dans l'ensemble de la Gascogne. L'opposition entre les versants Ouest en pente raide et les versants Est en pente douce constitue un héritage des périodes froides du quaternaire.

La couverture neigeuse soufflée par le vent dominant de secteur Ouest se déposait sur le versant Est. Au printemps la fonte lente de la neige entraînait des glissements au sein des terrains gorgés d'eau. Les matériaux qui s'accumulaient au fond des vallées ont été évacués grâce aux forts débits des cours d'eau durant la même période. Remarquer l'importance des sapements latéraux qui sont à l'origine des fonds plats très développés des vallées.

Sur le plan humain, l'extrait est représentatif du paysage aquitain avec notamment un lac collinaire (1). Ces lacs changent souvent de localisation suite à leur comblement par les colluvions. La ville de Mirande est un bon exemple de ville historique, une bastide du XIIIe siècle, ayant connu un important déclin historique.

Planches d'illustrations

Les extraits de cartes sont reproduits avec l'aimable autorisation des auteurs.

– Institut géographique national, service des ventes et éditions, 107, rue La Boétie, 75008 Paris (autorisation N° 50-5096).

– Bureau de recherches géologiques et minières (BRGM éditions), BP 6009, 45060 Orléans Cedex 2.

INSTITUT GEOGRAPHIQUE NATIONAL

BRGM

L'ENTREPRISE AU SERVICE DE LA TERRE

(Fascicule détachable, la légende des cartes topographiques se trouve en dernière page) loppée à partir de l'horlogerie. Lors de la crise des années 1920, l'horlogerie décline et le savoir-faire acquis a été transposé dans le domaine du **décolletage** (façonnage de petites pièces métalliques complexes). Depuis 1973, l'industrie s'adapte à la troisième révolution industrielle, à ses nouvelles techniques comme les commandes numériques – machines programmées par ordinateurs –, à son organisation du travail avec la recherche de la qualité et la restructuration des relations entre les sous-traitants et les donneurs d'ordres. Aujourd'hui encore, la région fait figure d'espace dynamique malgré la progression récente du taux de chômage. D'autres foyers comparables existent : le Choletais aujourd'hui en crise, « Plastic Valley » autour d'Oyonnax, Sainte-Sigolène en Haute-Loire à partir de la plasturgie... Sur les cartes le dynamisme récent de ces territoires est attesté par la coexistence de plusieurs types de localisation industrielle : en fond de vallée ou à l'intérieur des tissus urbains mais aussi dans des zones industrielles de taille non négligeable.

Les vieilles régions industrielles constituent un ensemble varié doté d'une forte personnalité. Les dynamiques spécifiques qui s'appliquent à ces territoires doivent servir d'armature au commentaire des cartes qui les représentent.

VII. Ports et villes portuaires

1. Le port : un espace d'interface

Le **port maritime** est un point de rupture de charge entre le transport maritime et le transport terrestre. Ce rôle d'interface donne un relief particulier aux notions de site et de situation.

▸ **Le site d'un port doit être évalué en fonction de sa capacité à accueillir les installations terrestres mais aussi en vue de son accessibilité à partir de la haute mer.** Plusieurs sites classiques sont à retenir.

• Le **site de fond d'estuaire** cumule les positions de point de rupture de charge entre le transport maritime et le transport fluvial et celle de dernier pont possible sur un fleuve. Ce site a assuré la fortune de ports comme Bordeaux, Nantes ou Rouen jusqu'au XIXe siècle. Il est aujourd'hui remis en cause par le problème de l'accès à la haute mer. L'envasement des estuaires, la distance entre le port et la haute mer qui devient un obstacle majeur à l'heure où la rentabilisation des bateaux impose des escales de plus en plus courtes, la taille des bateaux contemporains, tout concourt à la marginalisation du port de fond d'estuaire et au glissement des équipements vers l'aval. La position de dernier pont possible a, elle aussi, disparu : le pont de Saint-Nazaire et le pont de Normandie sont deux exemples de réalisations récentes qui le démontrent. Le maintien d'une activité importante dans cette localisation héritée est à mettre en relation avec la puissance de l'arrière-pays et la qualité des services portuaires (Rouen).

• Les côtes sont soumises à l'action de la houle. Les sites de **port de front de mer** correspondent à des espaces abrités. Le terme de **rade** désigne des bassins naturels protégés de la houle et ouverts sur la haute mer par des issues nommées les **passes.** Toulon, Brest, Cherbourg possèdent de tels sites. La Rochelle jouit d'une position voisine, à l'abri des îles d'Oléron et de Ré. Plus souvent, l'abri est moins vaste. Il se limite à une ria, c'est le cas à Lorient, ou à une calanque, c'est le site initial du port de Marseille. Les côtes sableuses ne peuvent être utilisées qu'au prix d'un aménagement très important du site initial comme ce fut le cas des ports de Dunkerque et de Sète.

▸ **La situation du port conditionne son développement.** Là aussi il convient d'évaluer la situation tant du point de vue terrestre que du point de vue maritime.

Il existe des routes maritimes intercontinentales dont les conséquences spatiales sont assez proches de celles des autoroutes très fréquentées. La proximité de l'autoroute dans ce cas permet la mise en place d'un échangeur qui peut favoriser la croissance économique. L'éloignement limite les possibilités de développement.

La route maritime de l'Atlantique Nord ou **Track de l'Atlantique Nord** qui relie la côte Est des États-Unis à la mer du Nord passe au large des côtes françaises de la Manche et de la mer du Nord. Il s'agit de la route maritime où transite le plus important flux de marchandises au niveau mondial. Les ports du Havre et de Dunkerque occupent donc une place stratégique à l'ouest du Pas-de-Calais qui constitue un passage où la navigation, difficile, est encore ralentie par l'importance du trafic. Plusieurs routes maritimes empruntent la Méditerranée du détroit de Gibraltar au canal de Suez. Le port de Marseille occupe une position assez favorable vis-à-vis des flux de marchandises qui circulent sur ces routes.

Les relations avec l'arrière-pays constituent le second élément de la situation. Les liaisons multimodales avec l'arrière-pays – voie d'eau, chemin de fer, autoroute, route – doivent être facilitées par la disposition générale du relief. De son côté, l'arrière-pays doit être dynamique pour favoriser la croissance du port.

▸ **Le port a souvent donné naissance à la ville.** Il a constitué dans un premier temps le cœur géographique, économique, sociologique de la ville. La ville portuaire se différencie nettement des autres par la société particulière qui l'anime. Le petit peuple est composé de marins, de dockers, d'ouvriers des chantiers navals. Cette société portuaire est dominée par les armateurs et les marchands. Les bourses de commerces incarnent l'orgueil de ces acteurs du pouvoir local qui ont souvent légué un patrimoine bâti important. Aujourd'hui, une telle image ne subsiste plus que dans les brochures de promotion touristique. La concentration des armements a mis à mal le pouvoir local. Les marins ne sont plus recrutés dans les ports mais dans les pays du Tiers Monde pour naviguer sur des bateaux battant **pavillon de complaisance** ou **second pavillon** – des pavillons mis en place par les pays développés et dotés d'un statut dérogatoire par rapport aux lois nationales comme le **pavillon des îles Kerguelen** pour la France. La taille de ces bateaux leur interdit l'accès aux ports traditionnels. Peu à peu, le port est sorti de la ville.

2. L'évolution des techniques portuaires

Les ports traditionnels étaient adaptés aux conditions techniques de la navigation à voile. Avec les débuts de l'ère industrielle, la navigation à voile est condamnée malgré les tentatives d'adaptation comme les **clippers.** Les bateaux à vapeur, les **steamers,** s'imposent. Sur terre, le chemin de fer fait de même. Ces innovations conduisent rapidement à l'abandon du port traditionnel, enkysté dans le tissu urbain, au profit de nouvelles installations localisées sur des terrains non urbanisés. Le port traditionnel est de nos jours reconverti en port de plaisance. Il conserve parfois une activité de pêche artisanale résiduelle.

▸ La fin du XIXe siècle voit se mettre en place une nouvelle génération d'installation portuaire. Dans le cas des ports de front de mer, ces nouveaux bassins conquis sur la mer ou creusés dans les terres ont une taille nettement supérieure à celle du port traditionnel. **Le bassin à flot** est un bassin dont l'accès est commandé par une écluse maritime (planche n° 19). Le **bassin de marée** permet un accès direct à la haute mer. C'est le bassin normal en Méditerranée car les marées sont très faibles. Ailleurs, il est le signe d'un grand port : le trafic est suffisant pour justifier les travaux coûteux pour permettre un accès aisé à ce type de bassin. Ces installations comportent fréquemment des chantiers navals pour la construction et la réparation des navires. Les **bassins de radoubs** – les cales sèches – leur sont associés. Les quais sont encombrés d'engins de levage et d'entrepôts. La **gare maritime** rappelle l'importance du transport de passagers par lignes régulières de paquebots jusqu'aux années 1950. Les communications avec l'arrière-pays sont assurées par le chemin de fer. De multiples voies desservent les quais. Une gare de triage se trouve à proximité : elle se repère au nombre très important de voies. La liaison avec l'intérieur se fait aussi par voie d'eau. Il faut se souvenir qu'il ne s'agit que de tronçons dans le cas français.

Le développement de ces installations provoque la croissance de nouveaux quartiers. Ceux-ci se caractérisent par l'existence de rues, délimitant des îlots qui abritent à la fois des habitations, des entrepôts et des usines liés au port comme les huileries ou les savonneries.

Les ports de fond d'estuaire se dotent à cette époque d'avant-ports comme Saint-Nazaire pour Nantes. Le Havre tient ce rôle pour Rouen bien que ce soit un port indépendant et plus ancien.

Dans les ports secondaires ces installations modernisées constituent encore le cœur du port actuel. Ces ports ont un **avant-pays** étendu mais leur trafic dépend d'une gamme de produits réduite conditionnée par les activités de leur arrière-pays immédiat. Ainsi Brest importe des aliments pour le bétail et exporte dans le monde entier des poulets congelés. Pour le reste, le trafic est constitué de marchandises redistribuées par cabotage, notamment des produits pétroliers. Dans les grands ports, la course au gigantisme et la spécialisation des navires ont rendu progressivement obsolètes ces installations à partir des années 1950. Les reconstructions d'après guerre ont donc porté sur des installations qui ont rapidement été dépassées par l'évolution technologique.

▸ **La nouvelle génération d'installations concerne, en France, un nombre limité de ports,** une dizaine, car les investissements à réaliser sont très lourds. Les **ZIP** – zones industrialo-portuaires – ont nécessité des travaux d'infrastructures titanesques qu'il faut souligner : aménagement de terre-pleins industriels, de digues, dragage des chenaux d'accès pour permettre la venue de navires de grande taille. Le gigantisme et la spécialisation sont les traits marquants de ces installations : il faut repérer sur les cartes la taille des écluses, la spécialisation des appontements associés à des aires de stockages immenses.

Les ZIP accueillent des industries de base en vertu du modèle de Weber. Les transports maritimes sont très peu chers. Les industries de première transformation se localisent au plus près des matières premières importées, dans le port même... et au plus près des marchés d'exportation. Les ZIP permettent d'observer des chaînes techniques connues : les centres sidérurgiques intégrés de Dunkerque et de Fos, les raffineries dans tous les cas, parfois associées aux vapocraqueurs comme dans le cas de l'étang de Berre.

Les ZIP ont été conçues comme des pôles de croissance qui devaient entraîner un processus d'industrialisation. Dunkerque devait sauver le pays noir du Nord-Pas-de-Calais, Fos était l'avenir de Marseille. Pour ce faire, les ZIP sont reliées à leurs arrières-pays par un réseau de transport multimodal. Le canal à grand gabarit qui relie Dunkerque à Lille et à Valenciennes devait devenir un « boulevard industriel » peuplé d'activités situées en aval de la sidérurgie et de la pétrochimie. L'importance des effets d'agglomération liés aux transports a été surestimée. Les ZIP n'ont pas entraîné le développement industriel. Elles ont connu une crise liée aux surcapacités des industries de base dès 1973. Certains établissements ont fermé (toutes les raffineries dans le cas de Bordeaux), les autres ont réalisé des gains de productivité très importants. Les licenciements ont été très nombreux. Les ZIP sont devenues des espaces répulsifs. Les opérations d'urbanisme liées observent les règles en vigueur à l'époque de la réalisation des ZIP. Elles constituent elles aussi des espaces répulsifs.

▸ **La crise des ports industriels a provoqué une prise de conscience.** Les grands ports français – Marseille, Le Havre, Dunkerque, Nantes-Saint-Nazaire, Rouen, Bordeaux – possèdent le statut de **port autonome**. Dans ce cas, le port est géré par un établissement public où les représentants de l'État sont majoritaires. Le pouvoir s'exerce depuis

Paris, le dynamisme local s'étiole. Des ports comme Calais ou La Rochelle ont des politiques de développement plus engageantes impulsées par les chambres de commerce qui les dirigent.

• **Les ports français n'ont pas de bourse de commerce cotant des contrats sur les matières premières, peu de services supérieurs liés au transport maritime (banques, assurances, conseils).** Or ce tertiaire portuaire est la partie la plus rémunératrice de la fonction portuaire ! Ils en sont donc réduits, pour une grande part, à l'exécution. La situation s'est encore aggravée au cours des années 1970. Les ports français, spécialisés dans la manutention de produits pondéreux peu rémunérateurs, semblaient alors passer à côté de la réorganisation du transport maritime mondial.

• **Le marché mondial comporte une part de produits manufacturés de plus en plus importante.** Le transport de ces produits s'effectue de manière croissante par **conteneurs,** c'est-à-dire des boîtes de forme rectangulaire et de taille normalisée. La **conteneurisation** permet des gains de productivité importants lors des ruptures de charge et favorise le **transport multimodal** et, donc, la flexibilité. La conteneurisation permet aussi le développement du **trafic roulier** qui consiste à charger et à décharger les marchandises à l'horizontal par roulage comme lorsque les camions ou les voitures entrent directement dans les bateaux. Le vocabulaire anglo-saxon désigne ce trafic par le terme de **roll-on-roll-off** ou **ro-ro.** Ces deux méthodes complémentaires tendent à capter une part croissante du trafic.

• **La navigation au long cours – entre les continents – s'organise aujourd'hui plus qu'hier autour de ports d'éclatement des flux.** Dans un sens, ce port collecte les marchandises – conteneurisées – dans son propre arrière-pays et dans celui des ports qu'il a satellisé par ses lignes régulières de **cabotage** – navigation le long des côtes, parfois sur plusieurs milliers de kilomètres. Dans l'autre, il répartit les marchandises reçues dans son propre arrière-pays et dans celui des ports satellisés. En Europe, ce rôle de port d'éclatement est joué principalement par Anvers et par Rotterdam qui ont agrandi leur arrière-pays direct aux dépens des ports français de la Manche et de la mer du Nord.

▸ **La riposte s'est organisée à partir des années 1980.** Les ports français se sont lancés dans la réalisation de **terminaux spécialisés** dans la manutention des conteneurs, de **terminaux rouliers.** Ces installations sont couplées avec des **plates-formes multimodales** et se trouvent généralement dans des bassins de marée accessibles vingt-quatre heures sur vingt-quatre. Ces ensembles fonctionnels se repèrent facilement sur les cartes au 1/25 000 et au 1/50 000 en observant les chenaux d'accès, les voies de chemins de fer et les routes et autoroutes. Les installations à terre se limitent aux voies de communication, aux portiques. Les vastes terrains laissés en blanc correspondent aux terre-pleins de stockage en plein air.

Invisibles sur les cartes, de nouvelles conditions commerciales plus attractives se sont mises en place. Les coûts de manutention ont baissé suite à la réforme du statut des dockers en 1991. Le cadre juridique de l'**entrepôt franc** permet de stocker et de réexpédier des marchandises sans payer de taxes tout en bénéficiant de prestations de services elles aussi non soumises aux taxes en vigueur. Le Havre, Marseille, Dunkerque devraient ainsi voir leur situation s'améliorer dans les années futures.

Le résultat du développement des nouveaux terminaux est l'enfrichement renforcé des anciens **docks** du XIXe siècle. Seules les fonctions tertiaires comme l'administration du port, la **capitainerie** – le service qui gère les entrées et les sorties, qui dirige les bateaux dans les chenaux d'accès grâce aux remorqueurs – restent là par un phénomène d'inertie assez classique. Même les gares maritimes se déplacent en direction des parties plus récentes du port avec le trafic de ferries et le développement des croisières de plaisance. Un bon nombre de villes portuaires tentent de reconquérir ces friches selon le modèle de reconquête des **« waterfront »** à la mode dans les pays anglo-saxons depuis plus de vingt ans. Bordeaux a installé son musée d'art moderne dans un ancien entrepôt : l'entrepôt Lainé. La Rochelle développe un nouveau quartier touristique en direction du port de loisirs des Minimes. Le Havre a installé un World Trade Center et une zone de loisirs dans la partie la plus ancienne de ses docks. Marseille a de grands projets pour les anciens magasins des bassins de La Joliette. Ces opérations ne sont pas très visibles sur les cartes.

Le commentaire doit s'attacher à analyser les différentes évolutions du port en rappelant les grands traits de l'évolution générale. Il ne faut toutefois pas oublier que de nombreux ports français ont été détruits lors de la Seconde Guerre mondiale. La reconstruction a pu se faire à l'identique comme à Saint-Malo. Mais plus souvent, les centres ont été entièrement recréés en appliquant les principes urbanistiques des écoles modernes d'architecture. Le centre du Havre a été reconstruit par Auguste Perret avec un plan en damier et des immeubles de style moderne international. Dunkerque, Cherbourg, Brest, Lorient, Saint-Nazaire ont connu le même sort entre les mains d'autres architectes. D'une manière générale les villes détruites peuvent se repérer grâce à la présence des déblais notés sur les cartes géologiques.

VIII. Les stations touristiques

Le terme de **station** est équivoque. A l'origine il désigne le résultat d'une opération d'aménagement qui crée artificiellement une ville touristique. Puis de proche en proche toutes les communes concernées par le tourisme ont revendiqué le titre de station.

1. Les stations de la première génération

▸ **Les premières stations touristiques se développent au Royaume Uni à la fin du XVIIIe siècle.** Le mouvement gagne la France à partir de 1830 et connaît son heure de gloire durant le Second Empire.

La station est alors un produit destiné à un public issu de l'aristocratie ou de la haute bourgeoisie. Le concepteur privé de la station s'assure la maîtrise foncière d'un espace délaissé : un cordon dunaire, un marais. Il « lance » son produit dans les circuits mondains en attirant des personnes connues et influentes.

Ces stations possèdent des caractéristiques communes qui permettent de les repérer sur les cartes au 1/50 000 et au 1/25 000 (planche n° 21). Le chemin de fer est le moyen d'accès privilégié. Le cœur de la station, autour de la gare, est pourvu d'un plan géométrique complexe. Les campagnes avoisinantes abritent de luxueuses villas. Le casino et l'hippodrome sont les deux équipements de loisir les plus fréquents.

• **La plupart de ces stations sont balnéaires.** Elles comportent alors une promenade de front de mer où sont localisés les hôtels de luxe et le casino. Les plus anciennes se situent dans la mouvance de Paris notamment Deauville et la Côte fleurie. Le couple impérial (Napoléon III) a lancé Biarritz comme station franco-espagnole. Les grandes villes de province se sont dotées de leurs stations : La Baule pour Nantes, Arcachon pour Bordeaux. Le modèle s'est diffusé jusqu'aux villes de moindre importance, touchant une clientèle plus petite-bourgeoise : La Rochelle et Châtelaillon-Plage, Perpignan et Canet-Plage. De petites stations visant une clientèle plus lointaine ont pu voir le jour comme Pleneuf/Val André dans les Côtes-d'Armor.

• Les **stations thermales** ont connu le même cycle de développement avec une hiérarchie comparable. Vichy et Aix-les-Bains sortent du lot par la qualité et l'importance de leur clientèle. Il existe un noyau historique plus important, le développement urbain est plus spontané.

• Les **stations de montagne** jouent les seconds rôles. Elles apparaissent avec l'alpinisme introduit par les Anglais avec, en fer de lance, Chamonix. Elles se développent réellement avec le ski alpin au début du siècle et durant l'entre-deux-guerres (Saint-Gervais, Megève). Elles se situent dans les régions de hautes montagnes au fond de grandes vallées accessibles par chemin de fer. Elles forment la première génération de **stations-villages** en montagne.

L'avènement du tourisme de masse marque une rupture dans l'histoire de ces stations. Par mimétisme social, elles servent de pôle de fixation pour le développement touristique. Leur image de station huppée se trouble. Sur les cartes, cette période correspond à une véritable marée urbaine qui noie la station initiale. Le front de mer se densifie avec la construction d'immeubles assez élevés.

► **La montée en puissance du mode de production flexible a donné une seconde jeunesse à cet ensemble.** Là aussi, les collectivités locales et leurs partenaires se sont lancé dans la « stratégie du porte-avions ». Elles tentent de recycler leur image prestigieuse en développant des technopôles, des palais des congrès, des parcs des expositions... Plus prosaïquement, elles réorientent le développement de leur fonction touristique en direction des catégories aisées en cours d'élargissement. Les golfs, les ports de plaisance, les centres de thalassothérapie se multiplient à proximité.

La Côte d'Azur française est le modèle le plus achevé de ce type d'évolution avec le technopôle de Sophia-Antipolis, les salons et congrès du secteur audiovisuel à Cannes (festival cinématographique et MIDEM). Certes, le dynamisme des acteurs locaux, l'héliotropisme favorisent cette évolution ; mais il ne faut pas oublier l'importance de l'image de marque. La Côte d'Azur a été lancée par les Anglais à la fin du XVIIIe, à une époque où ces derniers dominaient le monde. L'image de marque créée dès cette époque s'est donc diffusée à l'échelle mondiale, ce qui constitue une rente de situation exceptionnelle lorsque l'on cherche à attirer une firme américaine ou asiatique !

• Il existe un **type secondaire de stations de la première génération.** Situées en moyenne montagne, elles affichent une **vocation médicale et sociale.** Elles se sont développées avant la Seconde Guerre mondiale autour des sanatoriums. Aujourd'hui, la fonction médicale reste très présente. Les sanatoriums ont été reconvertis en maisons de repos postopératoire, en maisons de retraite médicalisées. De nouveaux établissements spécialisés se sont développés. Parallèlement, les stations profitent des visites aux malades et se positionnent comme stations vertes l'été avec parfois même quelques remontées mécaniques pour l'hiver. Cette évolution a donné naissance à des stations comme Saint-Pierre-de-Chartreuse. La clientèle visée est le plus souvent locale ou régionale.

2. Les stations de la seconde génération

Les cartes permettent de distinguer deux types de stations postérieures à 1945.

▸ **Les stations intégrées créées *ex nihilo* forment un premier ensemble.** Elles regroupent sur un espace réduit les logements, les commerces, les services et les équipements de loisirs. Elles déclinent en version touristique les grands principes urbanistiques des écoles modernes d'architecture. L'État a souvent joué le rôle d'inspirateur : la mission d'aménagement touristique du Languedoc-Roussillon date de 1963, la mission d'aménagement de la côte aquitaine de 1967, le « plan neige » des années 1960. Elles constituent des espaces monofonctionnels qui ne s'animent que quelques mois par an.

• **Les stations intégrées de sport d'hiver** possèdent une personnalité très affirmée (planche n° 11).

— Le site type d'implantation correspond à des **alpages orientés au nord** pour garantir un enneigement prolongé. Les versants, en pente modérée et continue car les corniches rocheuses sont sources de danger, se rejoignent « en forme de cône inversé » pour constituer un domaine skiable unifié. Le point de convergence sert de site initial pour la station.

— Les **immeubles** de la station s'alignent au pied des pistes et forment le **« front de neige ».** Des galeries marchandes, couvertes pour protéger les clients des intempéries, se développent au pied des immeubles.

— Les **flux de circulation** sont séparés pour éviter les blocages et les accidents. Les voitures sont stoppées par des parkings périphériques ou stockées dans des garages souterrains. Le cœur de la station est piétonnier. Les skieurs sont cantonnés aux pistes.

— **Un seul promoteur-développeur** gère l'ensemble avec des capitaux extérieurs au milieu local, en affichant des partis pris architecturaux souvent contestables.

Ces noyaux fonctionnels du « plan neige » ne sont pas présents dans toutes les stations créées *ex nihilo.* Certaines ont débuté de manière plus spontanée comme Courchevel ou Méribel-Les Allues. Plus fréquemment, d'autres acteurs – collectivités locales, promoteurs – sont intervenus parallèlement ou ultérieurement et la station a poursuivi son développement sans plan d'ensemble.

• Les **stations intégrées du littoral** relèvent de la même logique (planche n° 22).

— Elles se sont implantées sur des **espaces délaissés :** les côtes sableuses qui ont nécessité de grands travaux d'aménagement qu'il faut souligner.

— Le **front de mer** guide l'urbanisation, ce qui produit des stations en T.

— La séparation et la hiérarchisation des flux de circulation sont très présentes.

— Les intervenants ont été plus nombreux et les réalisations plus variées.

▸ La seconde catégorie regroupe les stations issues d'un développement spontané.

• **En montagne** une nouvelle génération de **stations-villages** se constitue. Sur les cartes elle se distingue de la première génération par des localisations en moyenne montagne ou à mi-versant dans les régions de haute montagne. La croissance est anarchique. Le domaine skiable, de taille réduite, est compartimenté en sous-domaines parfois non jointifs. Il se développe à des altitudes assez basses, les pistes créent des tranchées qui défigurent la forêt et qui nuisent à son bon développement. L'enneigement est aléatoire. Ces stations ne possèdent pas les moyens financiers et techniques pour se positionner sur le marché national ou européen. La clientèle visée est régionale. Elles constituent parfois des stations-satellites des grandes stations intégrées lorsque les domaines skiables sont connectés.

- **Sur les littoraux,** la croissance anarchique s'est généralisée avec le développement de l'automobile. De plus en plus, des promoteurs mettent en place des projets intégrés qui se comportent comme des cellules privées autonomes par rapport au milieu local. Sur les cartes, il est parfois possible de les identifier à partir du tracé des voies d'accès ; lorsque tout un secteur possède son propre réseau avec divers équipements et ne se raccorde à la trame d'ensemble que par un ou deux accès. L'espace public se réduit aux axes de transit, il n'y a plus de centre très marqué. Certains auteurs parlent de **« banlieusardisation »** des formes urbaines.

3. Les problèmes généraux des stations touristiques

Les stations touristiques relèvent de la grille d'analyse des ensembles urbains. Après avoir évoqué la situation, le site, la morphologie urbaine, l'étude se termine par la description des problèmes rencontrés par ce type de territoire.

Le tourisme concentré réunit sur un espace restreint des masses de population importantes. Les structures d'accueil doivent être conçues en fonction du pic de la fréquentation maximale. La rentabilisation de l'investissement devient difficile lorsque la fréquentation est très élevée sur un temps court. Ainsi la gestion des flux d'ordures ménagères et d'eaux usées nécessite des équipements coûteux qui ne sont que très progressivement mis en service : sur les cartes ils sont toujours indiqués.

D'une manière plus générale, ces territoires tentent d'accroître leur période de fréquentation. Les stations de montagnes misent sur la double saison été-hiver. Sur les cartes cela se traduit par la présence de courts de tennis, de golfs... Les résultats sont inégaux. Les stations-villages de première génération ont toujours conservé une saison d'été importante, parfois supérieure à la saison d'hiver. Les autres stations-villages progressent. Les stations intégrées jouent la carte de la spécialisation sur un produit très identifié (golfs, tennis, tirs à l'arc...).

Les stations du littoral tentent de prolonger la saison en accueillant des classes de mer, des congrès, des voyages organisés de personnes âgées.

La saturation que connaissent les stations en saison conduit une proportion importante de leur clientèle traditionnelle à opter pour un modèle alternatif au tourisme concentré. D'abord pratiqué par les Européens du Nord et de Nord-Ouest, le tourisme vert, diffus, s'impose comme une pratique de masse à partir de la seconde moitié des années 1970. Il peut s'agit d'un tourisme de reversement depuis un littoral saturé comme c'est le cas dans le Midi méditerranéen (il y a diffusion du phénomène touristique) ou de pôle autonomes de développement comme le Périgord.

Certains problèmes d'aménagement n'apparaissent qu'avec le temps. L'imperméabilisation de vastes espaces en montagne a provoqué une accentuation de la torrentialité (Les Arcs en mars-avril 1981). Les courants littoraux charriant du sable et de la vase n'ont pas toujours été pris en compte, ce qui provoque l'envasement de ports de plaisance ou au contraire le démaigrissement des plages (planches n°s 20, 21 et 22).

Approfondir

ASPECT HISTORIQUE

- *Histoire du paysage français,* J.-R. Pitte, Tallandier, 450 p. (2 t.), 1989 (2e éd.). Un ouvrage de synthèse fortement conseillé aux agrégatifs d'histoire et de géographie.

GÉOGRAPHIE GÉNÉRALE DE LA FRANCE

- *L'espace français,* D. Noin, Cursus Géographie, Armand Colin, 258 p., 1994 (7e éd.). Un ouvrage classique pour débutant.
- *La France : permanences et mutations,* F. Demette, J. Scheibling, Carré Géographie, Hachette, 256 p., 1995. Pour une approche plus originale du territoire national.

GÉOGRAPHIE RÉGIONALE DE LA FRANCE

- *Les régions françaises,* P. Estienne, Masson Géographie, 2 t., 532 p., 1995 (3e éd.). Cet ouvrage constitue l'ultime somme de la géographie régionale classique. Tous les « pays » qui constituent le territoire français sont analysés avec minutie. Un ouvrage de base pour le commentaire des cartes au 1/25 000 et au 1/50 000. La première édition de 1977 comporte de nombreux schémas, croquis, coupes et cartes encore très utiles aujourd'hui.

• *La France dans ses régions,* A. Gamblin (dir.), SEDES, 2 t., 696 p., 1994. Un ouvrage issu de la tradition classique replacée dans le cadre des régions programmes. Son aspect plus synthétique et plus actualisé peut le faire considérer comme un complément utile de l'ouvrage précédent.
• *Les guides bleus,* Hachette. Écrits en collaboration avec des géographes universitaires, ces guides touristiques peuvent être utiles aux agrégatifs d'histoire, à condition de les avoir feuilletés durant l'année de préparation.

GÉOGRAPHIE THÉMATIQUE DE LA FRANCE

• *Le grand atlas de la France rurale,* INRA, éd. Jean-Piere de Monza, 494 p., 1989.
• *L'atlas des paysages de France,* P. Brunet (dir.), éd. Jean-Pierre de Monza, 200 p., 1992.
• *L'atlas des forêts de France,* J. Gadant (dir.), éd. Jean-Pierre de Monza, 240 p., 1991.
• *L'atlas du littoral de France,* Z. Massoud et R. Piroubès (dir.), éd. Jean-Pierre de Monza, 332 p., 1994.

Ces ouvrages assez luxueux destinés au grand public éclairé sont très bien illustrés et très agréables à lire (en bibliothèque). Ils constituent une source d'information actualisées de premier ordre.
• *Atlas des vins de France,* P. Ribérant-Gayon, Hachette-INAO, 256 p., 1989. Grand public, ouvrage utile pour ses cartes et ses coupes.
• *La France des villes : le temps des métropoles ?,* A. Jouve, P. Stragiotti, M. Fabries-Verfaillie, Bréal, 320 p., 1994. Cet ouvrage doit être utilisé pour les 57 monographies des principales agglomérations françaises qui forment sa cinquième partie.
• *Le tourisme dans l'espace français,* D. Clary, Masson Géographie, 358 p., 1993. Un ouvrage touffu à utiliser comme une base de données à partir de son index et de sa table des matières.

GÉOGRAPHIE GÉNÉRALE

• *Urbanisme : théories et réalisations,* F. Choay, Encyclopaedia Universalis, t. 23, p. 187-197. Un rappel synthétique et utile sur les différentes écoles d'architecture et leurs pratiques urbanistiques.
• *Industrie et espace géographique,* A. Fischer, Masson Géographie, 134 p., 1994. Les p. 47 à 108 constituent une mise au point rapide sur les logiques successives des systèmes productifs et leurs conséquences spatiales.
• *Les régions qui gagnent : districts et réseaux. Les nouveaux paradigmes de la géographie économique,* G. Benko et A. Lipietz (dir.), PUF, 424 p., 1992. Une étude des dynamiques régionales plus approfondie appuyée sur de nombreux exemples internationaux.

Conclusion : que faire le jour du concours ?

Le commentaire de carte

Le plan traditionnel de recherche permet d'extraire l'essentiel des informations présentes sur une carte au 1/25 000 ou au 1/50 000. Il s'agit toutefois d'une démarche très analytique et sa mise en œuvre rigoureuse demande plusieurs heures de travail. Durant l'année de préparation, il est utile de s'entraîner à sa pratique à partir de quelques exemples pour en maîtriser le fonctionnement.

Pour l'épreuve elle-même, une démarche différente, plus synthétique, est souhaitable. Celle-ci se décompose en trois temps.

▸ **En utilisant rapidement les éléments mis en place dans le plan de recherche, il faut tout d'abord identifier les différents territoires représentés sur la carte.**

— Les régions rurales sont caractérisées par un type de relief et un paysage.

— Les agglomérations se classent en distinguant les villes historiques de celles nées de l'industrie ou du tourisme.

— Lorsqu'il s'agit d'une carte uniquement urbaine, il faut localiser le centre-ville, la première couronne, la seconde couronne, ou, sur les cartes de la région parisienne, les tissus urbains à l'intérieur de chacune des catégories citées ci-dessus.

▸ **Dans un second temps, il faut analyser les relations qu'entretiennent entre eux les différents territoires.**

— Il existe des relations de complémentarité entre une ville-centre de pays rural et les campagnes voisines ; entre un centre-ville et ses banlieues.

— Au contraire, un territoire dominant peut progresser au détriment d'un territoire dominé comme c'est le cas aux limites d'une agglomération où le paysage rural est progressivement désorganisé et détruit par la poussée de l'urbanisation. Au sein même d'une agglomération, le centre peut progresser aux dépens des anciens quartiers utilitaires du XIXe siècle.

— Les différents territoires peuvent s'ignorer. C'est le cas des espaces miniers des plateaux lorrains vis-à-vis des villages ruraux voisins : il existe une frontière socioculturelle. La frontière peut être naturelle : dans le massif des Bornes-Aravis, la vallée de Thônes et ses dépendances (le bassin versant du Fier) regardent vers Annecy et tournent le dos aux vallées appartenant au bassin versant de l'Arve. Ces discontinuités sont généralement soulignées par l'organisation des voies de communication, leur tracé, leur taille.

▸ **Le plan de présentation va s'organiser à partir de ces éléments identifiés à échelle locale tout en replacant dans un cadre régional, national et éventuellement international.**

— Dans le cas d'une ancienne ville-marché devenue le centre d'un pays rural, les campagnes surdéterminent l'avenir de la ville par la population et les activités agricoles et touristiques qu'elles abritent. Il est alors logique de débuter l'étude par l'analyse des régions rurales, en faisant une étude comparée s'il y en a plus de deux, avant d'envisager l'évolution de la ville-centre sans oublier le positionnement de l'ensemble vis-à-vis de l'extérieur.

— Dans tous les autres cas, les campagnes sont secondaires : l'exposé va s'organiser autour d'une étude urbaine avec une dominante industrielle ou touristique si le problème se pose. Les campagnes seront présentées dans le cadre du développement spatial du phénomène urbain : l'objectif est alors d'évaluer leur capacité à entraver ou à guider la croissance urbaine.

— En France, le dynamisme est parfois endogène mais plus souvent les centres de pouvoirs sont extérieurs : ils se situent à Paris ou dans de grandes métropoles internationales. Dans un tel cadre, la proximité de grands axes de communication est un atout majeur pour le développement. Le rôle structurant d'un axe de communication s'apprécie à partir des infrastructures qui l'équipent (voie d'eau, chemin de fer, TGV, route nationale, autoroute) mais aussi et surtout à partir des flux qui l'empruntent : ce n'est pas l'autoroute qui suscite le développement mais le flux qui l'emprunte. Les atlas scolaires fournissent de bonnes cartes de flux dont il faut mémoriser les grandes lignes. Le développement industriel ou touristique doit alors être envisagé comme le produit de relations tissées entre des territoires différents en tenant compte des échelles et des phénomènes de domination.

Le but d'un bon commentaire de carte est de rendre compte des particularités et du fonctionnement des territoires représentés. Il faut toujours *décrire* puis *expliquer* sans oublier de faire le lien entre la géographie physique et la géographie humaine.

3

Jeu de cartes

EXEMPLES DE COMMENTAIRES DE CARTES

Les cartes topographiques proposées aux concours permettent d'appréhender des phénomènes différents selon leur échelle.

— La **carte au 1/50 000** a rencontré un très grand succès auprès de l'école classique de géographie française car elle se prête tout particulièrement à l'étude des thèmes placés au centre de sa démarche. Proposée avec une carte géologique, elle permet de décrire et d'identifier les grandes formes structurales présentes dans le relief. Sur le plan de la géographie humaine, les espaces ruraux sont valorisés. L'analyse des pays traditionnels est favorisée. Le **pays** de la géographie classique est un paysage rural lié à une structure géomorphologique sous-jacente. Les cartes de contact entre grandes unités morphostructurales constituaient ainsi des sujets de choix. Les cartes au 1/50 000 ont remplacé les anciennes cartes d'état-major au 1/80 000. Elles ne sont plus remises à jour depuis 1989, ou seulement en fonction des besoins des militaires. Cependant, tous les établissements et les centres d'examen sont équipés de stocks importants de coupures à cette échelle. Pour quelques années encore, la carte au 1/50 000 restera le document de base des concours.

• La **carte au 1/25 000** est l'échelle locale aujourd'hui favorisée par l'IGN pour des raisons commerciales : c'est la carte des randonnées. Par contre, dans l'optique des concours, c'est la carte des questions urbaines : morphologie d'une agglomération, analyse précise d'un aménagement portuaire ou touristique. Elle tend à occuper progressivement l'ancienne place de la carte au 1/50 000.

• La **carte au 1/100 000** possède une légende spécifique différente de celle des cartes au 1/25 000 et au 1/50 000. De plus en plus proposée, elle suppose une approche régionale : grands contrastes de l'organisation du relief et des paysages ruraux, structure des réseaux urbains, identification des grands axes de communication et appréciation de leur rôle local.

La transition en cours reflète l'évolution de la discipline. Le géographe est de moins en moins un honnête homme qui décrit et qui cherche à expliquer le paysage qu'il découvre depuis un point de vue panoramique. La discipline est devenue plus technique et s'est ouverte aux autres sciences humaines. Le 1/25 000 est l'échelle de la réflexion sur l'organisation des territoires locaux. Le 1/100 000 permet l'analyse des relations entre les différentes unités ainsi constituées.

Le temps de préparation octroyé pour la réalisation d'un commentaire varie selon les concours. Cela n'a pas d'influence sur la philosophie générale du commentaire. L'esprit reste le même, seul le degré d'analyse varie. Par contre deux conceptions de l'épreuve coexistent.

— A l'agrégation de géographie et au concours d'entrée à l'ENS de Fontenay - Saint-Cloud le commentaire attendu reste marqué par l'esprit de la géographie classique.

— La conception moderne domine à l'agrégation d'histoire. L'analyse géomorphologique est conservée dans la mesure où elle éclaire la répartition des hommes et des activités. Les sujets classiques (cartes au 1/50 000 topographique et géologique) sont de moins en moins nombreux. Au CAPES et au concours d'entrée à l'ENS de la rue d'Ulm, la carte géologique n'a jamais eu droit de cité.

I. *Commentaires nos 1 et 2 : carte no 2415 OT, Évry-Melun, 1/25 000 TOP © IGN 1992*

La carte d'Évry-Melun sert de support à de nombreux sujets de CAPES. Elle est représentative des cartes au 1/25 000 de la banlieue parisienne où les paysages des périphéries urbaines peuvent être étudiés avec une grande précision. Ainsi, sur ces cartes, il est possible d'affiner l'usage des termes apparus pour désigner les nouveaux territoires urbains nés en marge des agglomérations depuis 1973.

— L'**espace suburbain,** pour utiliser un vocabulaire d'origine américaine, est composé de lotissements jointifs collés à la banlieue classique.

— Le **rurbain** est composé de lotissements qui se développent autour d'un noyau villageois au-delà du front de périurbanisation qui limite l'espace urbanisé en continu.

— Le terme de **périurbanisation** désigne le processus général d'étalement de l'agglomération.

1. Sujet n° 1 : La banlieue, organisation spatiale et paysages sur la carte d'Évry-Melun

Il s'agit d'un sujet classique qui ne pose pas de problème particulier. Il convient simplement de bien centrer l'exposé sur les thèmes mis en avant par l'énoncé sans entrer dans une étude trop détaillée. Les paysages urbains de la banlieue doivent apparaître nettement. Ils peuvent faire l'objet d'une étude plus approfondie à l'oral. L'opposition entre la première couronne essentiellement spontanée et la seconde couronne plus complexe est un fil directeur important qui peut cependant être remplacé au niveau du plan par une vision plus globale des périphéries urbaines.

Mots clés

Desserrement urbain, pénétrante, rocade périphérique, première couronne, seconde couronne, villes nouvelles, noyau historique, quartiers utilitaires anciens, lotissements pavillonnaires, grands ensembles, zones d'activités.

La carte d'Évry-Melun au 1/25 000 se situe dans la banlieue sud-est de Paris. La première couronne apparaît au nord-est du document. La seconde, en croissance rapide, se situe au-delà de la ceinture verte des forêts domaniales avec une avancée plus rapide le long de l'axe Paris-Lyon.

La banlieue est souvent présentée d'une manière globale dans les médias et l'image commune de cet espace ne reflète pas sa diversité.

Cette carte permet de dresser un tableau plus nuancé de la banlieue au travers de l'analyse de la morphologie urbaine des communes qui la composent. La banlieue parisienne est utilisée comme archétype de l'organisation des banlieues françaises. Elle constitue pourtant une exception par sa taille et son poids démographique.

En dehors de la distinction classique entre première et seconde couronne, trois types d'organisation de l'espace coexistent : les espaces extravertis et dominés, les pôles historiques satellisés et les centres créés *ex nihilo* en pleine croissance.

▸ **Le processus de desserrement urbain produit habituellement un espace éclaté :** le territoire communal s'organise alors en fonction des axes qui le relient au centre de l'agglomération. Les différentes composantes entretiennent plus de relations avec le centre qu'entre elles.

La **première couronne** de banlieue s'organise selon cette logique dans le secteur de Vigneux-sur-Seine (5 395 ; 457), Draveil et Montgeron (5 396 ; 460). Plusieurs paysages se juxtaposent sans tenir compte des limites administratives de chaque commune. Le village initial est noyé dans les tissus plus récents. Il ne joue pas de rôle particulier. Les lotissements antérieurs à la Seconde Guerre mondiale sont très nombreux avec des plans d'ensemble très typés. Il sont en cours de densification avec le développement de petits immeubles. Les grands ensembles bouchent les trous laissés par la marée pavillonnaire. Il s'agit de tours et de barres très géométriques et de grande taille. Quelques zones d'activités ou de loisirs assez récentes complètent le dispositif. Nous sommes en présence d'une banlieue-dortoir car les activités représentées sur la carte ne justifient pas l'importance de la population. De grands axes de communication traversent les communes : ils fournissent les nécessaires possibilités d'accès à Paris mais en même temps ils constituent des obstacles aux échanges locaux. La nationale 6 est aménagée en voie rapide dans ce secteur et seuls un passage souterrain et une passerelle permettent son franchissement sur plus de 2 km de tracé en zone urbaine dense.

Dans la **seconde couronne** les paysages sont différents mais l'organisation reste la même. La commune de Mennecy dans l'angle sud-ouest de la carte s'organise ainsi autour de la nationale 191 qui la rattache à l'autoroute A6 par l'intermédiaire du demi-échangeur de Corbeil-Essonne. Le village ancien se comporte comme une case d'habitation comme une autre (cette expression peut être remplacée par la traduction française du terme *neighbourhood*: unité de voisinage). Les nouveaux quartiers au sud associent les grands ensembles et les lotissements pavillonnaires postérieurs à 1973. Le souci d'éviter les flux de transit structure ces lotissements : ils se répartissent en grappe le long d'un axe de desserte qui conduit à la nationale et au centre commercial. Les vastes zones d'activité situées à proximité de l'échangeur ne tiennent pas compte des limites communales.

Dans de telles organisations, les communes n'ont pas de centre. Les habitants ont peu d'occasions de se rencontrer (au supermarché ? au collège ?). Il n'existe pas d'identité communale, les oppositions socioculturelles entre types de population, par exemple entre habitants des pavillons et habitants des grands ensembles favorisent une cristallisation identitaire au niveau de la case d'habitation élémentaire. Ce processus est renforcé chez les personnes peu mobiles : les jeunes, les femmes au foyer, les chômeurs, les personnes âgées, notamment dans les catégories populaires. Ce modèle d'organisation donne naissance au discours sur la banlieue destructrice du lien social. Cependant, l'ensemble des communes de banlieue ne relève pas de ce modèle. Certains territoires communaux disposent d'une plus grande autonomie vis-à-vis du centre parisien.

▸ **Dans un premier cas, cette autonomie peut venir du passé.** Une ville historique a pu être englobée dans le processus de desserrement urbain. Le noyau initial reste alors le centre autour duquel s'organise la croissance urbaine locale.

Dans la première couronne, seule la ville de Villeneuve-Saint-Georges (5 397 ; 459) répond à ces critères. La ville historique s'est développée à partir d'une situation de carrefour remarquable au confluent de l'Yerres et de la Seine. Elle reste aujourd'hui le cœur de la commune et les routes d'intérêt local convergent dans sa direction. Les quartiers périphériques montrent une croissance ancienne. Le fond plat de la vallée est occupé par des quartiers utilitaires du XIXe siècle et des cités SNCF en relation avec l'immense gare de triage qui s'étend sur plusieurs communes. Les versants ont été colonisés par des pavillons individuels sans traces apparentes de lotissements : les parcelles agricoles de petites tailles sur ces pentes ont favorisé le mitage et l'appropriation individuelle. Le plateau a été occupé plus récemment par des grands ensembles et des zones d'activités spécialisées (zone industrielle, cité scolaire). La présence du fort rappelle la position de carrefour et l'existence d'une ceinture de forts autour de Paris.

En seconde couronne deux villes historiques ont été satellisées par le desserrement urbain.

• **Brie-Comte-Robert** (5 393 ; 472) est une ancienne ville-marché du plateau de Brie. Son réveil est récent : les faubourgs, les grands ensembles sont très peu développés. En relation avec un échangeur de la Francilienne la croissance a repris vigoureusement : une grande zone industrielle se développe ainsi qu'une couronne de lotissements. La ville est presque rejointe par le front de périurbanisation.

• Le desserrement de Paris en direction de **Melun** (5 377 ; 475) est plus ancien : la commune est au centre d'une agglomération de plus de 80 000 habitants (voir schéma).

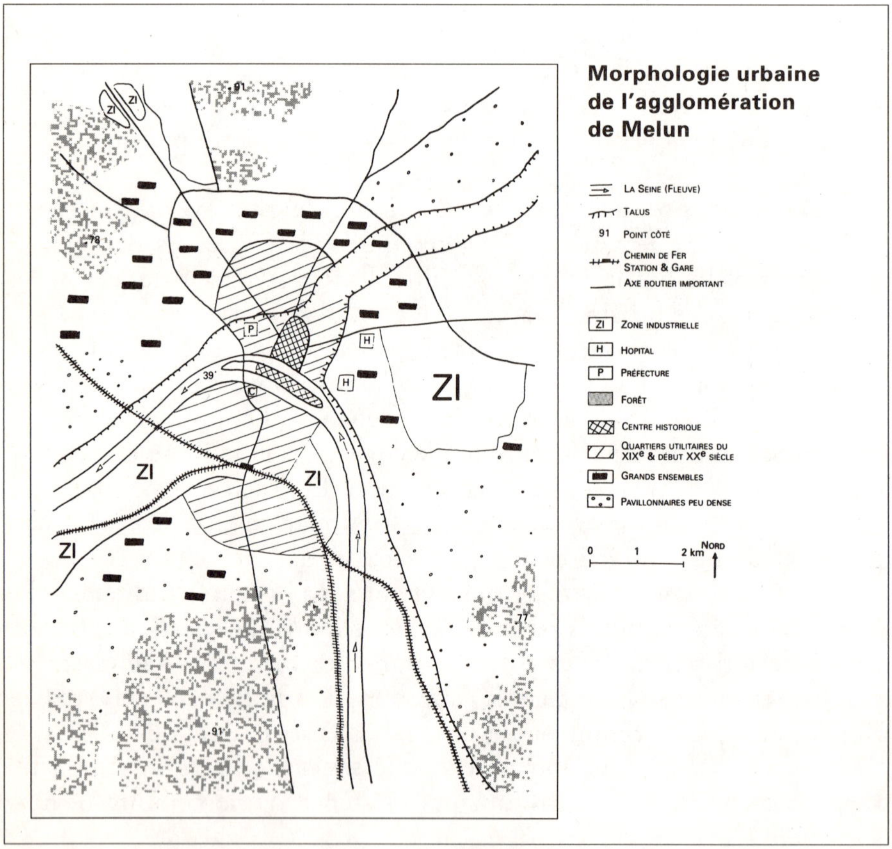

La structure en auréoles concentriques fait apparaître des relations centre-ville /banlieue au sein même de la seconde couronne. Quelques particularités dans la morphologie urbaine de l'agglomération permettent de lire le rôle prépondérant de Paris dans son développement :

— la ville historique se situe sur la rive droite de la Seine et sur l'île qui lui fait face. Sa taille est réduite par rapport à l'ensemble de l'agglomération ;
— les quartiers utilitaires du XIXe siècle occupent une place importante. La présence de la gare sur la rive gauche de la Seine justifie le développement de quartiers d'entrepôts et d'usines qui rééquilibre l'agglomération sur les deux rives à ce moment précis de son développement. Le desserrement de Paris est à l'origine de cette croissance qui ne respecte pas le schéma général de l'auréole. La contrainte de site n'a eu qu'un rôle secondaire ;
— la couronne de tours et de barres des grands ensembles est presque complète. Elle est associée à des zones industrielles de très grande taille. Durant la période de 1950 à 1973, les industries parisiennes se sont relocalisées à Melun à la recherche de vastes terrains plats bien desservis par les axes de communication et de main-d'œuvre plus docile et moins coûteuse que celle de la première couronne ;
— comparativement, l'auréole pavillonnaire reste embryonnaire. La croissance en auréole autour de Melun est freinée par les centres créés dans le cadre de la ville nouvelle de Sénart.

La ville historique constitue un pôle autonome au sein de la banlieue. En fonction de sa taille, elle contribue à donner une identité aux espaces qui l'entourent et qui s'organisent autour d'elle. Mais le nombre de villes historiques est limité : pour renforcer les liens de proximité et organiser la croissance de la banlieue, l'État a décidé de créer *ex nihilo* des villes nouvelles.

▸ **Deux de ces villes nouvelles de la seconde couronne apparaissent sur cette carte : Évry et Melun-Sénart.** L'objectif affiché des villes nouvelles était d'organiser la croissance de la banlieue parisienne (éviter la tache d'huile) et de réduire les mouvements pendulaires en donnant à la population des activités sur place. Dans le même temps, elle devait constituer des villes idéales, vitrine d'un nouvel art de vivre en banlieue.

• La ville nouvelle de **Sénart** (5 385 ; 469) est constituée de plusieurs noyaux urbains non jointifs. Tous respectent les règles de séparation des fonctions et des flux de transports (automobiles dans ce cas précis). Tirant les leçons de la croissance spontanée, ces noyaux urbains s'organisent autour de centres de services locaux entourés de cases d'habitation de taille limitée offrant une gamme de logements variés en pavillonnaire ou en collectif. L'ensemble reste aéré avec des espaces verts et des plans d'eau. Les zones industrielles sont rejetées le long des axes de transit. Le cadre de vie est sans doute agréable mais ces noyaux urbains sont petits, ils n'ont aucun rayonnement et semblent un peu isolés. Mis bout à bout, ils ne constituent pas une ville à proprement parler.

• **Évry** (5 388 ; 458) présente une évolution bien différente. Il s'agit d'une vraie ville qui joue un rôle important dans la banlieue sud-est de Paris :

— le centre-ville ressemble à un centre fonctionnel mis au service de la population. L'accès est facile par voie de chemin de fer, par routes et autoroute. La circulation piétonne est favorisée au sein d'un centre qui rassemble des services tertiaires au rayonnement important comme la préfecture (autrefois à Corbeil), le palais de justice, l'université et le centre commercial ;

— l'habitat, essentiellement collectif, a fait l'objet de recherche architecturale. Chaque case d'habitation est pourvue d'une gamme complète de services de proximité ;

— les axes de transit en direction de Paris ne coupent pas totalement l'espace urbain car il existe de nombreuses passerelles et souterrains sur la nationale 7 et l'autoroute A6 ;

— les zones industrielles sont là aussi rejetées en périphérie.

Le pôle d'emplois que représente Évry ne doit pas être étranger au développement de lotissements géants à Soisy-sur-Seine (5 389 ; 460) et à Saint-Germain-lès-Corbeil (5 386 ; 463). Évry est devenue une ville qui développe sa propre banlieue. Lorsque l'on regarde l'ensemble de la seconde couronne sur cette carte, son organisation générale s'apparente à celui d'une conurbation aux activités variées à dominante industrielle. Seule l'orientation préférentielle des axes de communication vers Paris rappelle son statut d'espace dépendant d'un centre qui lui est extérieur.

Ainsi, le simple schéma centre-périphérie rend de moins en moins compte des relations entre Paris et sa banlieue. Cette dernière renforce son autonomie et l'agglomération parisienne est en train de devenir une région urbaine multipolaire : la mise en place de la Francilienne témoigne de cette évolution. Les paysages urbains de la banlieue sont très divers, fruits d'une histoire déjà ancienne. Le grand ensemble n'est un élément parmi d'autres.

2. Sujet n° 2 : La forêt sur la carte d'Évry-Melun

Ce sujet original se rapproche du dossier : une notice forestière composée de petites monographies concernant les principaux massifs représentés sur la carte se trouve au dos du document. Il convient de présenter la place, l'organisation interne et le rôle de la forêt dans un espace en cours d'urbanisation. A l'oral, une description plus détaillée des paysages forestiers et des activités en forêt est la bienvenue.

Mots clés

Forêt royale, ceinture verte, régression forestière, forêt domaniale, forêt des collectivités locales, futaie, taillis sous futaie, taillis, forêt de loisirs.

La carte touristique d'Évry-Melun au 1/25 000, publiée par l'IGN en 1992 avec le concours de l'ONF, se situe dans la banlieue sud-est de Paris à plus de 10 km de la capitale. Elle représente une marge active de l'agglomération où les emprises urbaines progressent rapidement, guidées par l'axe Paris-Lyon.

La forêt occupe pourtant une superficie importante sur cette carte. Elle entretient des rapports ambigus avec le phénomène urbain. La marée urbaine grignote progressivement les espaces forestiers, les surfaces boisées régressent. Dans le même temps, elles servent de support à des activités de plus en plus nombreuses et jouent un rôle structurant très net. Trop rare et menacée, la forêt périurbaine est au centre de bien des conflits.

▸ **L'arbre sur la carte d'Évry-Melun répond à des critères de localisation stricts.** Le paysage rural classique tel qu'il existe encore au nord de Melun correspond à un openfield avec des villages groupés et un habitat intercalaire composé de grosses fermes à cour carrée typiques du centre du Bassin parisien. L'arbre isolé, la haie vive n'existent pas. Les bosquets se voient de loin sur ces plateaux très tabulaires mais ils restent rares. Les seules surfaces boisées résultant d'une limite naturelle à la mise en valeur agricole se trouvent sur les versants des vallées ou ceux des buttes comme au nord-est de Melun (5 393; 461).

Les forêts font pourtant partie du paysage traditionnel sous la forme de grands massifs. Ils appartiennent à la ceinture d'anciennes forêts royales que l'on retrouve tout autour de Paris. Ces forêts étaient destinées à la chasse.

• Les carrefours en étoile comme le carrefour de Montgeron (5 393; 461) dans la forêt de Sénart ou celui des huit routes en forêt de Notre-Dame (5 402; 469) signalent une activité ancienne de chasse à courre.

• Les termes de garennes et de faisanderies, très fréquents, désignent d'anciens aménagements destinés à favoriser la multiplication du gibier ou à l'élever.

• La présence de multiples châteaux en marge des massifs révèle l'identité sociale des chasseurs.

La présence de grands massifs forestiers à proximité de Paris, sur des terres favorables aux activités agricoles est donc liée à une fonction de forêt de loisir au profit d'une élite: le roi et sa cour.

▸ Ces forêts de chasse ont reculé face à la marée urbaine. En étudiant dans le détail la morphologie urbaine de cette banlieue sud-est de Paris nous pouvons mettre en évidence plusieurs générations de quartiers bâtis sur d'anciennes forêts.

• Les lotissements pavillonnaires antérieurs à la Seconde Guerre mondiale ont souvent conservé la trame des allées forestières comme à la Faisanderie au nord de Villeneuve-le-Roi (5 398; 458). Dans le lotissement du château de Fraye à l'est de Montgeron (5 395; 459), la pièce d'eau a été conservée et dans celui de Paris Jardins au sud de Vigneux-sur-Seine (5 393; 456) le château est resté en place.

• La nouvelle génération de lotissements ne conserve plus forcément la trame ancienne et nous avons alors une rupture nette entre la forêt et les parties bâties comme au sud de la forêt domaniale de Notre-Dame.

Les arbres peuvent aussi être conservés comme argument de vente : c'est le cas à Villers (5 379 ; 46) dans la commune de Saint-Fargeau-Ponthierry à proximité de la Seine.

▸ **Pour lutter contre ces destructions de la forêt, les pouvoirs publics se sont lancés dans une politique de rachat des forêts sous la pression de leurs administrés.**

• La forêt domaniale de Sénart est une forêt domaniale ancienne mais celle de Notre-Dame a été rachetée entre 1975 et 1985 avec l'appui des collectivités locales. L'auteur de la notice forestière signale un incendie suspect sans doute lié à des spéculations foncières.

• Les collectivités locales se sont constitué récemment un domaine forestier. Nous pouvons repérer au sud de la carte plusieurs grandes forêts régionales. Les forêts départementales sont plus rares et de petite taille : ce sont déjà des parcs urbains comme le parc du Morbras au sud d'Ormesson-sur-Marne (5 403 ; 465) ou l'enclave du domaine départemental des Marmousets au nord de la forêt domaniale de Notre-Dame (5 402 ; 470). (Le même processus existe autour des grandes villes de province.)

Ce statut de forêt publique offre une protection vis-à-vis des activités privées, mais jusqu'à une date récente les pouvoirs publics éventraient volontiers leurs forêts pour faire passer des routes ou des lignes à haute tension comme le prouve l'est du massif de Notre-Dame. La forêt avait moins de poids et de défenseurs que les associations de riverains et d'expropriés. Aujourd'hui, avec la montée en puissance de la sensibilité écologiste, les forêts publiques sont mieux préservées dans leur intégrité territoriale mais elles doivent s'adapter à l'afflux des visiteurs.

▸ **Les loisirs en forêt sont un phénomène ancien :** les forêts présentes sur cette carte sont d'anciennes forêts de chasse. Le texte de la légende forestière nous rappelle qu'un nouveau modèle de fréquentation des espaces forestiers s'est développé dès le XIXe siècle en s'inspirant de pratiques anglaises. La haute bourgeoisie et les artistes ont pris alors l'habitude de se promener en forêt pour contempler les paysages forestiers et les utiliser comme cadre pour des activités ludiques sans lien organique avec elle. Ainsi la forêt de Sénart fut fréquentée par Alphonse Daudet et Delacroix. Aujourd'hui, par capillarité sociale, la promenade et les activités en forêt se sont démocratisées : l'accueil en forêt périurbaine doit prendre en compte le caractère massif des flux.

La forêt de Sénart possède la gamme complète des équipements d'une forêt de loisirs.

— L'accès automobile est limité. Des parkings de dissuasion stoppent les automobilistes aux portes du massif ou le long des quelques voies ouvertes à la circulation automobile (en blanc). A proximité des parkings se trouvent localisés les aires de pique-nique et les terrains de jeux en pelouse.

— A partir de ces bases fixes, des itinéraires spécialisés sont entretenus pour les piétons, les cyclistes, les cavaliers.

— Plus récent et très représentatif de l'évolution des mentalités, un centre d'information forestier a été aménagé dans une ancienne faisanderie : la forêt est fréquentée pour elle-même, le visiteur veut comprendre son fonctionnement. Un sentier éducatif situé à proximité permet de passer directement aux travaux pratiques.

Des aménagements du même type, à quelques nuances près, ont été réalisés dans les autres grands massifs publics : forêt domaniale de Notre-Dame, forêts régionales de Rougeau et de Bréviande.

La fréquentation repose sur la présence d'un paysage forestier conforme aux attentes du public : en Ile-de-France l'image d'Épinal de la forêt est une futaie de feuillus, si possible des chênes. La forêt de Sénart correspond bien à cette attente avec de vastes surfaces de taillis sous futaie de chêne. L'auteur de la notice ressent tout de même la nécessité de justifier la présence de futaie de résineux par des raisons relevant du milieu naturel. Les forêts rachetées récemment présentent des peuplements dégradés avec de nombreux **taillis**, c'est-à-dire des parcelles où les arbres ont été coupés et les souches laissées en terre. Les souches donnent des rejets que l'on coupe fréquemment. Ce régime d'exploitation de la forêt en taillis a pu être favorisé par l'exploitation en forêt de chasse car le taillis donne plus de nourriture pour le gibier. L'auteur de la notice présente les modifications à apporter aux peuplements en insistant sur le fait que les critères paysagers restent présents dans l'esprit des responsables de la forêt. La forêt est gérée à l'aide de plan de gestion dans lequel sont consignés les objectifs fixés pour chaque parcelle dont le numéro figure sur la carte.

La sylviculture pratiquée dans les forêts périurbaines est guidée par les goûts du public. Les feuillus sont préférés aux résineux, le régime de la **futaie jardinée** est de plus en plus pratiqué car le public est souvent choqué par la coupe rase qui conclut le cycle de la futaie régulière. Les coupes jardinatoires, à intervalles réguliers, entretiennent un peuplement avec des arbres appartenant à diverses classes d'âges (ce qui est contraire à l'évolution d'une parcelle laissée à l'état naturel qui tend à devenir une futaie régulière avec des arbres appartenant à la même classe d'âge). Les forêts périurbaines présentent donc un visage très différent de celui des forêts de production. Il s'agit de recréer la « Nature ». Les lâchés de gibiers signalés dans la notice s'inscrivent dans la même logique.

▸ **Les forêts ainsi équipées et « recréées » deviennent des pôles attractifs.** Selon un processus cumulatif classique, les activités de loisirs se localisent en périphérie des massifs. Le massif de Notre-Dame voit s'installer sur sa bordure nord un centre équestre et un parc de loisirs. Les forêts aimantent visiblement les nouveaux lotissements : les plus importants se situent en bordure comme à Soisy-sur-Seine (5 389 ; 461). Certaines activités tertiaires à la recherche d'un cadre valorisant choisissent aussi leur voisinage comme un centre informatique au sud du massif de Sénart (5 388 ; 463).

La demande excède l'offre, l'auteur de la notice forestière rappelle l'existence d'effets négatifs dus à une fréquentation excessive. La forêt doit être nettoyée, le piétinement répété empêche la pousse de la végétation, la malveillance ou l'insouciance des promeneurs peuvent compromettre la croissance des jeunes arbres.

Les possibilités d'extension des forêts de loisirs pour limiter ces problèmes se réduisent. Les forêts privées se font rares. Les petits massifs liés aux châteaux sont déjà utilisés la plupart du temps par des colonies de vacances ou des centres aérés. L'armée, après avoir été chassée des centres-villes par la pression foncière, a de bonnes chances de perdre son camp de Melun.

L'entretien des forêts périurbaines est très coûteux alors que leur accès reste gratuit. La région Ile-de-France subventionne les massifs régionaux. Pour les massifs domaniaux, les pertes des forêts de l'Ile-de-France sont compensées par les gains des forêts de production de province.

Les forêts périurbaines de la carte d'Évry-Melun sont en train de devenir des Parcs de loisirs. Aux opérations du baron Haussmann sur les anciennes forêts de chasse de Vincennes et de Boulogne sous le Second Empire répondent les opérations d'aménagement actuellement en cours dans la seconde couronne de banlieue.

II. Commentaire n° 3 : carte n° 1344 OT, Bayonne-Anglet-Biarritz, 1/25 000 TOP © IGN 1990.

La carte de Bayonne-Anglet-Biarritz est très utilisée au CAPES. Nous donnerons ici une présentation générale du document qui permet d'approfondir certains aspects du développement urbain abordés dans la partie générale.

Mots clés

Conurbation, centre historique, quartiers utilitaires anciens, avant-port, grands ensembles, lotissements pavillonnaires, station balnéaire traditionnelle, tourisme, image urbaine et développement.

Nous sommes face à la carte touristique de Bayonne-Anglet-Biarritz au 1/25 000 publiée par l'IGN en 1989. La section du littoral atlantique représentée sur cette carte se situe dans le sud-ouest de la France, à proximité de l'Espagne. L'arrière-pays apparaît comme une terre de contact entre plusieurs paysages.

• La forêt landaise, le long du littoral s'achève sur la rive gauche de l'Adour.

• A l'est, elle est dominée de quelques dizaines de mètres par un ensemble de collines qui forme la terminaison occidentale de la Chalosse. Les sommets, plats, très larges et dénudés portent un habitat semi-dispersé alors que les vallées à fond plat, aux versants assez raides, restent boisées.

• Au sud, apparaît un second massif de collines, plus élevé, avec une pente du sud au nord qui ramène les altitudes de 152 m à 70 m. Les versants sont plus raides, les sommets plats plus réduits. Ces premières collines du Pays basque portent une végétation de landes à l'est alors qu'à l'ouest le paysage est bocager.

Cependant, le centre d'intérêt essentiel de cette carte est la conurbation de Bayonne-Anglet-Biarritz située au cœur d'un nœud de communication remarquable. Deux pôles historiques se partagent le contrôle de l'agglomération. Bayonne est une ville moyenne française type. Biarritz doit par contre sa fortune au tourisme balnéaire. La structure de cette conurbation donne un relief particulier aux problèmes urbains classiques.

▸ **La ville de Bayonne est le centre historique traditionnel des différents territoires représentés sur la carte.** En position de dernier pont sur l'Adour, point de rupture de charge de la navigation maritime et de la navigation fluviale, elle est au centre d'un carrefour entre la route qui conduit en Espagne et celle qui rallie le piémont pyrénéen. Elle a exercé traditionnellement les fonctions de ville-marché local, de ville-port, de ville-étape et de ville militaire.

Le centre-ville est clairement identifiable de part et d'autre de l'Adour. Il est possible de distinguer en son sein plusieurs types de tissus urbains.

- Le **noyau initial** se situe sur la rive gauche de la Nive autour du vieux château et de la cathédrale.
- La ville a été fortifiée et s'est étendue sur les **deux rives de la Nive.** Une partie du rempart a été conservée à côté de la vieille ville. Complétant le dispositif, une citadelle Vauban domine la rive droite de l'Adour. Un faubourg la longe à l'est suivant le tracé d'une ancienne voie royale repris par la nationale 10.
- Le **doublement de la ville sur la rive droite** est tardif : le quartier en damier est lié à la gare. De même, le secteur de l'hôtel de ville est de construction récente si l'on en juge par son plan et la largeur de ses rues.

Le **port** a précocement glissé vers l'aval : les installations principales se situent sur la rive droite. Le Boucau constitue un avant-port industriel pour Bayonne avec sa cimenterie et son ancienne aciérie.

Entre 1945 et 1975, la croissance a été rapide. De nombreuses zones industrielles se développent à partir d'activités extérieures notamment sur la rive droite. Les fonctions de sous-préfecture et de centre local permettent le développement des services aux personnes avec une concentration importante au sud du centre-ville. Une couronne de grands ensembles, plus nette sur la rive droite, souligne la croissance de la ville à cette époque dans un périmètre assez restreint. Ce noyau central ramassé s'oppose à une couronne périurbaine très lâche qui s'étend le long de la nationale 10 et de la nationale 117. Saint-Martin-de-Seignaux possède ainsi une structure urbaine typique avec une ancien village-rue en ordre lâche, une série de lotissements au sud et des équipements de proximité comme l'école, le collège et le gymnase (4824; 633).

▸ La morphologie urbaine de Biarritz traduit une tout autre évolution. Il est difficile de distinguer le centre initial, c'est-à-dire le village de pêcheurs qui a servi de point d'ancrage pour la station (lieu-dit le Vieux port?). Celle-ci par contre est très nettement visible: le front de mer du rocher de la Vierge à la pointe Saint-Martin est souligné par la présence de la grande plage de Biarritz avec le casino et le palais. La gare a disparu mais à proximité du petit parc à l'anglaise, un espace non bâti correspond sans doute à son ancien emplacement (repérer l'ancien tracé du chemin de fer à partir de la route qui a pris pour partie sa place et des signes de micro-escarpements qui correspondent à des passages surbaissés). A proximité de la station, l'hippodrome des fleurs et les châteaux de la côte basque datent de la même époque. La station de Biarritz a été lancée par l'impératrice Eugénie de Montijo comme station franco-espagnole. La taille très importante de la partie historique dense prouve la réussite de l'entreprise.

Biarritz reste aujourd'hui une station huppée de la côte basque. Les activités « nobles » comme le golf (7 terrains représentés à proximité sur la carte) ou le surf sont favorisées. Les campings sont repoussés plus au sud à Bidart et à Guéthari. La résidence de personnes âgées aisées, attirées par le climat et les paysages du Pays basque se développe. La côte landaise, plus au nord, fait figure de parent pauvre avec les petites annexes balnéaires des communes périphériques de Bayonne. Seule Labenne Océan connaît un développement plus important avec l'implantation d'un centre de thalassothérapie qui tente de capter la clientèle de Biarritz.

Le développement du surf le long de cette côte indique la présence de vagues importantes. Celles-ci ont des effets géomorphologiques visibles sur les cartes: la côte recule. Le trait de côte est souvent souligné par un micro-escarpement tant sur la côte sableuse des Landes que sur la côte rocheuse du Pays basque.

Entre Bayonne et Biarritz, Anglet apparaît comme une banlieue résidentielle commune aux deux villes. Les tissus urbains sont constitués de petits collectifs et de pavillons étalés sans ordre le long de rues de toutes tailles et de toutes directions, ce qui laisse supposer un développement spontané au profit de catégories sociales plutôt aisées.

▸ **La structure bipolaire de l'agglomération donne un relief particulier aux problèmes d'aménagement urbain et de leadership au sein de l'agglomération.**

Dans le domaine des transports, le manque de densité du bâti en dehors de Bayonne favorise la voiture individuelle. Certains choix de localisation renforcent les problèmes de transport. La rive droite de l'Adour qui abrite majoritairement les personnes peu favorisées socialement doit avoir recours à la rive gauche pour l'accès aux commerces, aux lycées, aux hôpitaux. La question du franchissement de l'Adour et secondairement de la Nive est posée.

Les solutions apportées sont très classiques. La nationale 10 a été soulagée des flux de transit (accès à l'Espagne, desserte de la côte basque en été) par la construction de l'autoroute A63. Le nombre élevé d'échangeurs permet à cet équipement de jouer aussi un rôle dans les transports locaux. Un demi-contournement de Bayonne, à usage local et régional a été mis en place en utilisant une partie des terrains non bâtis devant les remparts. Dans le même ordre d'idées, le centre commercial et le centre *bis* (?) du Forum ont été pourvus d'un accès direct depuis l'échangeur n° 5 de Bayonne.

Sur le plan plus stratégique du leadership au sein de l'agglomération, Bayonne et Biarritz s'opposent.

• **Bayonne** peut s'appuyer sur son poids démographique, sur son antériorité historique et sur sa fonction de capitale sous-régionale. Sa position s'est fragilisée ces dernières années. L'industrie n'est plus un secteur porteur, le développement à partir du rôle administratif s'épuise: Pau a gagné la bataille pour le siège de l'université des pays de l'Adour, Bayonne devant se contenter d'un IUT. La ville développe un centre européen de fret à l'est, sur la rive gauche de l'Adour (4816; 628), pour profiter de sa position de carrefour et de la croissance des échanges avec l'Espagne depuis son entrée dans l'Union européenne en 1986.

• **Biarritz,** après un long passage à vide, connaît un renouveau depuis l'avènement du mode de production flexible. La ville rêve d'un avenir calqué sur celui de la Côte d'Azur. Elle se présente comme le centre d'un vaste couloir urbain de Hendaye à Bayonne. En s'appuyant sur son image de station aristocratique, elle développe le tourisme de foire et salon et elle tente d'attirer les activités de haute technologie. La technopole locale ne possède cependant qu'un environnement scientifique limité. Les établissements aéronautiques présents sur place sont des unités de fabrication plus que de conception. L'image de Biarritz et de la côte basque n'est pas aussi forte que celle de la Côte d'Azur.

Cette carte de Bayonne-Anglet-Biarritz présente un des espaces les plus dynamiques du Sud-Ouest doté d'activités variées qui ont assuré une croissance rapide depuis 1945. La région possède encore un potentiel de croissance important grâce à un environnement préservé pourvu d'une réputation internationale et à sa situation stratégique sur des axes de plus en plus fréquentés. Une meilleure coordination entre les différents acteurs du développement local serait souhaitable pour exploiter au mieux la situation en évitant les dérives constatées sur la Côte d'Azur.

III. Commentaire n° 4 : carte n° 68, Toulon-Nice, 1/100 000 © IGN 1993

Support habituel de sujets thématiques au CAPES, cette carte est souvent donnée à l'agrégation d'histoire sans indication particulière. Il faut alors insister sur l'organisation de l'espace à l'échelon régional : identifier des territoires, analyser leur fonctionnement et les relations qu'ils entretiennent entre eux.

Mots clés

Côte d'Azur, couloir urbain, tourisme balnéaire traditionnel, tourisme balnéaire de masse, tourisme d'affaire, port militaire, chantier naval, Sophia-Antipolis, saturation du littoral, reversement sur l'intérieur.

Nous sommes face à la carte au 1/100 000 de Toulon-Nice publiée par l'IGN en 1993. Cette coupure représente une portion du littoral méditerranéen situé dans l'angle sud-est de la France, au contact de la frontière italienne qui apparaît sur le carton d'extension du document.

De prime abord, nous constatons une opposition très forte entre un arrière-pays boisé et peu peuplé, composé de moyennes montagnes et de collines, et un littoral très urbanisé qui concentre les hommes autour d'une activité phare : le tourisme. Cette opposition servira de fil directeur à notre étude et nous tenterons de dégager les liens de complémentarité et de dépendance qui unissent ces deux ensembles.

▸ **La côte apparaît comme l'élément essentiel à partir duquel s'organise l'espace dans cette partie de la France.** Au regard de ce critère, trois sous-parties existent sur le littoral.

• De la frontière italienne à Cannes, la Côte d'Azur constitue un couloir urbain continu qui abrite plus de 800 000 habitants permanents. Elle s'organise autour de pôles dotés d'une structure commune. La ville ancienne médiévale, petite, aux environs de l'église, du château et du port a été doublée par un vaste quartier balnéaire traditionnel avec promenade de front de mer, casino et desserte ferroviaire. Menton, Monaco - Monte-Carlo, Nice, Antibes - Juan-les-Pins et Cannes présentent une telle morphologie urbaine. Ces stations ont utilisé de vastes baies bordées de terrains plats. Les caps, les parties plus accidentées du littoral ont été envahis par des quartiers résidentiels à faible densité. Du trait de côte, la marée urbaine progresse vers l'intérieur, en remontant par les fonds plats des vallées comme entre Nice et Villeneuve-Loubet. La circulation à l'intérieur du corridor urbain est assurée par une voie de chemin de fer et des nationales qui longent la côte mais évitent les caps. Le transit vers l'Italie est reporté sur l'autoroute A8 qui sert aussi d'axe de desserte. L'accès aérien est important grâce à l'aéroport de Nice-Côte d'Azur qui est le premier aéroport de province pour le trafic et les liaisons internationales. Nice (450 000 hab.) est dotée de services supérieurs qui en font la métropole à la tête de ce couloir urbain.

La taille et la structure de cette région urbaine tiennent à l'importance du tourisme dans son développement. La Côte d'Azur est la riviera éponyme, c'est-à-dire un trottoir littoral étroit, parfois discontinu, bénéficiant d'un climat d'abri, qui a été utilisé à des fins touristiques dès le XVIIIe siècle par l'aristocratie anglaise. L'image créée par cette fréquentation s'est répandue à travers le monde dès le XIXe siècle et elle constitue aujourd'hui le meilleur atout de la région. Le développement postérieur à 1945 a favorisé le secteur de Nice à Cannes où l'accès à la mer est plus aisé. Le tourisme, plutôt haut de gamme, estival plus qu'hivernal, reste une ressource importante et il justifie des aménagements lourds comme les ports de plaisance de Juan-les-Pins et de Cannes. Cette activité est de plus en plus relayée par le tourisme de salons et de congrès. Toutes les grandes stations historiques se sont dotées d'équipements et les salons et les festivals de l'audiovisuel à Cannes ont une réputation internationale. La « qualité de la vie » véhiculée par l'image de la Côte d'Azur a aussi permis le développement de Sophia-Antipolis, le plus ancien et le plus dynamique des technopôles de province situé sur le plateau de Valbonne. Enfin, la traditionnelle fonction de résidence pour personnes âgées aisées complète un éventail d'activités prometteuses : la Côte d'Azur est le secteur le plus peuplé, le plus dynamique, le plus riche du littoral représenté sur cette carte.

• **De Mandelieu-la-Napoule à La Londe-les-Maures,** le tracé du trait de côte en grand et dans le détail est très sinueux. A l'image du secteur de Nice à Menton, les versants plongent directement dans la mer et les plaines côtières sont rares et de petite taille. En revanche, la voie de passage vers l'Italie est repoussée vers l'intérieur grâce à l'existence d'une dépression de Toulon à Fréjus qui permet de contourner le relief de serre du massif des Maures. De même, des cols à l'intérieur du massif de l'Esterel présentent des voies de passage plus praticables que le littoral.

Le tourisme aristocratique a peu modifié l'organisation ancienne de ces espaces traditionnellement peu peuplés : quelques villages dans les plaines littorales, quelques petits ports de pêche qui utilisaient les sites d'abri. Seul Fréjus a rang de ville historique avec une origine romaine. Située dans la seule plaine littorale importante, la cité s'est développée comme ville-étape vers l'Italie, ville-centre d'une petite région rurale et ville de garnison. Au XIXe siècle, le tourisme aristocratique a trouvé là l'espace nécessaire à l'implantation d'une station.

Le tourisme de masse après 1945 a provoqué le bourgeonnement des centres anciens, le développement du pavillonnaire le long de la côte et la hausse de la population. Nous pouvons remarquer la présence de Saint-Tropez au sein de ce littoral ; ce petit port a été propulsé au rang de station balnéaire de luxe durant les années 1960 du fait de la venue de vedettes du monde du spectacle. Le mitage est important autour du noyau historique et la réputation de Saint-Tropez a servi d'argument de vente pour les marinas de Port-Grimaud. Cette section du littoral, vouée à un tourisme estival plutôt populaire, reste la partie la moins peuplée de la côte malgré le développement de la fonction de résidence pour les personnes âgées.

• **L'agglomération toulonnaise de Hyères à La Seyne-sur-Mer** compose le dernier ensemble représenté sur cette carte. Il s'agit à nouveau d'un couloir urbain développé à partir de plusieurs pôles. Toulon est le grand port militaire français en Méditerranée. Il exploite un site de rade naturelle exceptionnellement vaste mais sans liaison pratique avec l'intérieur. Le front de mer est occupé par les installations de l'arsenal et du port militaire. Le ville de La Seyne-sur-Mer doit sa croissance aux chantiers navals qui occupent là aussi le front de mer. Hyères est une ancienne station traditionnelle dont la localisation éclaire les motivations du tourisme traditionnel : le climat plus que le front de mer.

Cet ensemble fort de plus de 350 000 habitants sur la carte est en crise. Les chantiers navals de La Seyne-sur-Mer sont fermés, l'arsenal militaire de Toulon a perdu de son importance. Ces villes se tournent de plus en plus vers le modèle de la Côte d'Azur en développant le tourisme et les hautes technologies. La question de la reconquête des fronts de mer reste posée.

Le littoral dans sa totalité est confronté à un phénomène de saturation. L'espace manque pour les nouvelles constructions et les voies de communication comme le montre le tracé de l'autoroute A8 entre Nice et Menton dans le célèbre paysage des corniches. En été, l'afflux de population sature toutes les installations. Les bouchons paralysent les axes routiers. Les stations de traitement des eaux et des ordures ménagères (quand elles existent) ne sont pas conçues pour une population aussi nombreuse. Le milieu, qui sert de support à l'image de la région et à ses activités, est très dégradé par les pollutions qui en résultent. Les incendies de forêt dus à l'insouciance des touristes et à une pression foncière très forte ravagent régulièrement les espaces boisés situés à proximité de la côte. La carte indique de nombreuses broussailles qui sont des formations végétales dégradées de type maquis ou garrigue qui se développent entre deux incendies.

De plus en plus, l'intérieur profite du trop-plein d'activités de la côte par un phénomène de diffusion en partie guidé par la recherche d'un modèle de vacances alternatif au tourisme de masse concentré développé sans planification d'ensemble.

▸ **L'arrière-pays se décompose en deux sous-parties** si l'on exclut les quelques vallées en V avec recoupement des versants que l'on aperçoit dans le carton d'extension.

• **Au nord,** le domaine des Plans est constitué de crêtes dissymétriques tournées vers le sud et orientées d'est en ouest. L'altitude est importante avec un point culminant à 1 715 m à la montagne de Lachens. Le réseau hydrographique se limite à quelques cours d'eau importants qui traversent ces moyennes montagnes calcaires en canyon.

• **A l'ouest et plus au sud,** les altitudes s'abaissent entre 800 et 400 m. Le relief, plus confus, conserve parfois la direction ouest-est pyrénéo-provençale. Le trait dominant est l'opposition entre des parties hautes boisées et sans drainage et des parties basses drainées et déboisées.

L'organisation traditionnelle est encore très lisible. La partie la moins élevée présente un semis assez dense de villages groupés situés dans les dépressions ou perchés sur de petites éminences. Les finages méditerranéens classiques se devinent malgré la spécialisation viticole : opposition ager/saltus, trilogie blé-vigne dans les partie basses et oliviers sur les versants. La région plus élevée porte peu de villages ; elle constituait un espace de parcours saisonnier pour les troupeaux ovins qui effectuaient la transhumance. Au contact entre les deux ensembles complémentaires, à proximité de voies d'accès, les deux villes importantes de l'intérieur, Grasse et Draguignan, jouaient le rôle de capitales locales.

Le long déclin de l'intérieur reste visible sur la carte actuelle par l'importance des boisements et la taille des emprises militaires. L'immense camp de Canjuers, le plus vaste de France, a assuré la prospérité de Draguignan durant de nombreuses années.

A proximité de la côte, le renouveau actuel remet en cause l'organisation traditionnelle de l'espace. La population active du littoral vient se loger à un coût moins élevé dans les villages de l'intérieur. La population âgée fait de même. Les villages initiaux sont entourés d'une auréole de pavillons proportionnelle à leur accessibilité depuis la côte. Ainsi, ils se détournent de leur pôle attractif premier pour s'intégrer dans la couronne périurbaine des villes du littoral. L'autonomie d'une ville aussi importante que Grasse semble aujourd'hui bien faible (noyau urbain de seconde couronne ? centre du tourisme culturel de l'intérieur ?). La situation est différente plus à l'ouest. Les pôles littoraux sont moins dynamiques et les distances sont plus grandes. L'organisation traditionnelle se maintient. La croissance de la population épouse la hiérarchie préexistante. Bien que s'appuyant sur la présence de la côte, la croissance du tourisme est plus en rapport avec les aménités locales : canyon du Verdon, promenade dans un milieu préservé. La moyenne montagne n'est pas touchée par le renouveau. Au mieux elle est utilisée comme terrain de promenade par les touristes et alimente en eaux le littoral : une partie de l'eau du Verdon est détournée vers le littoral par le canal de Provence.

La carte de Toulon-Nice représente un espace qui a subi de profondes mutations depuis 1945 en s'appuyant sur une réputation venue du passé de région de villégiature aristocratique. **Cette image est aujourd'hui troublée.**

— Le littoral est saturé à la suite d'une fréquentation excessive. L'urbanisation anarchique qui a tenu lieu d'aménagement révèle de plus en plus ses faiblesses et le milieu est profondément dégradé.

— L'image de pays où il fait bon vivre a attiré une population nombreuse qui excède les capacités d'absorption d'une économie pourtant dynamique, aux activités renouvelées. Le chômage atteint des taux records.

— Les affaires de corruption qui ont touché de nombreuses collectivités locales sont venues aggraver un tableau déjà sombre.

Le littoral n'est plus un eldorado et l'avenir semble plus prometteur pour les régions de l'intérieur qui ont su profiter du reversement de la côte tout en conservant leur autonomie.

IV. Commentaire n° 5 : Paysages et organisation de l'espace au sud de la Gironde : carte n° 46, Bordeaux-Royan, 1/100 000 © IGN 1992

Ce sujet d'agrégation d'histoire présente une double difficulté.

— Il faut éviter de tomber dans une étude régionale trop éloignée du document en étant prisonnier d'une bibliographie abondante mais rarement centrée sur le Médoc en particulier.

— La trame des paysages ruraux suit étroitement des indications géomorphologiques. Or le document ne donne pas toujours d'éléments assez précis pour pouvoir établir ce lien indispensable. Il est possible de demander en document annexe la carte géologique n° 754 ou 778 pour préciser les conditions pédologiques dans lesquelles se développe le vignoble.

Mots clés

Vignoble de qualité, pignada, cordon dunaire, fonction récréative, tourisme balnéaire.

Située entre l'océan Atlantique et la Gironde, la pointe du Médoc est un vaste ensemble rural de plus de 1 700 km² placé sous le contrôle direct de Bordeaux. En fonction de ses besoins, la ville a façonné successivement les trois paysages qui constituent l'ossature de la région.

Sur la rive gauche de la Gironde, le vignoble de qualité a pris son visage actuel dès le XVIIIe siècle. La forêt de pins maritimes de l'intérieur est une création du XIXe siècle qui constitue la terminaison septentrionale de l'immense massif landais. Le littoral dunaire, longtemps désert, ne fait l'objet d'une mise en valeur que depuis peu.

▸ **La vigne s'est développée dans le Médoc dès le Moyen Age** en relation avec les exportations de « clairets » en direction de l'Angleterre. La réputation actuelle de ce vignoble est telle que l'on a tendance à oublier qu'il n'est qu'un liséré discontinu de 5 à 12 km de largeur sur la rive de l'estuaire. Trois terroirs coexistent de fait dans les communes ayant droit aux appellations.

• Le domaine des **palus** s'étend de 0 à 5 m d'altitude. Il s'agit de marais littoraux mis hors d'eau par un travail de drainage et d'endiguement. Au nord les anciennes îles de Talais et de Jau-Dignac-et-Loirac sont entourées de parcelles de conquête ancienne. Mais le cas le plus fréquent reste l'opération de plus grande envergure avec des parcelles de forme géométrique et des chenaux d'évacuation en direction de l'estuaire. La vigne est absente de ces sols lourds et humides. Les cultures et les prés dominent.

• L'habitat semi-dispersé et les vignes se placent à mi-hauteur entre 5 et 35 m, sur des **terrasses alluviales** nommées localement les **graves.** Un bon drainage et un réchauffement rapide du sol sont les causes principales de la localisation préférentielle du vignoble sur ce terroir. Cette localisation n'est cependant pas exclusive : les vignes de Moulis et de Listrac-Médoc se situent sur des sols à dominante marno-calcaire.

• Plus à l'est et souvent plus haut, les sables des landes sont le domaine de la **pinède.**

La part relative des différents terroirs dans les finages et l'organisation de l'exploitation du vignoble permettent identifier deux Médoc.

— Le **Haut-Médoc** d'Arsac à Saint-Estèphe est caractérisé par l'importance des secteurs où la vigne est une véritable monoculture et la présence de nombreux châteaux. Le premier élément s'explique par l'existence de nombreux terroirs de graves. Le second renvoie à des structures agraires dominées par les grands domaines. Nous sommes au cœur des appellations communales du médoc : Saint-Estèphe, Pauillac, Saint-Julien, Listrac-Médoc, Moulis et Margaux. Les châteaux correspondent à des crus du classement impérial de 1855 : Châteaux Margaux, Mouton-Rothschild, Lafite. Ces châteaux sont à l'origine de la recherche de la qualité dès la fin du XVIIIe siècle. Ce sont eux qui ont imposé le choix des cépages, le cabernet-sauvignon, le merlot, adaptés au climat local tempéré par la présence de l'estuaire et de l'océan. Aujourd'hui, encore ils constituent les fleurons de la viticulture médocaine. Le contrôle de ces domaines fut toujours extérieur avec une société locale dépendante structurée autour des métiers du vin. Le contrôle anciennement bordelais est de plus en plus le fait de firmes nationales et internationales. Pauillac joue le rôle de centre de service local pour une partie de ce vignoble.

— Plus au nord, la vigne n'est plus qu'un élément du paysage parmi d'autres, les châteaux se font plus rares : nous sommes dans le vignoble de l'appellation simple **Médoc** (ici le terme de châteaux est une appellation commerciale). Les terroirs de graves sont moins nombreux, la viticulture d'origine paysanne plus présente. Ce petit pays rural est desservi par la minuscule sous-préfecture de Lesparre-Médoc (4 300 hab.) : Bordeaux a conservé pour elle toutes les activités d'encadrement et de commercialisation de la production.

Ces vignobles tournent le dos à l'estuaire : l'habitat traditionnel se situe à l'intérieur des terres et le chenal de grande navigation en direction de Bordeaux longe la rive sans susciter de zone industrialo-portuaire importante. La raffinerie de Pauillac est fermée. Le terminal du Verdon, spécialisé dans les produits pétroliers avec une aire de stockage bien identifiable, s'est bien doté d'une plate-forme multimodale mais le trafic reste faible. Il est relié à Bordeaux par une voie de chemin de fer et une nationale. Les flux de transport ne sont pas suffisants pour justifier un aménagement en voie rapide, ni même la mise en place d'un contournement de Lesparre-Médoc. La Gironde est le plus sauvage des grands estuaires français. Le très large estran vaseux du Verdon à Valeyrac accueille quelques parcs à huîtres d'ostréiculteurs sans doute venus du bassin d'Arcachon à la recherche d'un milieu moins touristique et moins pollué.

▸ **A l'ouest, la forêt de pins maritimes, la pignada, est un espace de faible densité.** Au-delà de la croupe surbaissée de Lesparre à Castelnau qui culmine à 43 m, il s'agit d'une plaine en pente très faible vers l'ouest. L'écoulement des eaux est difficile. De multiples marais et étangs apparaissent sur la carte, dus à la pente très faible qui entrave l'écoulement et à la présence d'un horizon induré imperméable à faible profondeur : les alios. Le drainage en grand en direction de l'océan Atlantique est gêné par la présence du cordon dunaire qui bloque l'écoulement. Les eaux stagnent alors et forment des étangs de taille diverse qui possèdent des émissaires en direction du bassin d'Arcachon et de l'estuaire au nord.

La trame ancienne du paysage rural reste visible sur cette carte. Au sein de communes immenses (Najac-sur-Mer, Hourtin), l'habitat traditionnel se disperse en hameaux et en fermes isolées placés au milieu d'une clairière de cultures. Associés à chacune de ces unités, des terrains de parcours portent le nom de landes. Ainsi, dans la commune de Saint-Laurent-et-Benon, les hameaux de Sémignan et de Mourlan possèdent chacun une lande.

Le boisement systématique du XIXe siècle a submergé ce paysage ancien, la forêt de pins est devenue l'élément dominant. Les équipements et les cadres liés à cette invasion forestière se repèrent facilement dans le secteur de Carcans, Hourtin, Saint-Laurent-et-Benon. La plaine est drainée par un réseau de canaux appelés localement les **crastes.** La forêt est divisée en grands domaines privés (domaine de Saint-Paul) et en forêts communales plus au sud avec quelques emprises militaires

(Hourtin). Elle est quadrillée par des routes forestières et de coupures pare-feu (domaine de Lagunan). Les grandes clairières de forme géométrique sont des créations récentes. Elles constituent des enclaves de cultures qui font office de pare-feu. A Saint-Laurent-et-Benon, une partie de ces clairières, envahies de broussailles, se referment déjà, ce qui semble indiquer un relatif échec de ces tentatives de valorisation agricole moderne (remarquer plus au sud les roues mises en place par les systèmes d'irrigation à partir de pivots géants). L'ensemble du secteur se tourne aujourd'hui vers un littoral que l'organisation traditionnelle de l'espace ignorait superbement : il n'y a aucun village historique sur plus de 60 km de côte !

▸ **Le littoral de la pointe du Médoc présente pour partie les traits habituels du littoral landais :** une côte rectiligne bordée par un cordon dunaire de 3 à 5 km de large composé de train de dunes séparées par des dépression longitudinales nommées les lettes. Cependant, au nord d'Hourtin-plage, ce bel ordonnancement se perd. Le cordon dunaire se situe plus à l'intérieur des terres, il s'amoindrit progressivement : il est moins large puis discontinu, les altitudes s'abaissent de plus de 60 m à 40 m à peine. Le tracé de la côte se courbe en direction du nord-est et laisse apparaître dans le détail deux rentrants et deux saillants.

Ce littoral est battu par une houle forte venue du nord-ouest suivant les vents dominants. Les rentrants correspondent à des reculs liés à l'érosion marine qui attaque directement les dunes littorales. L'alimentation en sable est plus importante au sud car l'estran sableux est plus développé.

Les dunes avançaient vers l'intérieur et menaçaient les hameaux landais. Elles ont été fixées par des plantations de pins maritimes à la fin du XVIIIe et au début du XIXe siècle. La présence de forêts domaniales pratiquement en continu le long de la côte rappelle le rôle joué par les services de l'État dans la stabilisation des dunes, sous l'impulsion de Nicolas Brémontier. Ces dunes sont donc aujourd'hui des formes fossiles. Seule la dune littorale, de quelques centaines de mètres de largeur, est encore soumise à l'action du vent malgré la stabilisation partielle réalisée par les services de l'ONF à partir de plantation d'une graminée, l'oyat.

La vie traditionnelle a délaissé ce littoral. Il présentait peu d'intérêt agricole et l'absence d'abri sur un littoral soumis à une forte houle ne permettait pas l'installation de villages de pêcheurs. Les réalisations du tourisme traditionnel sont limitées. La petite station de Soulac-sur-Mer qui dédouble un ancien village appartenant au vignoble a connu un destin médiocre : les Bordelais lui ont préféré Arcachon et Royan.

Le tourisme contemporain a mieux réussi. Les villages et les petites villes landaises se sont dotées d'une annexe balnéaire sur la côte et parfois d'une autre sur les étangs de l'intérieur. Les résultats sont inégaux. Lacanau bénéficie de la proximité de Bordeaux et du reversement du trop-plein du bassin d'Arcachon. Montalivet a réussi l'opération la plus remarquable avec une gamme d'équipements variés. Cependant, le littoral de la pointe du Médoc n'est pas le Languedoc-Roussillon, ni même le secteur le plus développé de la côte landaise : le flux de touristes en transit vers l'Espagne a été orienté vers le sud des Landes, dans des stations mieux situées par rapport à l'autoroute A63. Ce littoral conserve de ce fait un aspect sauvage et un environnement préservé.

▸ **La pointe du Médoc apparaît comme un espace qui se transforme lentement aujourd'hui.** Les grandes opérations planifiées par l'État la concernant ont toutes échoué : avant-port industriel pour Bordeaux, mise en valeur agricole intensive, développement d'unités touristiques intégrées de grande taille dans le cadre d'un aménagement global du littoral landais. Structurée par et pour Bordeaux, cette région suit la ville dans son confortable déclin relatif. En marge de l'agitation du monde, **elle préserve ses paysages et sa qualité de vie.**

V. Commentaire nº 6. Cavaillon : carte nº 3142, Cavaillon, 1/50 000 © IGN 1988 ; carte type 1922, Cavaillon, 1/50 000 © IGN 1948

Ce sujet d'agrégation d'histoire met l'accent sur l'analyse de l'évolution des paysages ruraux. Le choix des dates d'édition, le choix de la coupure qui ne représente aucune agglomération dans son ensemble incitent à centrer l'exposé sur l'organisation du paysage rural et son rôle dans le devenir des territoires représentés.

Mots clés

Provence intérieure, Comtat Venaissin, huerta, paysage rural méditerranéen classique, tourisme culturel, tourisme vert, parc naturel régional, reversement touristique, saturation touristique.

La carte de Cavaillon se situe dans le sud-est de la France. Elle représente le contact entre le Comtat Venaissin qui apparaît à l'ouest et la Provence à l'est. L'édition de 1948 représente un espace essentiellement rural au sein duquel s'opposent deux formes d'organisation : la haute Provence a conservé à cette date les principaux traits des régions rurales méditerranéennes alors que le Comtat s'est transformé en une véritable « huerta » au cours du XIXe siècle à partir du développement du chemin de fer et de l'urbanisation.

L'édition de 1988 permet d'observer une transformation profonde du paysage sous la poussée conjointe de la modernisation agricole et du développement touristique, avec une remise en cause des anciennes limites.

▸ **La Provence intérieure occupe les quatre cinquièmes de la carte.** Son relief s'organise selon une direction ouest-est d'origine pyrénéo-provençale. Du nord au sud se succèdent la retombée méridionale du plateau du Vaucluse, le bassin d'Apt, la montagne du petit Luberon prolongée à l'ouest par les Alpilles et la vallée de la Durance.

Malgré des altitudes limitées, 250 m dans la bordure des Alpilles, 400 m sur le rebord du plateau du Vaucluse, 700 m dans le petit Luberon avec un point culminant à 898 m (4853 ; 693). Les hauteurs ont un aspect montagneux du fait de la présence de corniches rocheuses et de pentes raides, liées à la multiplication des petites vallées sèches en V.

Les dépressions sont composites : les zones planes s'opposent à des collines nombreuses dotées de sommets plats très étendus. Les parties basses sont les seules à posséder un réseau hydrographique pérenne.

L'organisation paysanne traditionnelle, visible sur la carte de 1948, a tenu compte de la diversité des terroirs. Les hauteurs restent désertes ; l'absence d'eau et les sols squelettiques les destinent, au mieux, à un usage de terrain de parcours (saltus) attesté par la présence de bergeries (173-825; 168-836). Les villages perchés se situent sur leurs bordures ou sur les collines dans les dépressions. Ils sont entourés de vignes et d'oliviers, deux composantes de la trilogie méditerranéenne classique. L'habitat intercalaire en maisons isolées est important; de nombreux moulins à vent (pour l'huile d'olive) complètent ce tableau du paysage méditerranéen typique et les carrières d'ocre du bassin d'Apt rappellent les habitudes architecturales locales. Cependant, la vie agricole n'est pas figée dans ses traditions: certains versants aménagés en terrasses sont déjà à l'abandon (182; 828), l'importance de la superficie en vigne montre une spécialisation qui a dû s'effectuer au détriment des surfaces en blé (idem pour les oliviers autour de Puget).

Le Comtat Venaissin qui apparaît dans l'angle nord-ouest présente un paysage rural bien différent. Il s'agit d'une vaste dépression homogène qui a ici une faible pente en direction du nord-ouest. Un réseau hiérarchisé de canaux assure une irrigation par gravité à partir des canaux de Carpentras à l'est et des Alpilles au sud en utilisant l'eau de la Durance. Cette plaine porte un vignoble irrigué (raisin de table) et les vergers ne sont importants qu'au sud de Cavaillon. L'habitat dispersé est dense. Les haies vives orientées d'ouest en est servent de coupe-vent vis-à-vis du mistral. Cavaillon, au débouché de la vallée de la Durance et du bassin d'Apt, est une ville historique importante qui est devenue un des centres directeurs de cette « huerta », ce qui n'a pas suscité un développement important des périphéries sur la carte de 1948.

▸ **Ces régions à dominante rurale ont connu de profonds bouleversements entre 1948 et 1988.** L'évolution de l'agriculture a profondément modifié le paysage rural dans le Comtat Venaissin.

Le système d'irrigation s'est modernisé avec l'apparition de station de pompage. L'eau est puisée dans les nappes phréatiques et elle alimente un réseau d'irrigation par aspersion ou au goutte-à-goutte dont les éléments mobiles ne sont pas reportés sur la carte.

Les spéculations ont évolué: la vigne irriguée pour le raisin de table subit un fort recul. Seul subsiste un petit vignoble produisant des vins rouges au sud de L'Ile-sur-la-Sorgue avec une coopérative vinicole. Les vergers (pommes, poires, pêches) occupent la plus grande part de la SAU. Les cultures maraîchères sous serres ont connu un vif développement (le melon de Cavaillon n'est pas cependant la spéculation principale). Il est probable que les parcelles laissées en blanc sur la carte soient aussi destinées aux cultures maraîchères sous serres-tunnels en plastique, non cartographiées.

Les activités situées en amont et en aval de la production agricole ont stimulé la croissance de Cavaillon : la ville développe des zones industrielles périphériques (noter la présence du marché d'intérêt national 4854 ; 685 ?). L'absence de coopératives et de groupements d'intérêt économique (GIE) fruitiers et maraîchers indique que le conditionnement et la commercialisation de la production agricole restent entre les mains d'opérateurs privés. Les emprises urbaines grignotent progressivement les zones de cultures dans ce qui est une des campagnes les plus peuplées de France. Une partie de la croissance pavillonnaire de Cavaillon est reportée sur les premiers contreforts du petit Luberon.

Le dynamisme agricole du Comtat se transmet à la basse vallée de la Durance. En plus des secteurs traditionnellement irrigués, cette évolution concerne une partie de l'ancien lit de la Durance. Sur la carte de 1948, la Durance présente un lit majeur très large. La forte pente (plus de 60 m de dénivellation sur la carte !) et le régime méditerranéen de la rivière expliquent le dispositif en bras multiples séparés par des « iscles » en partie végétalisées (chenal anastomosé). Sur la carte récente, le lit majeur est plus étroit et les chenaux sont moins nombreux : le barrage de Serre-Ponçon en amont étête les crues et une part importante de l'eau de la Durance est détournée pour l'irrigation et l'alimentation en eau des villes du littoral. Les parcelles gagnées sur la rivière sont couvertes de vergers et de haies à l'image des anciens secteurs irrigués qui se reconvertissent aussi dans les cultures maraîchères sous serres.

L'évolution du paysage rural lié à l'agriculture est moins spectaculaire dans les autres secteurs provençaux. La vigne continue de s'étendre dans les zones basses et la transformation et la commercialisation sont prises en charge par un réseau de coopératives nouvelles. D'anciennes carrières d'ocre sont transformées en champignonnières (4863 ; 686). Les oliveraies résistent bien à l'abandon (contre-exemple 4848 ; 674). Ce paysage méditerranéen ainsi entretenu a servi de base au développement du tourisme.

▸ **La région a d'abord bénéficié de sa localisation.** Elle est facile d'accès grâce à la proximité de l'autoroute A7. Elle bénéficie par reversement de la proximité de la côte et surtout des festivals développés en

Avignon ou d'une manière plus générale de la croissance du tourisme culturel dans les pays du bas Rhône.

Elle possède aussi des atouts qui lui sont propres : un paysage proche de l'image idéale du paysage provençale diffusée par les artistes de la fin du XIXe siècle et du début du XXe, des centres d'attraction comme la Fontaine-en-Vaucluse située plus au nord ou les villages perchés comme Gordes.

Les flux touristiques sont donc composites : tourisme de passage sur la route de la côte, amateurs de randonnées, festivaliers avertis ayant acheté des mas pour leurs vacances (qui forment une contre-société fermée à l'image du tourisme aristocratique découvrant les côtes au XIXe siècle), boom japonais suite à un ouvrage à succès décrivant la provence (*Une année en Provence* de Peter Mayle). Ces flux sont complétés par une fonction de résidence pour personnes âgées qui a gagné les villes du Comtat. La mise en place du Parc naturel régional du Luberon permet de doter l'ensemble d'une identité et d'une image auprès du grand public. La croissance a été très vigoureuse depuis plus de vingt ans. Des signes de saturation apparaissent : que reste-t-il du paysage méditerranéen dans une commune comme Mérindol où les pavillons se sont développés d'une manière anarchique dans les anciennes oliveraies ? Le même phénomène semble gagner les autres villages de la vallée de la Durance et se développe dans le bassin d'Apt autour des villages perchés les plus réputés : Gordes, Roussillon, Bonnieux. Mais comme il s'agit de résidences assez luxueuses, les densités sont plus faibles et l'insertion paysagère plus étudiée.

La comparaison des éditions de 1948 et de 1988 de la carte de Cavaillon laisse apparaître des pays ruraux dynamiques qui ont su renouveler leurs activités. Cependant, ils traversent aujourd'hui une **période charnière :**

— le Comtat et ses dépendances provençales doivent faire face à une concurrence accrue de la part des producteurs de fruits et légumes du littoral méditerranéen espagnol avantagés par un atout climatique et une meilleure organisation commerciale ;

— les espaces provençaux inclus dans le Parc naturel régional du Luberon sont victimes de leurs succès. La poursuite du développement touristique risque de détruire le paysage méditerranéen qui lui sert de support.

VI. Commentaire n° 7 : Un espace de moyenne montagne : Monistrol-Yssingeaux : carte n° 2834, Monistrol-sur-Loire, 1/50 000 © IGN 1991 ; carte n° 2835, Yssingeaux, 1/50 000 © IGN 1990

Le Massif central possède quelques régions d'industrie diffuse en milieu rural encore dynamique comme le Thiernois ou l'Ambertois. Les cartes proposées présentent l'Yssingelais qui est la plus importante et la plus variée de ces régions. Le commentaire doit présenter les paysages et l'organisation de l'espace spécifique à ce type de territoire tout en mettant l'accent sur les activités qui lui donnent vie : l'industrie et les loisirs.

Mots clés

Hautes terres et moyenne montagne, industrie diffuse en milieu rural, fonction récréative, tourisme vert, reversement urbain.

Les cartes de Monistrol-sur-Loire et d'Yssingeaux nous introduisent dans les hautes terres de l'est du Massif central, entre le bassin du Puy-en-Velay et celui de Saint-Étienne. Malgré des altitudes comprises entre 750 m et 1 100 m en moyenne, nous sommes en présence d'une région peuplée avec une densité supérieure à 60 habitants au kilomètre carré. Nous pouvons recenser 10 communes rurales de plus de 1 000 habitants et 14 communes urbaines réparties sur une surface de 1 080 km². Une telle situation est exceptionnelle en France et il convient d'expliquer l'origine et le fonctionnement d'un tel territoire.

▸ **Les cartes de Monistrol et d'Yssingeaux représentent deux hauts plateaux inclinés en direction de la Loire et une moyenne montagne** qui occupe la moitié ouest de la carte d'Yssingeaux. La dénivellation générale est de 1 010 m entre le point le plus haut à 1 436 dans le massif du Meygal (4 990 ; 589) et le point le plus bas à 427 au bord de la Loire à Chambon-sur-Loire (5 021 ; 592). Au nord de ce fleuve, le plateau est profondément entaillé par des vallées en V. Les interfluves restent massifs et l'altitude varie de 971 m au nord-est à moins de 700 m au niveau de la vallée de la Loire. Les deux seules buttes se situent sur la bordure sud, au contact de la moyenne montagne. Au sud de la Loire, le plateau présente les mêmes caractéristiques avec des altitudes qui varient de 1 100 m dans l'angle sud-est du document à 700 m tout au nord. Les villages se localisent sur les interfluves, au centre de finages aménagés en openfield. L'habitat intercalaire est plus important au sud de la Loire.

La moyenne montagne du sud-ouest est constituée de nombreuses buttes de taille kilométrique dont les altitudes varient de 900 m à 1 200 m. Plusieurs bassins versants s'organisent en son sein en direction de l'ouest et du nord, avec des vallées à fonds plats très larges et des altitudes assez faibles de l'ordre de 650-700 m. A l'est, le massif du Meygal domine l'ensemble de 100 à 200 m. Il est constitué de buttes jointives. Les villages sont ici plus nombreux mais de plus petite taille, avec un habitat intercalaire important. Les versants portent un réseau de haies dense ; nous sommes dans un semi-bocage.

La Loire traverse l'ensemble en empruntant une vallée très étroite à l'exception du secteur de Bas-en-Basset.

Les forêts n'ont jamais disparu entièrement dans cette région : les vallées en V les plus étroites sont restées boisées ainsi que certaines buttes. Cependant leur importance actuelle est liée au déclin de l'agriculture. La forêt domaniale du massif du Meygal est sans doute à mettre en relation avec la fin du pastoralisme. Les nombreuses parcelles boisées au cœur des finages des plateaux indiquent une crise agricole importante durant les années 1950. La présence de trois laiteries prouve une spécialisation actuelle dans l'élevage bovin laitier mais l'existence de quelques friches laisse peu d'illusion quant à son dynamisme. La forêt continue de gagner du terrain. Il s'agit d'une forêt de résineux exploitée rationnellement avec des routes forestières et des scieries nombreuses.

▸ **La présence de plus de 60 000 habitants dans cette région tient à une tradition industrielle qui a su se renouveler et à une fonction récréative et touristique en plein essor.**

Plusieurs générations d'établissements industriels sont représentées sur cette carte. En Yssingelais, le travail artisanal s'est implanté dès l'époque moderne. La dentelle du Puy et les rubans de Saint-Étienne constituaient un complément de revenu pour la paysannerie pauvre et nombreuse de la région. Le travail en atelier s'est développé rapidement au XIXe. La vallée de la Semène (5107; 598) est une rue d'usines très anciennes avec des localisations liées à l'eau dans des sites très contraignants. Plus tard les ateliers se sont installés directement dans les villages comme à Saint-Maurice-sur-Lignon (5009; 589). Après 1945 les créations continuent soit de manière spontanée comme aux abords de Tence (4997; 602) ou dans le cadre de zones industrielles à Yssingeaux ou plus encore à Sainte-Sigolène (5012; 599). La tradition de travail manuel a été recyclée du travail du textile à la plasturgie et au décolletage. Les établissements sont de taille limitée: il s'agit de PMI travaillant en sous-traitance. La zone industrielle de Blavozy au sud-est relève du desserrement urbain du Puy-en-Velay. Des établissements extérieurs ont pu venir s'établir dans la région pour utiliser une main-d'œuvre travailleuse et docile à en juger par la taille de l'usine principale.

La proximité de Saint-Étienne donne aussi à cet ensemble une fonction récréative importante. La Loire et le Lignon sont équipés de campings et de villages-vacances. Les Stéphanois recherchent les plans d'eau et les rivières pour la baignade, la pêche, la promenade. Le secteur de moyenne montagne est parcouru par des sentiers de randonnée et la carte indique la présence de gîtes d'étapes.

Le tourisme lui-même joue un rôle plus effacé mais croissant avec la mode de la randonnée qui utilise les massifs du Meygal et du Mezenc plus au sud. La petite station thermale du Chambon-sur-Lignon (4991; 603), haut lieu du protestantisme français, fait figure de petit centre touristique qui organise ces différentes activités.

▸ **Les cartes permettent de lire facilement l'organisation générale de l'espace représenté** (cf. schéma). La nationale 88 de Saint-Étienne au Puy fait figure de colonne vertébrale. Elle sert d'axe de pénétration pour le reversement des populations et des activités urbaines. Au sud-ouest l'influence du Puy se manifeste par la présence de la zone industrielle de Blavozy et le développement des pavillons dans les communes proches. L'influence de Saint-Étienne se fait sentir dans tout le quart nord-est. Les pavillons se développent jusqu'à Monistrol avec la remarquable opération du domaine de la Rivoire (remarquer la taille de ce lotissement, sa localisation et la dimension des villas). La nationale 88 reprend le tracé d'un axe plus ancien: les deux villes historiques de Monistrol et d'Yssingeaux (à en juger par leur morphologie urbaine) se

Organisation régionale de l'Yssingelais

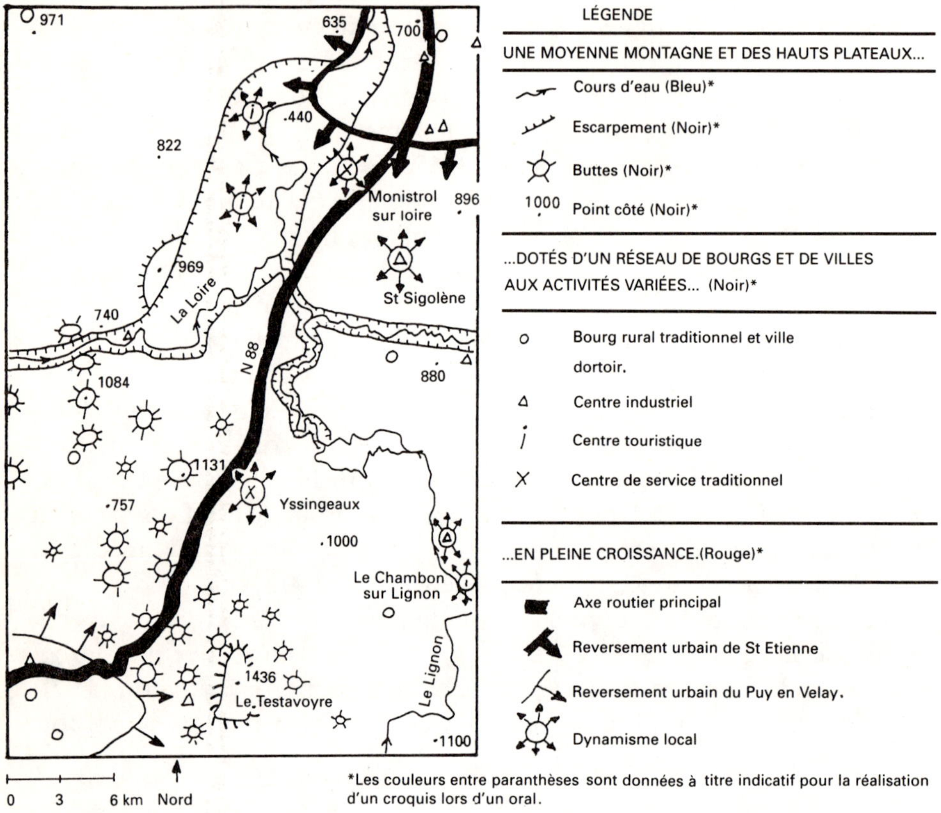

*Les couleurs entre paranthèses sont données à titre indicatif pour la réalisation d'un croquis lors d'un oral.

situent sur cet axe. Aujourd'hui, elles sont devenues des centres de service pour les populations voisines. Le trafic de la nationale 88 est suffisant pour justifier son aménagement en voie rapide sur une partie importante de son tracé. Les deux villes historiques sont contournées. La morphologie urbaine souligne l'ancien tracé de la route par la présence de faubourgs. Les échangeurs servent de point d'ancrage pour les zones industrielles. De part et d'autre de l'axe le dynamisme est inégal.

Au nord-ouest, la population est moins nombreuse, le renouvellement des activités moins visible. L'axe de la Loire retient l'essentiel de la population. Au XIXe siècle, la voie de chemin de fer s'est installée dans la vallée et elle constituait alors l'axe de communication principal. Aujourd'hui l'attrait touristique des bords de Loire est une nouvelle source de développement.

Au sud-est, la population est plus nombreuse, les activités plus variées. Sainte-Sigolène (5 011 ; 597) est un centre industriel dynamique basé sur la plasturgie et animé par un patronat local. Il subit l'attraction de la nationale 88 : la route qui conduit à l'échangeur de Monistrol s'industrialise. Le sud est plus touristique avec les gorges du Lignon, le massif du Meygal. Le barrage de Lavalette est utilisé pour l'hydroélectricité avec une usine de haute chute alimentée par des conduites forcées souterraines et comme réservoir d'eau potable pour Saint-Étienne avec un aqueduc souterrain et un réseau de stations de pompage. Toute cette partie de la région Auvergne est ainsi tournée vers Saint-Étienne et la région Rhône-Alpes.

L'Yssingelais est un des plus beaux exemples français de moyenne montagne dynamique dont les activités tant industrielles que récréatives et touristiques sont restées sous contrôle local. Il s'agit en revanche d'un type de développement très fréquent dans le monde germanique où, en outre, les paysages sont mieux entretenus.

VII. Commentaire n° 8 : carte n° 2249, Mont-Louis, 1/50 000 © IGN 1986
(+ un calque géologique simplifié et une coupe)

Ce commentaire correspond au sujet du concours d'entrée à l'ENS de Fontenay-Saint-Cloud pour l'année 1995. D'inspiration classique, il s'organise autour de la mise en valeur par l'homme d'un milieu naturel particulier : la haute montagne pyrénéenne.

Mots clés

Haute montagne, zone axiale pyrénéenne, escarpement direct de faille, relief glaciaire, tourisme climatique, alpinisme, tourisme de masse estival et hivernal.

Nous sommes en présence de la carte au 1/50 000 de Mont-Louis publiée par l'IGN en 1986 accompagnée d'un calque géologique simplifié et d'une coupe. Cette carte se situe dans le sud de la France, au cœur des Pyrénées, à proximité d'Andorre et de la frontière espagnole qui apparaît dans l'angle sud-ouest du document. Il s'agit d'un relief de forte énergie avec une dénivellation de près de 1 900 m entre le point le plus haut au puig Carlit à 2 924 m (4 174; 412) et le point le plus bas à 1 052 m dans la vallée de l'Ariège. L'espace représenté est désert ou très peu peuplé sauf dans la partie orientale de la carte.

▸ **Sur la feuille de Mont-Louis, les Pyrénées présentent un visage assez inhabituel.** La chaîne ne constitue pas un obstacle infranchissable. Au contraire, deux zones déprimées d'orientation générale nord-sud favorisent les échanges.

A l'ouest, les relations entre Toulouse et Barcelone sont facilitées par l'existence du col de Puymorens à 1 920 m, entre les vallées en berceau de l'Ariège et de la Querol.

A l'est, un vaste carrefour méditerranéen s'organise autour du Capcir, de la Cerdagne et de la vallée du Têt. Le Capcir est une vaste dépression dissymétrique orientée du S.-S.-O. au N.-N.-E., empruntée par l'Aude, ce qui l'ouvre sur le Languedoc. Elle est délimitée à l'est par un escarpement au tracé très rigide dont le commandement dépasse 500 m. La Cerdagne apparaît au sud de la carte. Cette haute plaine partagée entre la France et l'Espagne est bordée au nord par un escarpement d'orientation est-ouest que l'on peut suivre du pic de Mollet à Mont-Louis en passant par le pic del Moros. La vallée de la Têt devient une vallée très encaissée à l'est de Mont-Louis (4 706 ; 428). Elle débouche sur la plaine du Roussillon. Ces différentes unités communiquent par des cols : col de la Perche à 1 581 m entre la Cerdagne et la vallée de la Têt (4 705 ; 426), col de la Quillana à 1 710 m entre le Capcir et la Cerdagne (4 711 ; 427).

La partie centrale de la carte est occupée par une haute montagne qui culmine au puig Carlit à 2 924 m. Les crêtes rocheuses, les pics, les lacs d'altitude, l'absence d'habitats permanents et de routes donnent à ce massif un aspect sauvage.

L'ensemble de la carte se situe dans la zone axiale des Pyrénées. Le calque géologique simplifié représente un socle et sa couverture sédimentaire primaire. La région a connu un arasement attesté par la présence de failles nivelées. Ce socle a été porté en altitude durant l'orogenèse pyrénéenne et certains compartiments se sont effondrés. La Cerdagne et le Capcir correspondent à ces effondrements. D'après la coupe, le Capcir est un fossé d'angle. L'escarpement qui le borde à l'est est un escarpement de faille composite : la partie supérieure de la dénivellation est due aux mouvements tectoniques, la composante inférieure relève de l'érosion des dépôts sédimentaires du Pliocène et du Quaternaire par les eaux de l'Aude (localement, sur la coupe, il s'agit d'un escarpement de faille atténué).

La plupart des formes observables aujourd'hui ont été mises en place par les glaciers durant les périodes froides du Quaternaire. Dans le bassin versant de la rivière de Querol (4710 ; 463), les sommets correspondent à des crêtes d'aiguisement de cirques et à des pyramides comme le puig Carlit. Des cirques emboîtés et étagés occupent les parties hautes du bassin versant avec des cirques en baquet dont les fonds sont occupés par des lacs, des étangs ou des marais. Les langues glaciaires nées des cirques ont calibré les vallées : ce sont des auges glaciaires (la plus belle correspond à la rivière d'Angoustrine cotes 4705 ; 415). L'alternance verrous-ombilics est nettement observable : l'estany de Lanos, les secteurs de Porté-Puymorens, de Porta, de Courbassil correspondent à des ombilics que séparent des verrous. Au nord de Porté-Puymorens, le rec de Cortal Rosso draine une vallée suspendue et rejoint la vallée de la Querol par une gorge de raccordement. Le col de Puymorens correspond à un col de transfluence glaciaire.

▸ **Il est difficile d'employer le terme de milieu naturel pour désigner cet espace tant l'empreinte de l'homme y est forte.**

• La répartition de la **végétation** est d'origine anthropique. Bien que peu nombreux, les paysans ont fondé des villages groupés au pied du massif montagneux, au contact entre les parties hautes et les parties basses pour profiter de la complémentarité des terroirs. La montagne a été transformée en un espace pastoral largement défriché doté d'un habitat temporaire sous forme de cabanes. Les forêts actuelles sont domaniales ou communales, ce qui indique un reboisement récent, postérieur à l'effondrement des sociétés paysannes à partir de la seconde moitié du XIXe siècle, dans le cadre de la restauration des terrains en montagne. La reconquête forestière se poursuit avec la présence de friches. La limite de la forêt à l'état naturel est élevée : entre 2300 et 2400 m selon l'exposition.

• L'**écoulement des eaux** est aussi contrôlé par l'homme. Les paysans avaient mis en place un système d'irrigation visible en Cerdagne à partir du tracé du rec de Dorres. Dans ce domaine aussi, un autre organisme d'État a pris la relève : il s'agit de l'EDF qui utilise les dénivellations et les contrepentes dues aux glaciers pour mettre en place un système de barrages très développé sur la carte.

Cette montagne ainsi aménagée a servi précocement de support à des activités d'origine urbaine.

L'implantation de ces nouvelles activités doit peu à la situation de carrefour de la région. L'importance de ce carrefour semble même plus limitée aujourd'hui qu'hier. La voie de passage historique est soulignée par la toponymie à consonance catalane et l'imposante cité forteresse de Mont-Louis construite par Vauban. L'équipement actuel est très limité : une nationale à deux voies relie la plaine du Roussillon à la Cerdagne ainsi qu'un chemin de fer à voie étroite. Le Capcir est desservi par une départementale. Le passage par le littoral est plus rapide et moins coûteux à équiper. La liaison Toulouse-Barcelone par le col de Puymorens est un peu mieux desservie avec une nationale à deux voies et une voie de chemin de fer électrifiée qui a nécessité de nombreux travaux d'aménagement. L'axe ne fait que traverser la région, il ne suscite pas d'activité sur son passage, la population est peu nombreuse (il est complété par un tunnel routier depuis 1994).

▸ **Le renouveau, parti de la Cerdagne, repose sur l'attrait du paysage et du climat.** Font-Romeu est une station ancienne desservie par le chemin de fer. Elle associait sans doute à l'origine une fonction de base arrière pour les alpinistes attirés par le massif montagneux et une fonction climatique attestée par la présence d'un sanatorium. Le développement actuel est important. La présence de plus de 5 000 habitants à proximité suppose l'existence d'activités permanentes. La Cerdagne possède un climat sec et ensoleillé dû à une position d'abri, favorable au traitement des maladies respiratoires. La fonction climatique a connu une forte croissance ; elle s'est diffusée comme le prouve la présence d'un centre hélio-thérapique à Dorres. Elle a été utilisée comme levier par Font-Romeu : la station accueille de nombreux sportifs de haut niveau pour des stages de remise en forme avec toutes les retombées médiatiques que cela suppose. Les équipements se situent probablement à côté du lieu-dit L'Ermitage. Le tourisme estival est important avec la présence de nombreux refuges et les retombées dues à la proximité d'Andorre.

L'évolution du bâti traduit cet engouement avec l'accroissement de Font-Romeu et la création de satellites comme Superbolquère (*cf.* le schéma). L'équipement en remontées mécaniques est un ajout plaqué sur un ensemble déjà en place. Le domaine skiable est constitué de deux stades de neige à Mollera dels Clots et aux Airelles. Ils sont reliés à la station par la route et par une remontée mécanique. Pyrénées 2000 par

Un versant aménagé pour le tourisme

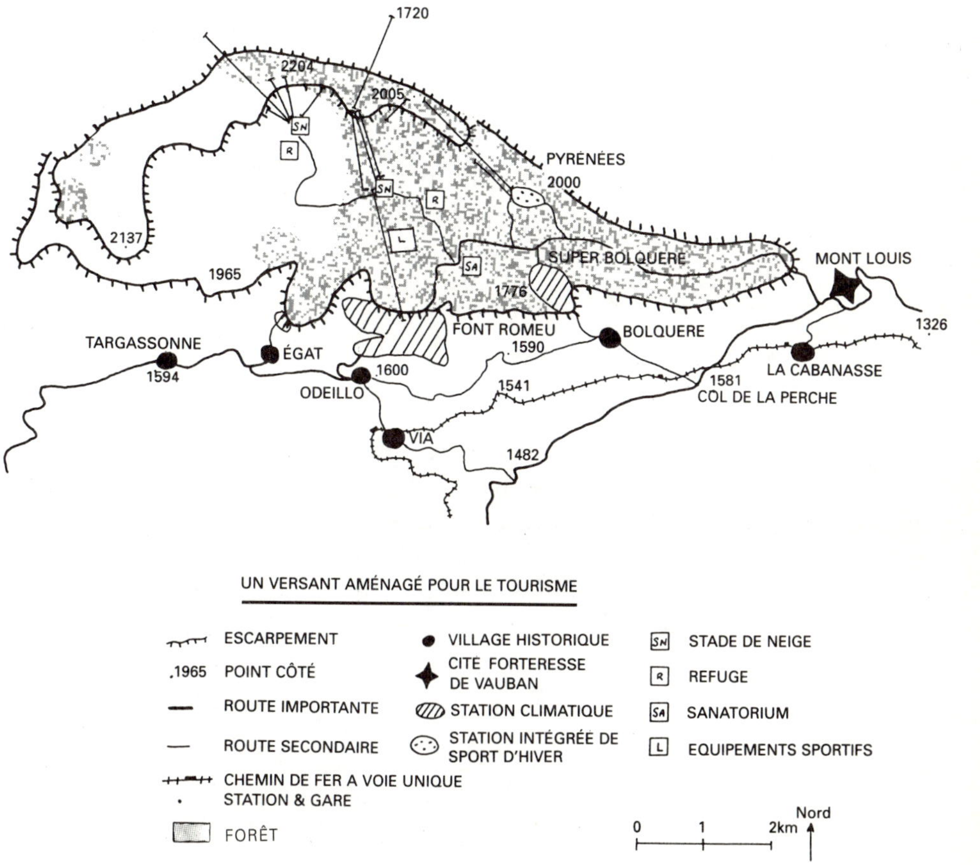

contre est une ébauche de station intégrée créée *ex nihilo* autour des remontées mécaniques.

L'exposition plein sud, utilisée par les installations solaires en contrebas (4705; 420 et 4706; 416) n'est cependant pas idéale. Profitant de la notoriété de Font-Romeu et d'une exposition plus favorable, les villages du Capcir développent leurs propres installations: station-village aux Angles (4714; 424), stade de neige à Puyvalor (4722; 425). A échelle humaine, sous contrôle local, le tourisme se diffuse et permet le maintien de la population.

La feuille de Mont-Louis représente une haute montagne au relief aéré, facile à franchir, dotée d'une économie de services ouverte sur le monde. Une exception remarquable au sein du massif pyrénéen : la chaîne est réputée infranchissable, isolée, en marge de l'économie contemporaine.

VIII. Commentaire n° 9: Saugues et Cayres: carte IGN n° 2636, Saugues, 1/50 000 © IGN 1983; carte IGN n° 2737, Cayres, 1/50 000 © IGN 1980 ; carte BRGM n° 814, Saugues, 1/50 000 © BRGM 1972; carte BRGM n° 815, Cayres, 1/50 000 © BRGM 1978; statistiques: RGA 1988 fiches comparatives 1970, 1979, 1988 des cantons de Cayres et de Saugues (cf. tableaux 1 et 2)

Ce dossier cartographique tombe régulièrement à l'agrégation tant d'histoire que de géographie. Dans un esprit proche de la tradition classique, il permet d'évaluer l'esprit de synthèse géographique du candidat et sa capacité à remettre en cause une idée générale. Plusieurs thèmes géomorphologiques sont abordés et les documents permettent d'approfondir la notion de crise des moyennes montagnes.

Mots clés

Escarpement de faille, escarpement de ligne de faille, alvéole, formes volcaniques, crise des moyennes montagnes, déprise agricole, déprise rurale, nouvelles fonctions de l'espace rural.

Les cartes de Saugues et de Cayres au 1/50 000 représentent des hautes terres du sud du Massif central. Plus précisément, la partie septentrionale de la Margeride occupe l'ensemble de la carte de Saugues et le tiers de celle de Cayres. Le Devès, entre l'Allier et la Loire, se situe plus à l'est, il domine le bassin du Puy-en-Velay qui apparaît en marge de la carte de Cayres.

La Margeride et le Devès sont deux moyennes montagnes traditionnellement vouées aux activités agricoles. Elles connaissent une crise structurelle depuis la fin du XIXe siècle et l'arrivée du chemin de fer. Les moyennes montagnes ont des altitudes trop élevées et des pentes trop fortes pour obtenir des rendements agricoles compétitifs vis-à-vis des régions de plaine. Inversement, l'altitude et les pentes ne sont pas suffisantes pour développer les sports d'hiver. L'isolement relatif et les difficultés de transport limitent les possibilités d'implantations industrielles. Ces régions, très handicapées aujourd'hui par leur milieu naturel, sont souvent décrites comme des espaces en cours d'abandon.

Les cartes confirment partiellement cette appréciation générale. Nous sommes face à des espaces ruraux peu peuplés mais il existe cependant une opposition très nette entre la Margeride et le Devès.

▸ **La Margeride et le Devès possèdent la même organisation générale du relief.** Une échine montagneuse d'orientation N.-N.-O. - S.-S.-E., assez étroite, qui culmine à 1 497 m en Margeride au mont Mouchet et à 1 421 m dans le Devès, sépare deux plateaux étagés, à plus de 1 000 m d'altitude, avec pente assez marquée vers le N.-N.-O. D'ouest en est, l'ampleur des deux massifs n'est pas la même : la Margeride s'étend sur plus de 40 km alors que le Devès se resserre sur moins de 15 km.

Les plateaux présentent des accidents en creux et en bosses. Dans le Devès, il s'agit d'éléments de taille kilométrique avec des formes circulaires tant en bosses (Suc de Miceselle cotes 4 978 ; 567, la Garde Tallobre cotes 4 981 ; 567) qu'en creux (les narces du sud du plateau). En Margeride les formes sont plus irrégulières et de plus grande taille avec les dépressions du Malzieu-Ville et de Saugues ou les buttes qui bordent l'échine centrale.

Enfin, la différence la plus marquante tient au réseau hydrographique. En Margeride, l'élévation centrale forme la ligne de partage des eaux entre le bassin versant de la Garonne et celui de la Loire. Les rivières sont nombreuses. Elles s'encaissent et les réseaux de vallées hachent la surface des plateaux. Dans le Devès le réseau hydrographique est très peu développé, les cours d'eau pérennes pratiquement inexistants. La surface des plateaux reste intacte. Seules de profondes vallées en V les entaillent à partir des niveaux de base de l'Allier et de la Loire.

Les cartes géologiques font apparaître un socle arasé ayant subi une tectonique cassante au tertiaire par contrecoup des orogenèses alpines et pyrénéo-provençales. Ces événements tectoniques sont directement responsables de l'orientation générale du relief, de son altitude et de la pente. Les formes du relief relèvent principalement de la tectonique cassante en Margeride et du volcanisme dans le Devès.

En Margeride, l'échine montagneuse centrale est un horst étroit limité de part et d'autre par deux escaliers de faille qui donnent naissance à des escarpements de faille. Ainsi, du Truc de la Garde (4970; 536) à Grèzes (4974; 540) nous sommes en présence de quatre escarpements de faille. La dépression du Malzieu-Ville est un cas particulier. Il s'agit d'un petit fossé d'effondrement comblé par des sédiments de l'Éocène et de l'Oligocène comme le prouve la coulée basaltique plus tardive qui fossilise le toit de la sédimentation. L'existence d'une dépression et d'escarpements liés aux failles est due au travail de l'érosion différentielle. Il s'agit d'escarpements de ligne de faille conformes. Les dépressions de Saugues et de Paulhac en Margeride (4978; 531) sont des alvéoles (remarquer pour Paulhac la combinaison de l'érosion différentielle au nord et à l'ouest et l'utilisation du tracé de la faille au sud).

Dans le Devès, le bloc cristallin sous-jacent est traversé par une faille d'orientation N.-N.-O. - S.-S.-E. qui dénivelle le compartiment oriental : il s'agit d'un escarpement de faille masqué par les reliefs volcaniques postiches. La surface des plateaux est structurale car elle correspond au toit des coulées. Les buttes sont des cônes stromboliens souvent égueulés. Les dépressions sont des maars. Le lac du Bouchet occupe aussi le fond d'un maar.

Ainsi les possibilités offertes aux hommes varient fortement entre les deux massifs en fonctions de critères géomorphologiques.

— En Margeride les roches de socle donnent des sols pauvres. La tectonique cassante et l'érosion fluviatile multiplient les pentes. L'agriculture est placée dans une situation difficile et les transports locaux sont entravés.

Tableau 1

SCEES-INSEE	RECENSEMENT AGRICOLE 1988 : COMPARAISON 1970 - 79 - 88

CANTON : **25-SAUGUES** — **DEPARTEMENT** : **43-HAUTE-LOIRE**
ARRONDISSEMENT : 2-PUY (LE) — REGION : 83-AUVERGNE

1. GÉNÉRALITÉS

Superficie totale		35741 ha
Population totale en	1975	5562 hab.
	1982	5132 hab.
Actifs agric. (1) / **Total actifs en**	1975	63,3 %
	1982	50,7 %

Source : INSEE

Nombre d'exploitations	total	573
	à temps complet (2)	476
Superficie Agricole Utilisée (3)	totale	18016 ha
	moyenne	31,6 ha

2. UTILISATION DU SOL

	Exploitations			Superficie (ha) (3)		
	1970	1979	1988	1970	1979	1988
Céréales	803	615	**458**	2185	1917	**1489**
Cultures industrielles	0	0	**1**	0	0	**0**
Légumes secs y c. protéagineux	1	0	**3**	1	0	**1**
Fourrages en culture principale	775	556	**479**	1366	1360	**2087**
Superficie toujours en herbe	875	716	**567**	14166	14085	**14348**
Légumes frais + pommes de terre	844	675	**391**	260	175	**71**
Cultures florales	0	0	**0**	0	0	**0**
Vignes	0	0	**0**	0	0	**0**
Autres cultures permanentes	1	0	**0**	0	0	**0**
Jachères + jardins familiaux	726	704	**388**	66	13	**20**
SUPERFICIE AGRICOLE UTILISÉE	879	719	**571**	18044	17551	**18016**
Terres labourables	858	691	**543**	3866	3455	**3649**
Superficie en faire-valoir direct	821	591	**493**	75,2 %	57,9 %	**54,6 %**
Blé tendre	86	38	**7**	66	21	**11**
Orge et escourgeon	615	463	**192**	404	446	**209**
Triticale	...	...	**311**	...	...	**583**
Seigle	712	530	**318**	1144	1029	**588**
Herbe ensilée	...	121	**191**	...	410	**1171**

3. CHEPTEL

	Exploitations			Effectif		
	1970	1979	1968	1970	1979	1988
Vaches laitières	281	637	**435**	1923	8163	**8007**
Vaches nourrices	766	82	**109**	6816	697	**1409**
TOTAL BOVINS	857	685	**525**	12470	12003	**13622**
TOTAL ÉQUIDÉS	15	60	**49**	27	152	**138**
TOTAL CAPRINS	334	130	**94**	1055	622	**789**
Brebis mères	401	267	**175**	16558	19770	**20164**
TOTAL OVINS	413	268	**176**	24182	30340	**29675**
Truies mères	46	8	**7**	64	172	**448**
Porcs à l'engrais	...	372	**178**	...	1136	**2219**
TOTAL PORCINS	655	374	**188**	1919	1855	**4245**
TOTAL VOLAILLES	813	611	**401**	15761	8382	**6386**
Vaches de race F.F.P.N.	39	218	**151**	...	1234	**1000**
Vaches de race Montbéliarde	31	287	**376**	...	1862	**4779**
Ventes de lait à une laiterie (hl)	...	555	**424**	...	118043	**179813**
Ventes de veaux à "remettre"	...	618	**484**	...	5754	**6793**

4. IRRIGATION - DRAINAGE

	Exploitations			Superficie (ha) (3)		
	1970	1979	1988	1970	1979	1988
Superficie irrigable	19	1	**78**	79	10	**380**
Superficie irriguée	19	0	**63**	60	0	**163**
Sup. drainée par drains enterrés	...	224	**243**	...	636	**689**

5. MATÉRIEL EN PROPRIÉTÉ OU EN COPROPRIÉTÉ

	Propriété				Ensemble	
	Exploitations		Parc		Parc	
	1979	1988	1979	1988	1979	1988
Tracteurs	632	**540**	883	**968**	891	**977**
Matériel de récolte de céréales	8	**6**	9	**6**	12	**6**
Ramass.-presses classiques }	519	**442**	520	**443**	535	**456**
Ramass.-presses à grosses balles }		**33**		**35**		**37**
Ensileuses	2	**4**	2	**4**	5	**5**
Tracteurs de 55 cv. din et plus	99	**257**	103	**290**	105	**295**
Traite mécanique pour vaches	248	**357**	...	...	...	...

6. EXPLOITATIONS SELON LA S.A.U.

	Exploitations		
	1970	1979	1988
Superf. Agricole Utilisée (S.A.U.) : Moins de 5 ha (y c. 0 ha)	53	32	**21**
5 à moins de 10 ha	139	85	**25**
10 à moins de 20 ha	330	219	**135**
20 à moins de 35 ha	235	238	**181**
35 à moins de 50 ha	90	103	**132**
50 ha et plus	32	44	**79**
TOTAL	879	721	**573**
Dont 25 à moins de 30 ha	83	86	**60**

7. CHEFS D'EXPLOITATION SELON L'AGE

	Effectif		
	1970	1979	1988
Age au 31 déc. : Moins de 35 ans	104	111	**155**
35 à 49 ans	360	240	**187**
50 à 54 ans	73	127	**72**
55 à 59 ans	117	136	**92**
60 à 64 ans	96	34	**34**
65 ans et plus	129	73	**33**
TOTAL	879	721	**573**

8. POPULATION - MAIN-D'OEUVRE

	Effectif		
	1970	1979	1988
Chefs à temps complet	710	620	**328**
Chefs double-actifs (4)	92	80	**65**
Pop. agricole familiale (5)	3736	2637	**2102**
Pop. familiale active sur les expl.	2503	1289	**1436**
Salariés agricoles permanents	33	10	**2**
UTA familiales (6)	1522	1027	**844**
UTA salariées (6)	21	23	**15**
TOTAL UTA (y c. ETA-CUMA)	...	1055	**861**

9. DIVERS

N : Exploitations S : Superficie (ha)	1988	
	N	S
Maïs fourrage ensilé	**0**	**0**
Luzerne	**58**	**113**
Trèfle violet	**82**	**191**
Chefs ayant au moins le B.T.A.	**30**	**1128**
Chefs de 50 ans et plus sans successeur	**90**	**2823**

PRÉCISIONS MÉTHODOLOGIQUES

(1) La définition INSEE n'est pas comparable à celle fournie par les recensements agricoles.

(2) Exploitations dont le nombre d'UTA (6) est supérieur ou égal à 1.

(3) Les superficies renseignées concernent celles des exploitations ayant leur siège sur la commune quelle que soit la localisation de ces terres (dans la commune ou ailleurs). Elles ne peuvent être comparées à la superficie totale de cette commune.

(4) Chefs qui déclarent une profession principale ou secondaire non agricole.

(5) La population agricole familiale comprend, outre le chef d'exploitation, les membres de sa famille vivant ou travaillant sur l'exploitation.

(6) Une Unité de Travail Annuel est la quantité de travail agricole d'une personne à temps complet pendant une année.

SIGNES CONVENTIONNELS

... Résultat non disponible.
S Non renseigné en raison du secret statistique.

Source : AGRESTE.

— Dans le Devès, le basalte des coulées est perméable, ce qui paralyse l'érosion fluviatile. En se décomposant il donne des sols fertiles. Le potentiel agricole est plus élevé, les transports locaux plus faciles.

Dans le cas de ces deux moyennes montagnes, les facteurs humains n'ont pas inversé la situation.

▸ **En Margeride les densités n'ont jamais été importantes.** Le peuplement est ancien, les premiers établissements datent de l'époque romaine. L'habitat se disperse en petits hameaux et en fermes isolées. Les chefs-lieux sont peu importants. Au sud-est de la carte de Saugues les communes du Malzieu-Forain et de Saint-Pierre-le-Vieux n'ont pas de chef-lieu portant le nom de la commune. Le massif n'a jamais été entièrement défriché : les bois apparaissent dans la toponymie. L'échine montagneuse ne porte pas d'habitat permanent. Elle a servi de support à une activité pastorale attestée par la présence de burons (4 973 ; 532 et 4965 ; 539) et le terme de montagne se rapportant à une commune ou à un hameau. De part et d'autre deux sous-ensembles s'organisent autour de Saugues et de Malzieu-Ville. La rétraction de la SAU est ancienne. Dans la partie la plus élevée, une forêt domaniale occupe le secteur du mont Mouchet, de nombreuses « montagnes » sont boisées : l'abandon de l'activité a dû se produire avant 1950. Sur les plateaux, de multiples reboisements en timbre poste de toutes tailles occupent les pentes et les espaces plans : là aussi, le phénomène semble ancien avec des toponymes « champs » au cœur de massifs boisés (4 975 ; 541). La déprise agricole a été précoce mais semble aujourd'hui stabilisée : il n'y a pas de friches indiquées sur la carte de Sauges (qui date de 1983). Dans l'angle sud de la carte de Cayres par contre les friches sont nombreuses.

L'étude des fiches statistiques comparant les résultats des recensements agricoles de 1970, 1979 et 1988 confirme ces indications. Nous nous trouvons dans un canton appartenant au rural profond où les actifs agricoles représentent encore plus de 50 % de la population active en 1988. Les tableaux 6, 7 et 8 laissent apparaître un tissu d'exploitations familiales de taille limitée en cours de concentration. Les tableaux 1, 2 et 3 mettent en évidence la rétraction de la SAU : cette dernière ne représente plus que 50 % de la superficie totale dès 1970. Le système agricole en place est un élevage extensif avec 80 % de la SAU en STH et une charge à l'hectare voisine de un UGB (est-ce suffisant pour entretenir les pâturages ?). Les filières spécialisées sont peu nettes : l'élevage bovin laitier a été hégémonique durant une courte période mais il décline depuis les quotas laitiers au profit de formes plus extensives de mise en valeur, l'élevage bovin pour la viande sur prairie naturelle et l'élevage ovin. Au total une agriculture à faibles revenus dont l'avenir semble peu assuré.

La carte ne fournit pas d'indices d'un renouveau des fonctions non agricoles de cet espace. Cette région est difficile d'accès et la nationale 9 la longe sans la desservir réellement. La Margeride ne propose pas d'attrait évident en dehors du musée de la résistance du mont Mouchet. Le massif est inconnu du grand public ; il est à cheval sur trois départements et deux régions, sa promotion ne se trouve pas facilitée par ces complications administratives. La déprise agricole débouche sur une déprise rurale. Le secteur du Malzieu-Ville passe de 4 100 à 3 250 habitants de l'édition de 1965 à celle de 1983. Le secteur de Saugues perd 700 habitants et passe de 5 900 à 5 200. Dans ce dernier cas, le déclin est plus remarquable car la petite ville-centre elle-même perd des habitants. La densité tombe à 16 hab./km². Le fait que la population soit dispersée dans un secteur où les transports sont difficiles renforce les problèmes inhérents à l'organisation de l'accès aux services dans les régions de faibles densités (où se trouvent le premier hôpital ? le premier collège ?). La Margeride est à l'abandon. La crise des moyennes montagnes est ici proche de son dénouement : la fin des sociétés paysannes laisse la voie libre à la forêt.

▸ **Le cas du Devès est sensiblement différent.** Là aussi le peuplement est ancien : la toponymie indique un peuplement important dès l'époque romaine et la présence d'une voie romaine permet de dire que les plateaux étaient une voie de passage traditionnelle préférée aux vallées étroites et sinueuses. Les densités sont plus fortes avec un habitat semi-dispersé. Le défrichement a été complet. Même les cônes de scories peu fertiles par rapport aux basaltes ont été en partie utilisés. Des murettes et des haies compartimentent les finages. La rétraction de la SAU est récente et limitée : quelques bois sur les mauvaises terres des cônes de scories, quelques friches et boisements en timbres-poste sur les basaltes, en priorité sur le compartiment occidental plus élevé et plus isolé.

La fiche statistique du canton de Cayres présente en première analyse de nombreux points communs avec celle de Saugues. Dans les

Tableau 2

SCEES–INSEE	RECENSEMENT AGRICOLE 1988 : COMPARAISON 1970 – 79 – 88

CANTON : 06-CAYRES
ARRONDISSEMENT : 2-PUY (LE)
DEPARTEMENT : 43-HAUTE-LOIRE
REGION : 83-AUVERGNE

1. GÉNÉRALITÉS

Superficie totale		11766	ha
Population totale en	1975	2443	hab.
	1982	2200	hab.
Actifs agric. (1) / Total actifs en	1975	61,3 %	
	1982	50,5 %	

Source : INSEE

Nombre d'exploitations	total	202	
	à temps complet (2)	159	
Superficie Agricole Utilisée (3)	totale	6807	ha
	moyenne	33,9	ha

2. UTILISATION DU SOL

	Exploitations			Superficie (ha) (3)		
	1970	1979	1988	1970	1979	1988
Céréales	368	277	**193**	2518	2198	**1662**
Cultures industrielles	0	0	**2**	0	0	**6**
Légumes secs y c. protéagineux	50	18	**29**	58	27	**51**
Fourrages en culture principale	312	243	**163**	675	827	**1055**
Superficie toujours en herbe	386	281	**197**	3757	3906	**4001**
Légumes frais + pommes de terre	352	250	**58**	49	25	**6**
Cultures florales	0	0	**0**	0	0	**0**
Vignes	0	0	**0**	0	0	**0**
Autres cultures permanentes	0	0	**0**	0	0	**0**
Jachères + jardins familiaux	248	180	**155**	12	3	**26**
SUPERFICIE AGRICOLE UTILISÉE	388	285	**201**	7069	6986	**6807**
Terres labourables	374	283	**196**	3306	3077	**2800**
Superficie en faire-valoir direct	361	250	**184**	49,2 %	40,8 %	**40,6 %**
Blé tendre	171	147	**127**	304	332	**399**
Orge et escourgeon	355	273	**191**	1216	1198	**922**
Triticale	...	...	**102**	...	...	**173**
Seigle	175	74	**17**	220	111	**48**
Herbe ensilée	...	29	**62**	...	149	**587**

3. CHEPTEL

	Exploitations			Effectif		
	1970	1979	1988	1970	1979	1988
Vaches laitières	222	266	**176**	2567	3944	**4105**
Vaches nourrices	155	13	**10**	1371	77	**57**
TOTAL BOVINS	357	273	**186**	5221	5650	**5865**
TOTAL ÉQUIDÉS	6	13	**10**	18	49	**26**
TOTAL CAPRINS	188	89	**24**	434	297	**121**
Brebis mères	36	18	**5**	1913	1719	**589**
TOTAL OVINS	36	18	**5**	2516	2661	**829**
Truies mères	1	0	**2**	1	0	**133**
Porcs à l'engrais	...	149	**75**	...	1016	**1398**
TOTAL PORCINS	264	149	**78**	915	1016	**1967**
TOTAL VOLAILLES	320	217	**134**	4683	3224	**2144**
Vaches de race F.F.P.N.	33	111	**89**	...	695	**972**
Vaches de race Montbéliarde	168	229	**162**	...	2443	**2934**
Ventes de lait à une laiterie (hl)	...	234	**160**	...	75347	**122441**
Ventes de veaux à "remettre"	...	253	**172**	...	2489	**3032**

4. IRRIGATION – DRAINAGE

	Exploitations			Superficie (ha) (3)		
	1970	1979	1988	1970	1979	1988
Superficie irrigable	0	0	**2**	0	0	**3**
Superficie irriguée	0	0	**2**	0	0	**3**
Sup. drainée par drains enterrés	...	10	**20**	...	10	**50**

5. MATÉRIEL EN PROPRIÉTÉ OU EN COPROPRIÉTÉ

	Propriété				Ensemble	
	Exploitations		Parc		Parc	
	1979	1988	1979	1988	1979	1988
Tracteurs	261	**194**	406	**388**	407	**388**
Matériel de récolte de céréales	12	**7**	12	**7**	13	**8**
Ramass.-presses classiques }	217	**134** }	217	**135** }	221	**137**
Ramass.-presses à grosses balles }		**39** }		**39** }		**42**
Ensileuses	2	**3**	2	**3**	3	**9**
Tracteurs de 55 cv. din et plus	84	**114**	90	**136**	91	**136**
Traite mécanique pour vaches	176	**163**	...	...	...	...

6. EXPLOITATIONS SELON LA S.A.U.

		Exploitations		
		1970	1979	1988
Superf. Agricole Utilisée (S.A.U.)	Moins de 5 ha (y c. 0 ha)	43	22	**16**
	5 à moins de 10 ha	67	32	**10**
	10 à moins de 20 ha	139	76	**26**
	20 à moins de 35 ha	104	91	**59**
	35 à moins de 50 ha	24	46	**52**
	50 ha et plus	12	19	**39**
	TOTAL	389	286	**202**
	Dont 25 à moins de 30 ha	37	32	**13**

7. CHEFS D'EXPLOITATION SELON L'AGE

		Effectif		
		1970	1979	1988
Age au 31 déc.	Moins de 35 ans	43	45	**43**
	35 à 49 ans	144	86	**79**
	50 à 54 ans	41	55	**28**
	55 à 59 ans	57	62	**23**
	60 à 64 ans	49	9	**14**
	65 ans et plus	55	29	**15**
	TOTAL	389	286	**202**

8. POPULATION – MAIN-D'OEUVRE

	Effectif		
	1970	1979	1988
Chefs à temps complet	259	224	**136**
Chefs double-actifs (4)	38	26	**24**
Pop. agricole familiale (5)	1546	1034	**752**
Pop. familiale active sur les expl.	913	586	**480**
Salariés agricoles permanents	17	15	**6**
UTA familiales (6)	550	430	**292**
UTA salariées (6)	28	18	**10**
TOTAL UTA (y c. ETA-CUMA)	...	450	**304**

9. DIVERS

N : Exploitations S : Superficie (ha)	1988	
	N	S
Maïs fourrage ensilé	**5**	**9**
Luzerne	**82**	**156**
Trèfle violet	**36**	**42**
Chefs ayant au moins le B.T.A.	**7**	**242**
Chefs de 50 ans et plus sans successeur	**22**	**787**

PRÉCISIONS MÉTHODOLOGIQUES

(1) La définition INSEE n'est pas comparable à celle fournie par les recensements agricoles.

(2) Exploitations dont le nombre d'UTA (6) est supérieur ou égal à 1.

(3) Les superficies renseignées concernent celles des exploitations ayant leur siège sur la commune quelle que soit la localisation de ces terres (dans la commune ou ailleurs). Elles ne peuvent être comparées à la superficie totale de cette commune.

(4) Chefs qui déclarent une profession principale ou secondaire non agricole.

(5) La population agricole familiale comprend, outre le chef d'exploitation, les membres de sa famille vivant ou travaillant sur l'exploitation.

(6) Une Unité de Travail Annuel est la quantité de travail agricole d'une personne à temps complet pendant une année.

SIGNES CONVENTIONNELS

... Résultat non disponible.
S Non renseigné en raison du secret statistique.

Source : AGRESTE.

deux cas il s'agit d'un canton appartenant au rural profond avec des exploitations familiales de petite taille. Mais la SAU reste plus importante (58 % contre 50 %) et une filière bovin/lait semi-intensive apparaît clairement. La surface fourragère utile laisse moins de place à la prairie naturelle, les troupeaux sont plus importants (23 vaches laitières par exploitations concernées par la filière contre 18) et plus productifs (2 983 kg de lait par vache et par an contre 2 245) avec une proportion de FFPN plus élevée. Les exploitations sont mieux équipées avec des ensileuses et des ramasseuses-presses à grosses balles. Dans un milieu de moyenne montagne assez isolée, une telle spécialisation indique un dynamisme agricole important mais ne fournit pas forcément des revenus élevés.

Le Devès ne connaît pas encore de déprise agricole importante. Quelques signes de diversification des activités apparaissent. L'exploitation des pouzzolanes et du potentiel hydroélectrique est un fait traditionnel qui ne crée pas beaucoup d'emplois. Le potentiel touristique est plus important qu'en Margeride avec les gorges de l'Allier et de la Loire, le relief volcanique du Devès. Quelques équipements en témoignent : desserte du lac du Bouchet, VVF à Monfaucon (4 974 ; 553) et à Coubian (4 983 ; 571), quelques campings. Il s'agit d'un tourisme familial de faible envergure. Le nord-est du Devès devient une zone de résidence pour la population du Puy-en-Velay avec le développement de pavillons à Saint-Christophe-sur-Dolaison et Cussac-sur-Loire (4 983 ; 566). La nationale 88 du Puy à Nîmes sert d'axe de pénétration. Une petite zone industrielle se développe. La population du Devès, entre Loire et Allier, progresse de 100 habitants de l'édition de 1953 à l'édition de 1980 grâce au reversement de la population du Puy. La densité est de 24 hab./km^2.

La Margeride et le Devès proposent deux scénarios d'évolution possible pour une moyenne montagne traditionnellement vouée à l'agriculture. Le clivage entre l'un et l'autre repose sur plusieurs critères.

— Le milieu naturel définit un champ de possibilités qu'il est difficile de dépasser. Le Devès offre un potentiel agricole et touristique plus important que la Margeride.

— Les exploitants agricoles du Devès ont fourni un effort d'adaptation important, ce qui semble indiquer un milieu humain plus dynamique et plus réceptif vis-à-vis des nouveautés.

— La localisation du Devès à proximité du Puy, sur un axe secondaire, lui permet de bénéficier d'apports extérieurs qui font cruellement défaut à la Margeride. Le Devès semble trouver sa place dans la France contemporaine alors que la Margeride devient un vaste massif forestier.

IX. Commentaire n° 10 : Macon : carte n° 3038, Mâcon, 1/50 000 © IGN 1990 ; carte n° 625, Mâcon, 1/50 000 © BRGM 1969

Il s'agit d'un sujet classique de type ENS ou agrégation. La carte géologique possède un fond de carte topographique ancien qui doit être utilisé pour esquisser une évolution entre 1965 (date d'édition du fond topographique de la carte géologique) et 1990 (date d'édition de la carte topographique). La notice de la carte géologique donne de nombreuses indications sur le plan humain et physique. Le principal problème posé par ce sujet est la gestion d'une quantité d'informations très élevée. Il faut absolument faire ressortir avec force les points essentiels. Les problèmes géomorphologiques soulevés sont très nombreux et complexes. Eu égard à l'évolution de l'épreuve depuis dix ans, il faut se contenter d'une évocation rapide des points clés et ne pas perdre trop de temps de préparation en essayant d'approfondir.

Le plan classique de recherche d'information peut être toléré comme plan de présentation sur ce type de carte. Cependant, il est plus judicieux de souligner l'évolution de l'organisation de l'espace par l'intermédiaire du plan : Mâcon est une ville-étape sur de grandes voies de communication qui a appuyé son développement sur la prospérité de son vignoble. Aujourd'hui, elle tente d'annexer une partie de la Bresse pour élargir sa zone d'influence.

Mots clés

Escarpements de faille, cuestas, dépressions orthoclinales, crues, vignoble de qualité, bocage, carrefour de communication, morphologie urbaine et contrainte de site.

La carte de Mâcon au 1/50 000 est caractéristique du contact entre le rebord oriental du Massif central et les plaines de la Saône. Elle juxtapose selon une direction N.-N.-E. - S.-S.-O. trois ensembles aux paysages fortement contrastés : à l'ouest le vignoble du Mâconnais, au centre le val de Saône et à l'est la Bresse. Ces régions à dominante rurale sont traversées par deux axes de communication majeurs nord-sud et est-ouest. Après avoir basé son développement sur le vignoble et sur la fonction de transit, la ville moyenne de Mâcon cherche aujourd'hui à renforcer son emprise sur le domaine bressan.

▸ **Le rebord oriental du Massif central situé sur la rive droite de la Saône présente un relief organisé selon une direction N.-N.-E. - S.-S.-O. dominante,** avec une perte altitudinale d'ouest en est. Des croupes assez lourdes situées au nord-ouest et au sud-ouest dominent de quelques centaines de mètres des crêtes dissymétriques tournées vers l'ouest, séparées par des dépressions d'ampleur variable. Le réseau hydrographique, dense et peu hiérarchisé s'organise en fonction de la pente dominante.

La carte géologique présente un dispositif général assez simple : un escalier de failles orientées du N.-N.-E. au S.-S.-O. permet de passer du socle qui apparaît à l'ouest au fossé bressan qui occupe la moitié orientale de la carte à partir du tracé de la Saône. Dans le détail la situation est plus complexe : l'escalier de faille possède des accidents en creux avec les fossés de Péronne à Nancelle (5 135 ; 637) et de Poiseuil (5 144 ; 643) à la Grisière (5 133 ; 640) ; des accidents en bosse avec le horst situé entre Fuissé (5 127 ; 634) et Chaintré (5 125 ; 636). Il s'agit en fait d'un système de demi-horst et de demi-graben à rejets compensés, ce qui explique la structure monoclinale des couches sédimentaires concernées. L'ensemble a été nivelé tardivement car la sédimentation discordante du tertiaire qui occupe le fond des fossés présente des failles nivelées. La tectonique reste à l'origine de l'orientation des formes du relief (la direction N.-N.-E. - S.-S.-O. est d'origine alpine) et de la perte altitudinale d'ouest en est que l'on peut attribuer à des rejeux tardifs des failles qui donnent naissance à des escarpements de failles.

Le travail de l'érosion rend compte des formes.

— Les lourdes croupes de l'extrême ouest correspondent à un modelé lié à l'érosion fluviatile dans des roches de socles.

— Les crêtes dissymétriques et les dépressions résultent du travail de l'érosion différentielle dans la structure sédimentaire monoclinale des différents blocs. La présence de binômes calcaires sur marnes permet la mise en valeur de cuestas et de dépressions orthoclinales comme dans le secteur de la roche de Vergisson ou de la roche de Solutré (avec un entonnoir de percé cataclinale entre les deux).

Le vignoble du Mâconnais, qui produit essentiellement du vin blanc, fait partie du liséré de vigne qui court le long du rebord oriental du Massif central de la Côte de Nuits au Beaujolais. Tous ces vignobles bénéficient d'un climat d'abri vis-à-vis des flux dominants d'ouest et d'un ensoleillement important grâce à une exposition au soleil levant. Ici deux sous-ensembles se distinguent de part et d'autre de la petite Grosne.

Au sud, le semis de villages est dense, l'habitat très regroupé. L'ensemble du finage est occupé par la vigne à l'exception des fonds de vallées et des hauts versants mal exposés qui sont laissés en forêts. L'exposition E.-S.-E. de la majorité des versants est idéale pour la vigne ainsi que leur pente assez forte dans des terrains à dominante calcaire, ce qui garantit une bonne évacuation des eaux et un réchauffement rapide des sols. Le vignoble s'oppose vivement à la moyenne montagne boisée et déserte qui le borde à l'ouest : l'altitude, les sols pauvres issus des roches de socle, les pentes fortes expliquent cette spécialisation forestière. Ces forêts sont exploitées si l'on se fie au réseau de pistes forestières qui les parcourent.

Cet ensemble, bien que proche de Mâcon, résiste au reversement de la population urbaine : la population des villages stagne ou augmente faiblement, le bâti ne connaît pas d'évolution notable. Cela prouve la valeur des terrains plantés en vigne. Nous sommes dans un **vignoble de crus** réputés avec les appellations communales de Pouilly-Fuissé, Mâcon-Vinzelles plus Saint-Véran. La commercialisation est entre les mains de négociants ou de producteurs privés.

Au nord de la petite Grosne le paysage change. Les formes du relief ont plus d'ampleur et les pentes sont plus molles. Le semis de villages est moins dense. L'habitat reste groupé avec des écarts plus fréquents. Les finages sont moins spécialisés. La vigne est présente sur les versants les mieux exposés de La Roche-Vineuse (5 134 ; 632) à Azé (5 144 ; 535), de Clessé (5 142 ; 639) à Quintaine, plutôt sur des sols calcaires ou marno-calcaires. Les fonds des dépressions, aux sols marneux peu favorables à la vigne sont le domaine des herbages et du paysage d'enclos. Des forêts exploitées occupent les sommets et les secteurs où affleurent les argiles à silex et les sables du tertiaire. L'ensemble annonce déjà le Charolais qui se situe plus à l'ouest.

Ce secteur a connu une évolution importante durant les vingt dernières années.

— Le vignoble est dynamique : les surfaces plantées augmentent entre 1965 et 1990 (le Martoret cotes 5141 ; 635) et des caves coopératives se créent à Clessé, Igé, Verzé, Prissé, Charnay-lès-Mâcon. En s'appuyant sur la notoriété des crus, les vignerons de l'appellation sous-régionale « Mâcon » cherchent à se positionner sur un marché des vins de qualité en pleine croissance.

— La population augmente : une partie du reversement de la population de Mâcon s'effectue ici, en priorité le long des axes de circulation importants notamment de La Roche-Vineuse à Mâcon. Le bâti évolue faiblement. Les nouvelles constructions se situent dans les vallées : au sud de Prissé, au sud d'Azé (5143 ; 635). La vigne résiste là aussi sur les versants.

Le vignoble se tourne traditionnellement vers Mâcon.

▸ **La ville de Mâcon occupe une position de carrefour sur le tracé d'axes de communications importants.** Paris et l'Europe du Nord utilisent l'axe Saône-Rhône pour entrer en contact avec Marseille et le littoral méditerranéen. Cet axe majeur est souligné par la présence d'une double voie de chemin de fer électrifiée, de la ligne TGV Paris-Lyon, de l'autoroute A6. La Saône est une voie fluviale de gabarit international qui se termine en cul-de-sac. Mâcon est une étape sur cet axe car il existe une possibilité de desserte locale pour les différents modes de transport : port fluvial, gare, gare TGV, échangeurs autoroutiers. L'axe est-ouest est moins important. Il relie les Savoies et Genève au littoral atlantique. D'autres possibilités de passage existent plus au nord par Chalon-sur-Saône ou plus au sud par Lyon. Mâcon reste la voie la plus courte. La nationale 79 et le petit carrefour ferroviaire ont été relayés sur la carte récente par un équipement autoroutier en direction de Genève avec une desserte locale. La section La Roche-Vineuse/Belleville-sur-Saône par la départementale 89 constitue un maillon sous-équipé au sein du carrefour.

En position d'abri vis-à-vis des crues de la Saône, le noyau initial de la ville se situe sur une terrasse alluviale en retrait par rapport au pont qui franchit la Saône. Le développement au XIXe siècle est souligné par le quartier au plan géométrique qui se déploie en direction de la gare au-delà d'un axe ouest-est très large qui est sans doute une percée haussmannienne. La croissance de la ville est canalisée par la voie de chemin de fer qui longe un petit talus de 20 à 30 m de commandement et d'orientation N.-N.-O. - S.-S.-O. L'absence de quartier industriel traditionnel laisse à penser que le dynamisme local était faible.

Après 1945 la ville devient une agglomération et connaît une croissance rapide.

• La **fonction de préfecture** garantit de nombreux emplois publics et parapublics (cité administrative, hôpitaux).

• La **position sur l'axe Paris-Lyon** est valorisée par le développement de zones industrielles importantes au nord et surtout au sud de la ville.

La période est marquée par la mise en place d'une ceinture de grands ensembles : Marbé, Les Perrières, La Charnaye, l'espace compris entre la gare et la ZI du sud.

Depuis 1973, la situation de Mâcon est plus difficile. Elle cherche à devenir une porte d'entrée touristique pour son arrière-pays naturel : le vignoble des crus, la roche de Solutré (site préhistorique), le village de Milly-Lamartine (où est né Lamartine), les châteaux de Berzé. A partir de cette image et de sa célèbre foire aux vins, Mâcon tente de développer son propre secteur touristique avec au nord de l'agglomération un complexe associant un parc de loisirs, un port de plaisance, un parc des expositions. L'absence de plate-forme logistique visible sur la carte peut être interprétée comme un manque de dynamisme.

Les autres voies du développement semblent bouchées (à partir du carton de localisation).

— Mâcon est **excentré dans son département** et Chalon-sur-Saône joue de plus en plus le rôle de capitale locale.

— Mâcon se situe dans la **zone d'influence de Lyon** mais dépend administrativement de la Bourgogne et de Dijon. Lyon favorise Bourg-en-Bresse comme relais local avec, par exemple, une antenne universitaire. Après avoir bénéficié de la géographie administrative, Mâcon en est aujourd'hui la victime. Son salut réside dans l'élargissement de sa zone d'influence directe.

Plus à l'ouest, le Charolais est un territoire peu peuplé doté d'un centre local bien développé. Mâcon doit donc se tourner vers la Bresse. La démarche ne va pas de soi comme le prouve la structure en demi-auréole de l'agglomération : le val de Saône est un obstacle aux déplacements à échelle locale. La Saône est une rivière très large (250 à 300 m). Sur l'ancienne carte elle n'est franchie que par quelques bacs pour les échanges locaux et par le seul pont de Mâcon pour les échanges de plus grande envergure. L'habitat traditionnel évite le val (large de plus de trois kilomètres), ce qui crée une coupure dans l'occupation humaine. Les quelques petits villages du val se trouvent sur des microreliefs. La commune faubourg de Saint-Laurent-sur-Saône est peu développée et elle perd des habitants entre les deux éditions de la carte topographique (elle est de plus isolée aujourd'hui par un canal à grand gabarit qui contourne le pont historique de Mâcon). Cette situation s'explique par l'importance des crues de la Saône. Le fond du val possède une pente très faible, nulle sur cette carte avec des points cotés au bord de la Saône à 169 m aux limites nord et sud. Les crues stagnent et ne s'évacuent que très lentement vers l'aval. La vieille frontière entre le Royaume et l'Empire reposait sur une limite naturelle.

▸ **La Bresse s'est donc développée de manière autonome.** Elle se présente ici sous l'aspect d'un bas plateau très plan avec une pente faible en direction de l'ouest et du nord de 215 m à 195 m. Le réseau hydrographique très dense et peu hiérarchisé est adapté à la pente dominante. Les cours d'eau principaux possèdent des vallées à fond plat très larges (1,5 km pour la Reyssouze au nord). Sur la carte géologique ce secteur apparaît comme un fossé d'effondrement ayant longtemps fonctionné en bassin d'accumulation. Aujourd'hui les rivières s'encaissent faiblement en direction de la Saône. L'ampleur des fonds plats est liée au sapements latéraux dans une série sédimentaire où les roches non cohérentes dominent.

Le paysage rural s'est mis en place progressivement entre l'époque romaine et le Moyen Age. Il s'agit d'un bocage avec des haies vives et un habitat très dispersé : les chefs-lieux des communes sont peu développés. Les espaces boisés de différentes tailles et les étangs artificiels font partie du paysage traditionnel. Quelques éléments toponymiques attestent de la présence historique d'un système de polyculture-élevage avec de nombreux moulins le long des cours d'eau, ce qui suppose la présence de cultures plutôt sur les interfluves car les fonds de vallées, souvent drainés, sont le domaine de la prairie et de l'élevage bovin. Quelques bourgs et petites villes desservent ces campagnes. Ils s'alignent le long de la départementale 933 qui semble avoir joué un rôle historique de petit axe nord-sud parallèlement à la nationale 6.

La carte récente ne montre pas d'évolution notable du paysage et de l'organisation spatiale. Le réseau de haies, les bois, les étangs restent en place avec quelques modifications secondaires : suppression d'un étang au sud de Saint-André-de-Bâgé (5 128 ; 649) mais création d'un autre au sud de Saint-Étienne-de-Reyssouze (5 140 ; 651). L'apparition d'élevages avicoles aux lieux dits La Pilleuse (5 128 ; 633) et Bois-Brûlé (5 134 ; 653) sans bâtiments d'élevage industriels permet de rappeler la tradition d'élevage de volaille en plein champ reconnue par l'AOC volaille de Bresse qui est l'unique AOC volaille de France. La population reste stable et se concentre dans les bourgs et les petites villes qui étoffent leur gamme de services.

Seule la partie sud connaît des modifications importantes. L'autoroute blanche A40 s'intègre dans un système de desserte locale. La section payante se termine à Saint-Genis-sur-Menthon (5 127 ; 655). Le tronçon plus à l'ouest comporte trois échangeurs de part et d'autre de la Saône. Les communes situées à proximité connaissent une forte croissance et tendent à devenir des espaces périurbains dépendant de Mâcon malgré un climat et des paysages moins favorables que le Mâconnais : la vigne bloque l'accès aux versant ensoleillés, l'autoroute A6 limite la croissance en tache d'huile autour de Mâcon et le sud de l'agglomération marqué par l'industrie et les axes de communication est peu attirant. La présence des échangeurs permet un accès plus facile à Mâcon et favorise la croissance de l'aire d'influence de la ville en territoire bressan.

Cette carte de Mâcon est représentative d'une certaine « France moyenne » qui a traversé les deux derniers siècles sans rupture majeure. Les cadres installés avant la première révolution industrielle sont restés en place au prix de retouches successives pour s'adapter aux nécessités du moment. Elle représente la version actuelle de la « France profonde ». La période d'incertitude et de stagnation qu'elle traverse est à l'image des problèmes généralement rencontrés par ce type de territoire aujourd'hui.

Approfondir

• *Cartes commentées et croquis,* P. Pigeon et M. Robin, Nathan Université, 200 p., 1993.

Douze exemples de cartes commentées : la multiplication des documents annexes permet d'approfondir le commentaire mais ne correspond pas aux réalités des concours.

• *La France: sujets corrigés de géographie* CAPES-*Agrégation,* J.-L. Chaput, Ellipses, 158 p., 1994.

Quelques exemples de synthèses rapides et bien construites.

• *Commentaires de documents géographiques de la France,* A. Metton et P. Gabert (dir.), SEDES, 422 p., 1992.

Publié par d'anciens membres du jury de l'agrégation de géographie, cet ouvrage complet et bien illustré cherche à définir la nouvelle norme de ce concours.

Index des noms propres

Index des notions

Imprimé en France
Imprimerie des Presses Universitaires de France
73, avenue Ronsard, 41100 Vendôme
Mars 1996 — N° 42 368

MAJOR

BRUNEL Sylvie – Le Sud dans la nouvelle économie mondiale
CHANCEL Claude, DRANCOURT Michel, LOUAT André, MARSEILLE Jacques, PIELBERG Éric-Charles. – L'entreprise dans la nouvelle économie mondiale
COBAST Éric – Leçons particulières de culture générale (2e éd. revue et augmentée)
COBAST Éric – Petites leçons de culture générale
DAVID François – Les échanges commerciaux dans la nouvelle économie mondiale
DIOT Marie-Renée, DIOT Jean-Robert – Deutschland, was nun ? (2e éd.)
ECK Jean-François – La France dans la nouvelle économie mondiale
GAUCHON Pascal, HAMON Dominique, MAURAS Annie – La Triade dans la nouvelle économie mondiale (2e éd.)
GERRER Jean-Luc – Leçon littéraire sur *Dans la jungle des villes* de Bertolt Brecht
GUËT Alain, JONES Gwyn, LARUELLE Philippe – Annales d'anglais
GUËT Alain, LARUELLE Philipe – The U.S. in a Nushell
KERBRAT Marie-Claire – Leçon littéraire sur *L'Emploi du temps* de Michel Butor
KERBRAT Marie-Claire – Leçon littéraire sur la ville
KERBRAT Marie-Claire, COMTE-SPONVILLE Maximine – L'œuvre d'art par elle-même
KERBRAT Marie-Claire, LE GALL Danielle, LELIÈPVRE-BOTTON Sylvie – Figures du pouvoir
LARUELLE Philippe, MICHELET Françoise – L'aide-mémoire de l'angliciste
LAUPIES Frédéric, KERMEN Denis – Premières leçons sur le pouvoir
LE DIRAISON Serge, ZERNIK Éric – Le corps des philosophes
MAIXENT Jocelyn – Leçon littéraire sur Vladimir Nabokov, de *La méprise* à *Ada*
NOUSCHI Marc – Temps forts du XXe siècle
ROYER Pierre – Préparer et réussir Sciences Po Strasbourg
ROYER Pierre – Préparer et réussir les concours commerciaux : SESAME, VISA, ECCIP, ECE, MBA Institute...
SAINTE LORETTE Patrick de, MARZÉ Jo – L'épreuve d'entretien aux concours (2e éd.)
SCHARFEN Herbert – Allemand, cinq cents fautes à éviter
TEULON Frédéric – L'État et le capitalisme au XXe siècle
TEULON Frédéric – Croissance, crises et développement (2e éd.)
TEULON Frédéric – La nouvelle économie mondiale
TEULON Frédéric – Dictionnaire d'histoire, économie, finance, géographie
TEULON Frédéric – Initiation à la micro-économie
THORIS Gérard – La dissertation économique aux concours
TOUCHARD Patrice, BERMOND Christine, CABANEL Patrick, LEFEBVRE Maxime – Le siècle des excès de 1880 à nos jours
TOUCHARD Patrice – La nouvelle économie mondiale en chiffres
TRAN VAN HIEP – Mathématiques. Formulaire (2e éd. refondue)
TRAN VAN HIEP – Morceaux choisis de l'oral de mathématiques

MAJOR BAC

Premières Bac

AMMIRATI Charles – Le roman d'apprentissage, *thèmes et sujets* (Premières ES, L, S)
BRISAC Anne-Laure – La tragédie racinienne, *textes commentés* (Première L)
COBAST Éric – Premières leçons sur *Candide,* un conte voltairien (Premières toutes sections)
COULEAU C. – Premières leçons sur *Illusions perdues,* un roman d'apprentissage (Premières ES, L, S)
DEMORAND Nicolas – Premières leçons sur le roman d'apprentissage (Premières ES, L, S)
LE GALL Danielle – Le roman d'apprentissage, *textes commentés* (Premières ES, L, S)
MARCANDIER-COLARD Christine – Premières leçons sur le conte voltairien (Premières toutes sections)
MARCANDIER-COLARD Christine – Premières leçons sur *Le Père Goriot.* Un roman d'apprentissage (Premières ES, L, S)
MERCOYROL Yannick – Premières leçons sur *Les Yeux d'Elsa* d'Aragon (Première L)
MEYNIEL Nathalie – Le conte voltairien, *textes commentés* (Premières toutes sections)
QUESNEL Alain – Premières leçons sur la tragédie racinienne (Première L)
QUESNEL Alain – Premières leçons sur *Le Rouge et le Noir,* un roman d'apprentissage (Premières ES, L)
ROUMÉGAS Jean-Paul – Le conte voltairien, *thèmes et sujets* (Premières toutes sections)
TEULON Frédéric – Vocabulaire économique et social (Première et Terminale ES)
VALTAT Jean-Christophe – Premières leçons sur *L'Éducation sentimentale,* un roman d'apprentissage (Premières ES, L, S)

Terminales Bac

ASSAYAG Jacky – Analyse : des exercices aux problèmes (Terminale S)
BOY Jean-Paul – Mémento de physique (Terminale S)
GARRIGUES Frédéric – Principes et méthodes de la dissertation d'histoire (Terminales toutes sections)
LAUPIES Frédéric – Premières leçons de philosophie (Terminales toutes sections)
PRIGENT Michel A. / NAIGEON Marc – Manuel de poche. Histoire. La France depuis 1945 (Terminales toutes sections)
PRIGENT Michel A. / NAIGEON Marc – Manuel de poche. Histoire. Les relations internationales depuis 1945 (Terminales toutes sections)
ROYER Pierre – Principes et méthodes du commentaire de document historique (Terminales toutes sections)
SZWEBEL Georges – Mémento de mathématiques (Terminales ES et L)
TOUCHARD Patrice – Géographie. Économie : les chiffres du Bac (Terminales toutes sections)
VIDALIN Antoine – Mémento de mathématiques (Terminale S)
VILLANI Jacqueline – Premières leçons sur *Une partie de campagne* de Maupassant (Terminale L)